全國高等院校古籍整理研究工作委員會第三層次項目
西南大學創新團隊項目『基於出土文獻綜合研究的文化推廣工程』(SWU1509395)

出土文獻綜合研究集刊

西南大學出土文獻綜合研究中心
西南大學漢語言文獻研究所 主辦

第三輯

巴蜀書社

目　録

甲骨文金文研究

殷墟甲骨文字體風格演進試論 …… 莫伯峰(1)

金文叢考(二) …… 謝明文(26)

甲骨文字淺釋四例 …… 王子楊(37)

安陽殷墟東區出土商代有銘銅器的初步整理與研究 …… 苗利娟(49)

甲、金"以"字的語法結構對比 …… 鄭繼娥(73)

商周金文"旅"字構形演變研究 …… 蘇文英(89)

兩周金文時間詞"夙"的搭配及相關問題研究 …… 鄭邦宏(101)

"息"字、息國和息夫人 …… 劉風華(111)

簡帛研究

是"失"還是"先"——馬王堆醫書釋讀一則 …… 張顯成(125)

論北大漢簡中六國古文形體及用字習慣遺跡

——以《老子》爲中心 …… 李紅薇(134)

河西漢簡研讀劄記五則 …… 樂游(劉釗)(143)

"雁"、"𤸰"及相關諸字考辨 …………………………………… 丁軍偉(154)
《郭店楚墓竹簡·語叢一》釋讀五則 …………………………… 王志勇(175)
清華簡《金縢》與周公居東問題新探 ……………………………… 申　超(182)
里耶秦簡中鄉名的省稱與全稱現象
——以遷陵縣所轄三鄉爲視點 …………………………………… 姚磊(192)
漢代告地書集注 …………………………………………………… 李明曉(205)

璽印、碑刻、敦煌研究

讀封泥、璽印文字札記九則 ………………………………………… 方　勇(233)
新見唐《竇師幹墓誌》錄文校正 ………………………………… 趙家棟(243)
古代隸楷書碑刻合文考辨六題 …………………………………… 何　山(252)
季布罵陣詞之"潘"字補正 ……………………………… 聶志軍　肖一梅(263)
敦煌變文中"其"的特殊用法及其來源 …………………… 馬梅玉　趙陽陽(273)
《俄藏敦煌文獻》綴合錯誤舉例 ………………………………… 趙鑫曄(280)
《出土文獻綜合研究集刊》徵稿啓事及文稿體例要求 ……………… (294)

殷墟甲骨文字體風格演進試論①

莫伯峰②

摘　要:殷墟甲骨文存在著多種不同風格類型的字體,而且有的類型間風格差異很大,學界曾對這些類型進行過細致地描述分析。但過去研究更為重視不同類型間風格差異的比較,而少涉及他們之間的聯繫,亦少分析這些風格形成的原因。本文基於甲骨文字體風格是逐漸演變的認識,通過對不同風格類型字體的歷時排列分析,從中梳理出一條字體演變的軌跡,認為書寫因素與刻寫因素的轉換貫穿了甲骨文字體風格演變的整個過程,並嘗試從審美方式角度認識這種演變,以使得殷墟甲骨文字體風格變化具有一定的理據可循。

一、緒論

殷墟甲骨文是商代晚期占卜留下的記錄,自武丁始到帝辛(商紂王)終,歷時五世九王。在這段時間中,由於甲骨刻寫者更迭等因素影響,甲骨文字的字體風格必然會發生一定的變化,要討論甲骨文的字體風格必須分為不同類型區別描述。

---

①本文是國家社科基金青年項目"基於字體分類的甲骨卜辭綴合研究"(項目號:14CYY056)階段性成果。

②莫伯峰,首都師範大學甲骨文研究中心/出土文獻與中國古代文明研究協同創新中心講師　北京 100089。

早期的甲骨學家董作賓先生按照五世商王將甲骨文分為了五期,並對各期文字的字體風格進行了描述①:

第一期為武丁時期,其文字風格是"雄偉";

第二期為祖庚、祖甲時期,其文字風格是"謹飭";

第三期為廩辛、康丁時期,其文字風格是"頽靡";

第四期為武乙、文丁時期,其文字風格是"勁峭";

第五期為帝乙、帝辛時期,其文字風格是"嚴整"。

董氏對各期甲骨文字體風格的研究,開創了甲骨卜辭分類的先河,初創之功,不可磨滅。其文字風格分析之語雖不甚詳盡,然用詞精到,參照所舉之例來看卻是可以意會的。但董氏以王世為卜辭分類標準,不免太過粗疏。後來學者業已指出,"同一王世不見得只有一類卜辭,同一類卜辭也不見得屬於一個王世"②,這種以王世定風格的方法肯定是不嚴密的。這對於有些時期的卜辭影響不大,如第五期卜辭,字體類型較為單一,所以這個問題便不大明顯。而對於其他時期的卜辭影響就非常大了,如第一期卜辭,包含了很多的類型,用一種風格來描述肯定無法涵蓋,也是片面的。所以,董氏的卜辭分類之路還有待後人繼續,卜辭字體風格的研討也同樣有待完善。董氏之後,在卜辭分類方面取得顯著成績的是陳夢家先生。其卜辭分類以"貞人"為標準,將可以繫聯貞人的卜辭稱為一"組",提出了"𠂤組、賓組、出組、何組、子組、午組"等一批卜辭類型③。後來,李學勤先生又增加了"無名組"、"歷組"等類型,終以一種統一的標準將殷墟卜辭的類型劃分完備。關於這些不同"組"卜辭的整體字體風格,陳夢家先生並不十分著意描述,如描述"賓組卜辭"的字體是"一望可知"④,其他各組的風格也都沒有專門詞語

①董作賓關於甲骨斷代的論述主要出自其《甲骨文斷代研究例》(《中央研究院歷史語言研究所集刊外編——慶祝蔡元培先生六十五歲論文集》上册,1933年)及《殷虚文字乙編·序》(中央研究院歷史語言研究所,1948年)兩文。

②李學勤《評陳夢家殷虚卜辭綜述》,《考古學報》,1957年。

③但陳夢家論述中仍然存在一些標準不統一的類型,如"武乙、文丁"卜辭便是以時代名稱代替了"組"的名稱。

④陳夢家《殷虚卜辭綜述》,中華書局,2004年,頁156。

描述過。與董作賓先生整體風格描述不同，陳夢家先生更加注重從細節的單個字詞上描述不同組之間的差異，例如"子組卜辭"的字詞特點是"(1)貞字一例作平脚的，即式二；(2)常作小字；(3)'于'字亦作𢎉，'丁'字亦作圓圈，同於𠂤組；又'隹'字寫得很像鳥；(4)干支如子丑未午庚等亦有作晚期的，同於𠂤組；(5)卜辭内容習見'又史''某歸''至某(地)'等；(6)祭法常用'禦'和'酌'，偶亦用'又'；又有'衬'"①。

倒是後來一些學者，按照陳夢家先生的組類劃分，對各組卜辭的字體風格進行過整體性描述，如劉一曼先生將各組字體風格描述如下(見表1)②：

表1

期别	卜辭組别	文字風格
一期	賓組	大多數卜辭用筆方折。大字：粗壯健勁，雄偉豪放。
		中小字：瑰麗端莊，規矩整齊。
		少數圓筆大字卜辭，結字渾潤，婉轉流暢。
	𠂤組	大字：書風多近象形，結體寬綽古拙，點畫豐潤飽滿。
		小字：挺拔勁健，工整方正。
	子組	文字細小謹飭，筆畫柔曲秀潤。
	午組	書風方折削勁。結體新穎，刀鋒外漏(少數卜辭，結體内斂，謹飭，體勢方正)。
	花東子卜辭	用筆方圓兼備。文字較小，平正工整，秀麗自然。
二期	出組	字體大小適中，書風工整謹飭。
三期	何組	有的書風整齊俊秀，字形結構嚴整；有的結體險絕，文字欹側多姿。
	無名組	書風剛勁秀麗，文字多出尖鋒，常見斷筆。
四期	歷組	一類：用筆方折，剛勁險峻，結體新穎，蹙展分明。
		另一類：用筆方圓兼施，點畫纖秀，優美流暢。
五期	黄組	卜辭：字體細小，書風工穩遒勁，匀稱雋美。
		記事刻辭：書風豐滿圓潤，瀟灑飄逸。

與前述董作賓先生卜辭分期中所存在的問題一樣，卜辭分組同樣

①陳夢家《殷虚卜辭綜述》，中華書局，2004年，頁159。

②劉一曼、馮時《中國書法全集 · 甲骨文》，榮寶齋出版社，2009年。又劉一曼《殷墟甲骨文書法精粹賞析》，首都師範大學"燕京論壇"2013年4月3日講座。

也存在著字體風格不統一的情況,同一組卜辭内部在字體風格上也會有所差異。劉一曼先生通過在同一組内分出各種風格類型,也正説明了這一情況的存在。所以要用一種風格概括一"組"卜辭的特點同樣也是存在問題的,只不過由於按"組"劃分卜辭,類型更細一些,問題沒有按"期"劃分那麼突出。

此後,學界愈發重視以"字體風格"來對甲骨卜辭進行分"類",林沄先生言:"無論是有卜人名的卜辭還是無卜人名的卜辭,科學分類的唯一標準是字體"①。基於這種認識,湧現了如《殷墟王卜辭的分類與斷代》②、《殷墟甲骨斷代》③、《殷墟甲骨分期研究》④等多部有影響力的著作,逐步建立了卜辭字體風格的系統體系,這才進一步使得甲骨卜辭字體風格能夠進行精密的描述。而在此基礎上,後來的學者們還在同一類型卜辭内部進行了更為細緻的研究,發表了如《殷墟甲骨學字跡研究——𠂤組卜辭篇》⑤、《殷墟子卜辭的整理與研究》⑥、《賓組甲骨文分類研究》⑦、《殷墟村南系列甲骨卜辭的整理與研究》⑧、《無名組卜辭的整理與研究》⑨、《黄組卜辭的整理與研究》⑩等一系列研究成果,將這種研究趨向進一步推向深入。

總體來看,過去關於甲骨卜辭字體風格的討論,往往都有一種傾向,那就是為了辨析類型,常常把不同字體的風格對立起來,更注重了不同字體風格間的"異"。這既缺乏聯繫的觀念,也缺乏一種整體的、歷

①林澐《無名組卜辭中父丁稱謂的研究》,《古文字研究》第13輯,頁30。

②黄天樹《殷墟王卜辭的分類與斷代》,文津出版社,1991年繁體版;科學出版社,2007年簡體版。

③彭裕商《殷墟甲骨斷代》,中國社會科學出版社,1994年。

④李學勤、彭裕商《殷墟甲骨分期研究》,上海古籍出版社,1996年。

⑤張世超《殷墟甲骨字跡研究——𠂤組卜辭篇》,東北師範大學出版社,2002年。

⑥蔣玉斌《殷墟子卜辭的整理與研究》,2006年吉林大學博士學位論文(導師:林澐)。

⑦崎川隆《賓組卜辭分類研究》,上海人民出版社,2011年。

⑧劉風華《殷墟村南系列甲骨卜辭的整理與研究》,上海古籍出版社,2014年

⑨劉義峰《無名組卜辭的整理與研究》,金盾出版社,2014年。

⑩門藝《黄組卜辭的整理與研究》,2008年鄭州大學博士學位論文(導師:王藴智)。

時的把握，讓人覺得這些字體的變化是無序和隨意的。這種傾向割裂了各類型間的聯繫，使得甲骨卜辭字體演變看起來毫無規律可循，具有一定的片面性。本文試圖歷時梳理甲骨文字體演變，重新來審視這些字體的差異，同時重點探究這些不同風格字體間的相關性因素，也就是找出他們的"同"，並沿著這些"同"探究變化產生的機理，從中引出一條字體演變的發展脈絡來。

二、甲骨文字體風格演變

我們說的"演變"包括演進和變化兩方面。這兩方面的現象由於不同的原因形成，卻共同作用，使得甲骨文字體風格在發展中有繼承，在繼承中又有變化。

字體風格演進是因為，不同類型間存在影響因素，導致字體風格有傳承性。殷墟甲骨文從早至晚，處在一個系統內部，相互間肯定不免相互影響。而且由於影響是連續的，這就造成了甲骨文字體風格雖有變化，但發展脈絡清晰。黃天樹師已指出過："按照我們的看法，字體是逐漸向前演變的。"①這無疑是非常正確的。而正是由於影響性因素的存在，才導致字體變化必然是漸變有序的，而不會是突變無序的。通過以下一些方面可以看出這種相互間影響性因素存在的端倪：

首先，不同類型卜辭相互間能夠相互學習和借鑒。這通過不同類卜辭的同版可以反映出來，筆者一篇小文《甲骨卜辭不同字體共版情況的整理與研究》，專門整理了不同字體共版的情況，發現"相互接續的卜辭類型間大多都有共版情況的存在，包括：1、𠂤組肥筆類與𠂤組小字類共版；2、類與𠂤組肥筆類共版；3、𠂤組小字類與𠂤賓間類共版；4、𠂤賓間類與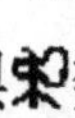類共版；5、賓一類與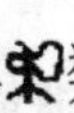類共版；6、賓一類與典賓類共版；7、典賓

①黃天樹《殷墟王卜辭的分類與斷代》，科學出版社，2007年，頁71。

類與賓出類共版;8、賓三類與事何類共版;9、出二類與事何類共版;10、出二類與歷二類共版;11、𠂤組肥筆類與𠂤歷間類共版;12、𠂤歷間類與歷一類共版;13、歷一類與歷二類共版;14、歷一類與典賓類共版;15、歷二類與賓出類共版;16、歷無名類與無名類共版;17、無名類與無名黃類共版;18、無名類與何二類共版;19、無名黃類與黃類共版;20、子組與𠂤賓類共版;21、子組與賓一類共版;22、圓體類與劣體類共版;23、婦女類與子組共版"①。由這種情況可以知道,不同類型卜辭之間常可以看到彼此的作品(更多的是後來刻手看到前面刻手的作品),刻手間存在相互影響的條件。現在我們還不能明確地説,這些前後接續的刻手間存在師承關係,但是後來的刻寫者無疑會受到前期刻寫者影響。

其次,過渡類字體風格的存在。在甲骨卜辭中,一些類型的甲骨卜辭字體能夠明顯的看出受到其他類型卜辭風格的影響,成為一種過渡性質的字體,如𠂤賓間類、歷無名類,無名黃類、賓出類、事何類等,都能看到這種現象。在下文我們將會詳細例説到,這裏就不展開來論述了。這些情況用實例表明了不同類型間實際影響的存在。

再次,即使在一種字體類型內部也有清晰地演進現象。以典賓類卜辭為例,黃天樹師曾指出過,其中的一部分字體具有早期特徵,可稱為"典賓類早期卜辭"②。而後崎川隆先生又指出其中的一部分具有典賓類後期卜辭的特徵,稱之為"過渡三類"③。由此可見,甲骨卜辭字體風格演進是一種時刻都在發生的現象。

字體風格的變化,則是由於一些發展性因素的存在而產生的。任何事物在歷時過程中都可能會發生變化,甲骨刻辭以刀代筆必然要面臨許多新的問題,需要逐漸形成一種風格來適應這一變化。字體風格的變化一定是在繼承前人的基礎上,根據新形勢而對過去進行訂正,從而形成了自己的風格。我們認為,殷墟甲骨刻手從早期的照搬書寫風

---

①莫伯峰《甲骨卜辭不同字體共版情況的整理與研究》(待刊稿)。

②黃天樹《殷墟王卜辭的分類與斷代》,科學出版社,2007年,頁71。

③崎川隆《賓組甲骨分類研究》,上海人民出版社,2011年,頁149—155。

格,到後來的逐漸脱離書寫風格,創制出適應刻寫的一種新風格,這就是導致字體風格發生變化的發展性因素。而同時,在刻寫風格逐漸穩固成形的基礎上,出於審美發展的需要,才又致使了新的字體風格的出現。

各類型甲骨文採用何種風格來刻寫,並無特别的規定,這與甲骨文各類組用字情況有些不同。甲骨文各類型在用字習慣上可以具有一些自己的特點,但總不會突破商代文字體系,受到很多因素的制約。而字體風格並不與文字意義直接關係,從理論上説,只要能夠有效地記録信息,任何一種字體風格都是可以接受的。因此,字體風格如何演變,刻寫者具有極大的自主權。在滿足記録信息的條件下,刻寫條件和審美取向決定了甲骨文字風格的走向。

下面我們將結合具體的甲骨卜辭類型,對殷墟甲骨文這種演進和變化現象進行較為詳細的論述。

三、殷墟兩系卜辭風格演變梳理

本文基於李學勤先生提出的村北和村中南“兩系説”①,採用了現在運用較廣的黄天樹師王卜辭字體分類體系(類型及年代簡表見文後附圖)②,基本按照時間軸的先後對殷墟王卜辭的各類型進行一個風格梳理③。同時,通過對風格演變背後成因的分析,對這種演變的原因進行初步討論。

①大會秘書處《吉林大學古文字學術研討會紀要》,《古文字研究》第1輯,中華書局,1979年,頁3;李學勤《殷墟甲骨分期兩系説》,《古文字研究》第18輯,中華書局,1992年,頁26—30;李學勤《我和殷墟甲骨分期》,《學林春秋三編》上册,朝華出版社,1992年,頁234—240。

②黄天樹殷墟王卜辭字體分類體系詳細可參氏著《殷墟王卜辭的分類與斷代》,文津出版社,1991年繁體版;科學出版社,2007年簡體版。

③非王卜辭由於歷時情況不鮮明,這裏就不做論述了。

(一)村北系:

總體來看,村北系的字體風格演變經歷了兩個階段:

第一個階段:刻寫因素的逐步增加階段,從𠂤組肥筆類到出二類。

第二個階段:書寫因素的逐步增加階段,從何一類到黃類。

書寫因素是相較於刻寫因素而言的,它是由於二者所用載體不同造成的:書寫文字的工具是毛筆,一種軟筆,刻寫文字的工具是刻刀,一種硬質工具。而刻寫的材料,甲骨是一種堅硬的材料,亦不同於普通的書寫材料。由於這些不同,造成了二者在文字形態上有很多的差異,如筆畫粗細、筆道彎曲、轉折圓潤、内部填實,這些對於書寫而言是十分容易創造的效果,而對於刻寫則就要困難很多。而刻寫所能創造的筆畫鋒利、轉折尖鋭則是書寫所難達到的效果。

1. 𠂤組肥筆類

在董作賓先生"五期劃分法"中,𠂤組卜辭被歸入到"文武丁卜辭"。後來陳夢家將這部分卜辭提出來,認為時期應該更早,大致在賓組卜辭與出組卜辭之間。林沄先生則是主張𠂤組卜辭應在賓組卜辭之前①。黃天樹師給這一組中兩類不同字體的卜辭起名為"𠂤組肥筆類"和"𠂤組小字類"。現在來看,學界基本上已經没有人再反對𠂤組卜辭應該是殷墟最早一類卜辭的觀點了。

"𠂤組肥筆類"要早於"𠂤組小字類",是殷墟卜辭中最早的一類卜辭(示例見下圖1)。黃師分析該類卜辭的字體特點是"字形稍大,筆道多呈肥筆,渾圓流暢,轉折處多呈圓轉角,有如墨書,故稱之為'肥筆類'"②,其中所説"有如墨書"是這種字體風格的核心,此時的刻寫風格很像是把書寫文字搬到了甲骨上。一些書寫的特點依靠刻寫是很難實現的,比如筆畫粗細的變化,筆畫的彎曲等,在刻寫時必然要耗費更多氣力。在甲骨卜辭刻寫的初期,將一些書寫習慣和書寫審美方式照搬

①林澐《小屯南地發掘與殷墟甲骨斷代》,《古文字研究》第9輯,中華書局,1984年,頁111—154。

②黃天樹《殷墟王卜辭的分類與斷代》,科學出版社,2007年,頁11。

過來,這很容易理解。

"𠂤組肥筆類"這種與"書寫"相近的字體風格表明甲骨文字的風格最初是與"墨書"同源的。後來各類型差異巨大的甲骨文風格都是在"墨書風格"的基礎上演變而成。如果不是一些變化性因素的存在,這種風格也許會一直延續下去。

圖 1:《甲骨文合集》(以下簡稱《合》)20462　　《合》19777

2. 𠂤組小字類

𠂤組小字類卜辭的風格相較於𠂤組肥筆了出現了一定的變化,黃師將其分為了 A、B 兩小類(示例見下圖 2)。A 類的字體特點是"風格清秀、筆畫細勁"①,B 類的字體特點是"一般是字形較小而多作方筆,稍顯呆板。有些卜辭字形較大,筆道較粗"②。和𠂤組肥筆類比較來看,𠂤組小字類卜辭開始出現了脫離書寫風格的傾向,但還不是很明顯。重點的變化體現在筆畫不再填實和出現了粗細變化,一些曲筆變成了方筆。維持不變的是還保留有很多筆道圓轉流暢,以及字形大小、行款變化萬端。

雖然𠂤組小字類卜辭在風格上變化並不劇烈,但十分關鍵,自此開始,甲骨文字體走上了與書寫文字風格分道揚鑣之路,逐步演化出自己獨特的文字風格。

①黃天樹《殷墟王卜辭的分類與斷代》,科學出版社,2007 年,頁 22。

②黃天樹《殷墟王卜辭的分類與斷代》,科學出版社,2007 年,頁 24。

圖 2:　《合》20475(A 小類)　《合》21019(B 小類)

3. 𠂤賓間類、㞢類、𠬝類

𠂤賓間類卜辭由於保留了𠂤組卜辭的一些字體風格,同時又存在了一些新的風格因素,所以具有强烈的過渡類性質特點,其命名將"𠂤"和"賓"都包含其中,也正是由於這種原因(示例見下圖 3)。黄師將𠂤賓間類亦分為 A、B 兩個小類,A 類的字體特點林沄先生有過論述,認為是"有的接近𠂤組,有的接近賓組"①,黄師也認為"字體上介於𠂤組和賓組之間並能獨立成類"②,"字體風格清秀,字形較大而窄長,筆道婉轉流暢"③。B 類的特點是"筆畫方飭,字形工整"④。

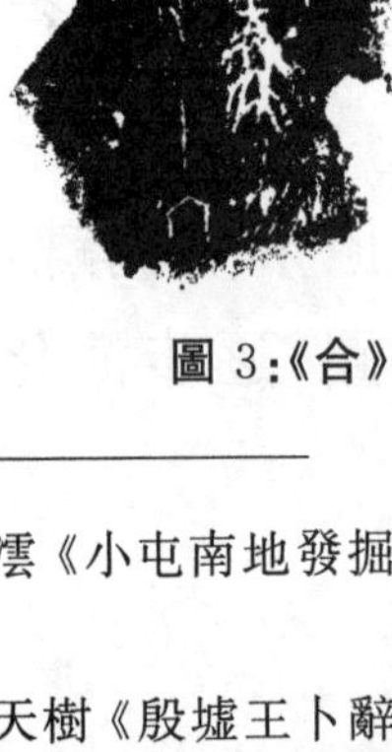
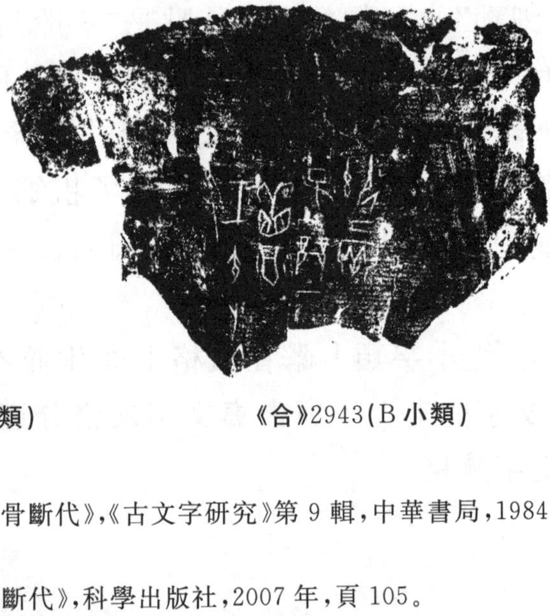

圖 3:《合》158(A 小類)　《合》2943(B 小類)

①林澐《小屯南地發掘與殷墟甲骨斷代》,《古文字研究》第 9 輯,中華書局,1984 年,頁 116—117。

②黄天樹《殷墟王卜辭的分類與斷代》,科學出版社,2007 年,頁 105。

③黄天樹《殷墟王卜辭的分類與斷代》,科學出版社,2007 年,頁 107。

④黄天樹《殷墟王卜辭的分類與斷代》,科學出版社,2007 年,頁 123。

𠂤賓間類是由書寫風格向刻寫風格轉變的一個重要時期，如果說從𠂤組肥筆類到𠂤組小字了，只是對書寫風格中一些不利於刻寫的因素進行了剔除。那麼𠂤賓間類不僅將𠂤組小字類的這些變化繼承了下來，同時也在為適應刻寫尋找一條新的風格出路。這種嘗試體現在幾個方面：

第一，文字字形的增大。對於刻寫而言，太過細小的文字無疑增大了刻寫的難度。𠂤賓間類將𠂤組小字類那種細小的字形放大了很多倍，更加適合刻寫。

第二，文字的大小逐步統一。對於書寫文字而言，文字大小的變化是美學的重要體現，而且也是容易做到的事情。而對於刻寫文字而言，統一大小的文字更易刻寫。雖然這不能體現書法的錯落有致，但無疑對刻寫本身極其有利。

第三，行款的整齊化。𠂤組卜辭的行款無論是橫向還是縱向都沒有整齊性的要求，而𠂤賓間類在縱向的行款方面已經相當整齊了。

從以上三個方面來看，𠂤賓間類卜辭對此前卜辭風格的變革是全面性的，雖然在筆畫方面還沒有跳出𠂤組卜辭的婉曲風格，但通過整體風格的轉變，為後來的繼續變革奠定了基礎。

與𠂤賓間類基本同時的㞢類和𢀛類卜辭數量不多(示例見下圖4)，在字體風格上各自保有自己的一些特點，但是如果納入到風格演變的體系中來看的話，也基本符合了這一時期字體演變的水平，體現了一種將書寫因素剔除的總體趨勢——一方面，早期卜辭的筆畫彎曲仍然得到保留；另一方面，有利於刻寫的一些因素正在增加。

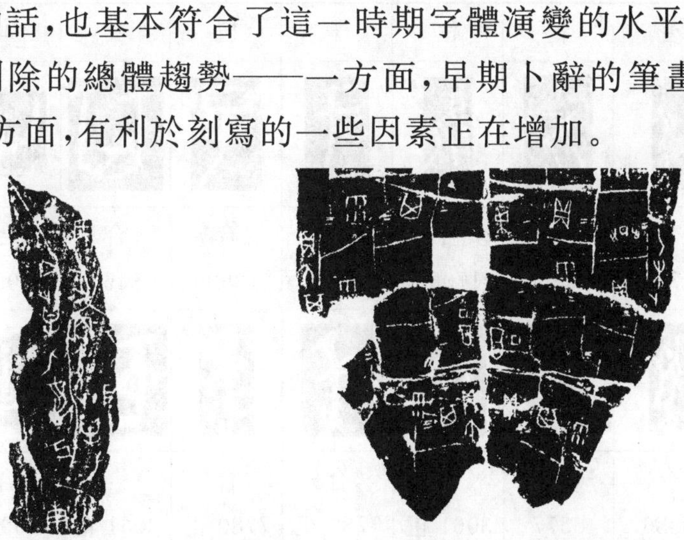

圖4：《合》19958(㞢類)　　《合》11892局部(𢀛類)

4. 賓一類

賓一類是刻寫風格逐漸走向定型的一個時期(示例見下圖 5)。

圖 5: 《合》14153 正乙部分　　《合》13109 部分

該類卜辭的字體風格是在𠂤賓間類基礎上進行了一定的變革,主要體現在筆畫的彎曲上。𠂤賓間類的筆畫還較多的保留著早期卜辭的婉曲風格,很多筆畫都是刻意地進行了婉曲化處理,而到至賓一類時,這些曲筆被要麼被拉直變成直線,要麼彎曲程度大大下降。如果從總體上看,這種風格變化體現得還不是很強烈的話,我們可以以一些具體的單字為例進行比較,以見其異(如下表 2 所示字形)。總體而言,賓一類是甲骨卜辭風格演變中,將曲線大量消滅的一個階段。

表 2

字形	受	雀	隹	于	巳	其	屮	辰
𠂤賓間								
出處	《合》6719	《合》10856	《合》17060	《合》1482	《合》12909	《合》8457	《合》7056	《合》6789
賓一								
出處	《合》6886	《合》6577	《合》3061 正	《合》7780 正	《合》7780 正	《合》3061 正	《合》16935	《合》7803

以上這幾種類型字體風格的演變,是從書寫風格向刻寫風格轉變的準備階段。通過筆畫、字形和行款方面的逐步變化,反映出刻手們漸漸意識到,刻寫不必一定模仿書寫的風格,刻寫文字可以具有自身的特色。同時,這些變化是逐漸積累的,而非一蹴而就的,可見刻手在尋求改變時也是在逐步摸索漸漸改進。促使變化發生的原因可能與刻寫任務的日益繁重有關,而變化發展的方向則是對一種新的字體審美(刻寫審美)逐漸認同而造成的。

5. **典賓類**

典賓類卜辭是殷墟卜辭中數量最大的部分,也是一種新的文字審美體系成熟的類型(示例見下圖 6)。通過早期幾種卜辭的風格漸變,此時的刻寫已經變得很成熟。早期的書寫風格此時已經基本被"消化",代之以一種全新的刻寫風格。這體現於典賓類文字的各個方面,相信熟悉典賓類風格的人都不會否認這一點。

圖 6:　　《合》378 正　　《合》17336

在這裏我們主要討論典賓類中一種筆畫很肥的字體類型(示例見下圖 7)。這種類型風格的卜辭不多,但顯然在風格上與常見的典賓類有所不同。這類卜辭的風格與刻寫有明顯的差別,筆畫婉曲,筆道很寬,粗細變化有致,應該說跟書寫風格更近。對於這種書寫化因素增加的現象,我們開始也覺得很難以理解。後來,臺灣史語所李宗焜先生在一次講座中專門提到了這些類型卜辭的情況,才使這一疑問得以解開。

李先生通過觀察甲骨實物發現,很多這一類型的典賓類卜辭,都是先書寫後刻寫的,在刻寫筆畫的邊緣還存有墨蹟的痕跡。這就説明,這些卜辭與常見典賓類卜辭產生方式存在明顯不同——一種是對書寫文字的摹刻,一種是直接刻寫。

典賓類中兩種字體風格的存在,正體現了商代書寫風格發展與刻寫風格發展的不同步性。裘錫圭先生指出:“能夠代表商代文字的正體的卻是金文,甲骨文實際上是當時的一種俗體文字。”①雖然裘先生主要是從文字構形的方面論證了甲骨文是俗體文字,但這一思想也可以説明甲骨文字體風格演變具有不同於同時的書寫文字演變方式。作為一種俗體文字,甲骨文與當時的正體文字在風格上也具有明顯的區别,這也是合理的。作為商代的一種特殊用途的文字,甲骨文具有自身獨特的風格演變過程,到典賓類時已經完全是一種刻寫的風格特徵,但甲骨文字的這種演變卻並沒有影響到正體文字的風格,將正體文字書寫到甲骨上後加以刻寫,仍然表現為書寫風格。這也就導致了典賓類卜辭中存在兩種風格的文字。

圖 7:《合》11497 局部

①裘錫圭《從文字學角度看殷墟甲骨文的複雜性》,《裘錫圭學術文集》第一卷,復旦大學出版社,2012 年,頁 416。

6. 賓出類

典賓類卜辭之後的甲骨文字體開始向著極端刻寫化風格發展。賓出類與典賓類關係密切，有很多共同的貞人(如：爭、賓等)，但兩類卜辭的字體風格差異明顯。賓出類在刻寫時已經不受"筆意"的約束，表現了一種便利刻寫的趨向(示例見下圖 8)。這體現於兩方面：第一，刻寫筆鋒的顯露。賓出類卜辭很多平直的筆畫開始變得刀鋒林立。這種刀鋒林立使得筆畫開始變得不再平直，但又顯然不同於早期卜辭的曲筆，由於刻手刻寫能力的增強，這些筆畫變得愈發恣意，筆畫的婉曲不是一種表達筆意的需要，而是刻寫中速度的展現。以單字來看，如羌(《合》18994)、巳(《合》14832)、賓(《合》14380)、亥(《合》14380)等字，婉曲方向與早期文字完全相反。第二，一些典賓類還保留著的婉曲筆畫，此時進一步變為折線。如翌(《合》15464)、不(《合》9570)、爭(《合》14829)等字。這些變化無疑都是將刻寫風格進一步發揮的體現。

圖 8：《合》428

《合》22580

7. 事何類、出二類

事何類以及稍後的出二類卜辭無疑是甲骨文刻寫化風格發展的頂端(示例見下圖 9)。此時的文字不僅筆畫細勁，筆道粗細變化不大，而且基本上將全部的彎曲筆畫都進行了直線或折線化處理。如果從書寫的角度來看，可謂全無美感而言。但從刻寫的角度來看，卻是將一種風格發揮到了極致。

圖 9：　《合》27862(事何類)　　《合》22693(出二類)

8. **何一類**

何一類卜辭總體處在出二類後之後,是甲骨文字體風格發展的一個轉折時期。它的字體風格已經不再向出二類那般刀鋒林立,刻寫的筆畫變得柔和很多,特別是筆畫末端的的筆鋒,與書寫的感覺有了幾分類似(示例見下圖 9)。

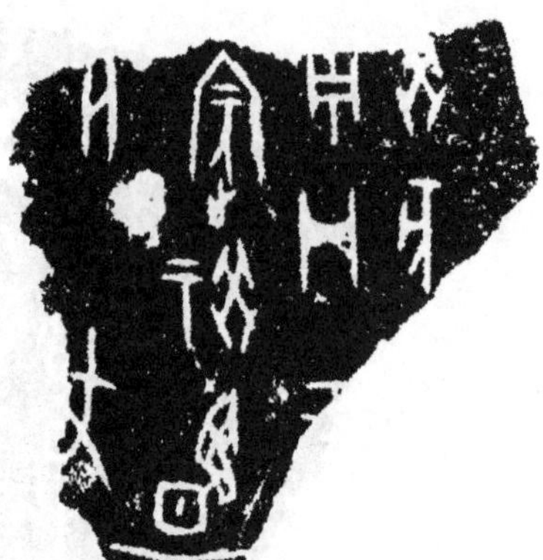

圖 9：　《合》27086　　《合》27574

何一類字體風格不再沿著前述各類型的趨勢繼續發展,而是恢復了很多書寫因素。這種字體發展方向是字體審美規律決定的——當一種風格發展到極致之後,實際上就孕育著轉機。“我們知道,審美感知的普遍性,是以厭惡心理或醜惡感為特殊的前提的。美感和醜感的相對存在,在造成審美心理發展和轉化的可能性與現實性。許多令人感到美的東西,會在單調陳舊的條件下,在不利於人類社會生活的普遍發展的情況下,轉化為醜的東西,從而促使人們去重新尋找新的美。埃及金字塔便是由美的造形、雄偉的姿態稱美於一時的,但如果遍地一律的金字塔,重複簡單一致的造形,很快便會走向它的反面。”①出二類卜辭的刻寫化風格已經到達頂點,很多字形經過長期的演變已經很好的適應了刻寫的需要,如果刻手在刻寫時還有審美情趣存在的話,他的發展道路只能是往相反的方向去前進。

9. **何二類**

何二類卜辭進一步豐富著書寫因素(示例見下圖 10)。早期卜辭文字中的彎曲筆畫在此時又開始大量出現,筆畫的粗細變化也有了體現,特別是一些曾經變為折筆的筆畫,此時又回復了曲筆的寫法。

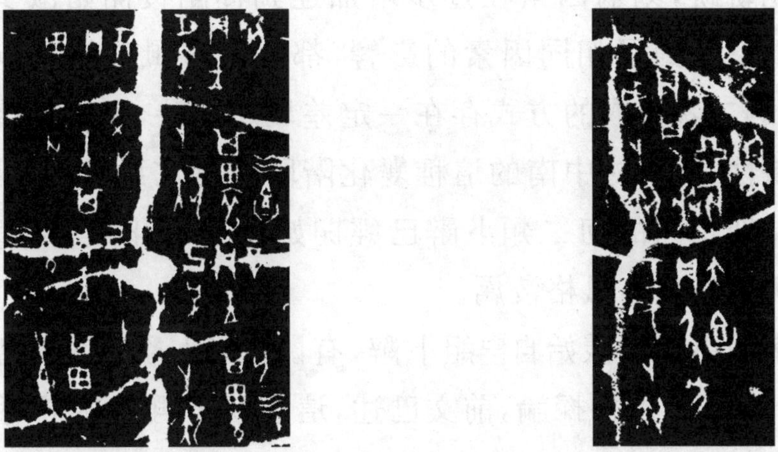

圖 10 **《合》27146 部分** **《合》28011 部分**

10. **黃類**

殷墟最後類型的黃類卜辭,書寫化風格進一步回復(示例見下圖 11)。該類卜辭的字體風格十分濃厚,特別是一些記事刻辭上的文字(見圖 11 的右圖),與書寫文字幾乎無異。

①胡師正《審美發展規律初探》,《湖南師大社會科學學報》,1989 年第 3 期,頁 76。

圖 11　《合》38228　　《合》37848 正部分

(二)村中南系

無獨有偶,與村北系相似,村中南甲骨卜辭也呈現了一種相似的字體風格變化軌跡,刻寫因素在逐步增加達到極點後開始減少。這種現象正說明兩系受到了相同因素的影響,都在尋求風格變化以適應刻寫需要,只不過二者採取的方式存在一定差異。同時,由於風格的變化並不具有同時性,所以村中南的這種變化階段與村北系並不一致。例如,與無名類時期相同的何二類卜辭已經開始向書寫化風格轉變了,而無名類卜辭仍然是刻寫風格淩厲。

村中南系甲骨同樣始自𠂤組卜辭,有關𠂤組卜辭兩種類型𠂤組肥筆類和𠂤組小字類的風格探論,前文已述,這裏就不再贅述了,我們從𠂤歷間類開始進行論述。

1. 𠂤歷間類

與村北系的𠂤賓間類卜辭一樣,𠂤歷間類的字體風格同樣融合了𠂤組和歷組兩種風格,具有過渡性質(示例見下圖 12)。黄師將其分為兩個小類,A 類的風格是"字體多曲筆"①,B 類的風格是"剛勁而多折筆"②。𠂤歷間類也是由𠂤組發展而來,所以它的風格還具有很多早期卜

①黄天樹《殷墟王卜辭的分類與斷代》,科學出版社,2007 年,頁 207。
②黄天樹《殷墟王卜辭的分類與斷代》,科學出版社,2007 年,頁 208。

辭的書寫因素。以單字為例，比如貞（《合》34531 正）、其（《合》20393）、王（《合》32956）、子（《合》33069）、不（《合》32956）、受（《合》32609）等字都有鮮明的曲筆。但與此同時，有些文字中（特別是 B 小類體現得更明顯）卻也出現了一些將曲筆變為折筆的情況，比如惠（《合》34121、伐（《合》32198）、卯（《合》22404）、亥（《合》22404）等字的筆畫中都有體現。

圖 12：《合》20530（A 小類）　《合》34120 部分（B 小類）

2. 歷一類

歷一類卜辭中還保留著較多的書寫風格。黃師已經注意到"歷一類的字形，一般要比歷二類要小，筆畫較細，有一種圓潤感"（示例見下圖 13）①。這種"圓潤感"正是書寫風格的重要體現。

圖 13：《合》32319　《合》32380

①黃天樹《殷墟王卜辭的分類與斷代》，科學出版社，2007 年，頁 168。

3. 歷二類①

歷一類至歷二類,這是村中南系向刻寫化風格轉變的重要轉變期。歷二類的整體風格較歷一類更為“粗獷、有力”,是一種不拘泥於書寫風格,獨立發揮刻寫特長的方式(示例見下圖 14)。其最突出的一個特點就是將書寫中必然出現的筆鋒剔除了,每一刻筆結束時都是頓筆收筆。就單字而言,歷二類將歷一類許多圓潤的筆畫都變成了折筆,比如丁(《合》34095)、弜(《合》34098)、申(《合》32023)、戌(《合》34417)、惠(《合》34387)等字。

圖 14: 《合》33211　　《合》33261

4. 歷無名類

歷無名類卜辭是歷組卜辭向無名組卜辭轉變的過渡性字體,從總體風格上來看,與歷二類卜辭差異較大。突出的特點是筆畫由粗變細,尖銳筆鋒出現,很多的曲折筆畫也被橫平豎直的突出風格所取代(示例見下圖 15)。歷無名類卜辭的字體風格非常鮮明,無論是行款上還是筆畫上,都較上一類型更為整飭。

---

①與歷二類基本同時的還有歷草類卜辭,這類卜辭數量不多,書寫草率,刻寫水平不高。黄師在《殷墟王卜辭的分類與斷代》(簡體版,頁 195)中分析了該類卜辭,認為字形和風格受到了𠂤歷間類、歷一類和歷二類的多重影響,這極大地影響了風格的獨立性,所以這裏就不將其納入到風格體系中進行討論了。

圖 15： 《合》27470 部分　　　　《合》32459

5. **無名類**

無名類卜辭由歷無名類卜辭發展而來，二者在字體風格上有很多近似之處，比如鋒利纖細的筆鋒，小巧秀麗的字形（示例見下圖 16）。但同時也能看到無名類卜辭在歷無名類的基礎上有了一些風格的轉變：第一，由横平豎直的筆畫發展為一種以斜筆為主的筆畫方向；第二，由直線形的筆鋒變為曲線形的筆鋒，這一現象在村北系中也出現過；第三，由兩端較細中間較粗的筆畫，變為由粗而細的筆畫。無名類卜辭的這些變化顯示該類型在刻寫時更加自然飄逸，絲毫不受書寫因素的影響，同時也是一種刻寫能力增強的表現。

圖 16： 《合》27094　　　　《合》27794

6. **無名黄類**

無名黄類卜辭是無名類向黄類卜辭轉變的過渡性字體（示例見下圖 17）。這一類型同樣保留著較為突出的刻寫因素，筆畫鋒利轉折尖銳。但與無名類卜辭相較,該類也有了一些書寫因素回復的跡象。以單字來看,申(《合》33522)、王(《合》)33522)、(《合》33523)、(《合》33520)等字中婉曲筆畫已經替代了無名類卜辭中的直筆或折筆,這一變化趨勢一致延續到此後的黄類卜辭。

圖 17: 《合》33522 部分　　《合》33524

四、甲骨文字體風格演變原因探論

以上是筆者對甲骨卜辭字體風格演變的一點初步梳理,這一梳理是就甲骨卜辭字體總體發展歷程做出的分析。甲骨卜辭各類型的歷時演變通常不是前後接續式的,而是交疊的,我們從早至晚的一種梳理當然也是就字體風格大的發展趨勢做出的。

不能否認,甲骨刻手的個人因素對於甲骨文字體風格的形成具有舉足輕重的作用,但是從歷時地分析來看,這種個人因素是不能超越更高層級演變序列制約的。甲骨文字體風格演變具有自身的規律,不受一人一時影響而獨立存在。

從村北和村中南兩系的情況來看,都經歷了書寫因素與刻寫因素逐漸轉變的過程,這種過程是一種很清晰的漸進式改變。從時間上看,這一過程歷時了兩百多年,經歷了很多世代刻手的更迭,不可能是一種有規劃的風格發展,而只能是一種受外部規律作用的自然現象。

書寫因素與刻寫因素會發生轉變,是由甲骨刻寫材質決定的。啟功先生早已提出,甲骨文的風格要與書寫的風格分開來看,他說:“從實物資料方面看古代字跡的風格,發現幾種現象:例如商代的甲骨、陶片、玉片上一些手寫的字跡,其書寫筆法與風格,大致是一類情況;甲骨上刊刻的字跡,大致另是一類情況;牛頭、鹿頭刻辭和骨匕上的刻辭,又是一類情況;範鑄的銅器中一些象形字是一類情況;一般銘文又是一類情況;其他璽印等又是另外一類情況。”①“漢字的形狀方面,千差萬別。簡單說來,在下列條件下,各有不同的字體。即:(1)時代;(2)用途,如鼎彝、碑版、書冊、信劄等;(3)工具,如筆、刀等;(4)方法,如筆寫、刀刻、範鑄等;(5)寫者、刻者;(6)地區。由於以上等等條件的不同,則字體亦即不同。而同在某一條件下,如加入其他條件時,字體便又不同。例如兩器同屬鼎彝,是用途條件相同,如果加上其他條件的關係,字體即不相同;同一寫者所寫兩件字跡,加上其他條件的關係,亦便互不相同。餘此類推,變化非常複雜。”②

而如果我們更深層地分析甲骨文字體風格的這種演變,就能發現其中還受到了審美方式的影響。任何一種變化無疑都是受到某種作用力的結果,甲骨卜辭字體風格的演變也不當例外。過去一般認為隨著數量的增加,刻寫任務繁重,需要更為簡潔有效的刻寫方式,這是導致甲骨卜辭字體發生演變的重要因素。這種現實的需要是不能否認的,但是在這種推動力的作用下,卜辭字體風格演變走向究竟如何並不是確定無疑的,就如同村北系和村中南系沿著不同的方式前進一樣,雖然都歷經著刻寫因素逐步增強的影響,但表現出來的方式確是完全不同的。同時,如果僅僅考慮簡潔有效,也無法解釋出二類和無名類後的字體演變。出二類和無名類可以說是刻寫風格發展的頂峰,幾乎見不到書寫因素的痕跡。如果僅為了簡潔有效,那麼似乎不必再對這樣的風格進行改進了。而事實上,出二類和無名類之後,甲骨文字字體風格中的書寫因素卻逐步增多,這是不能以簡潔有效來解釋的。即使我們認

①啟功《古代字體論稿》,文物出版社,1964年,頁3。
②啟功《古代字體論稿》,文物出版社,1964年,頁4。

為在甲骨文後期,刻手的刻寫能力增強,表現書寫風格更容易,也同樣需要找尋他們這麼做的原因。所以,我們從審美角度來考慮這種字體風格的演變,這種審美需要也許只是刻手一種最為樸素的心理需要,從早期的照搬書寫風格,到漸漸地脱離筆墨氣,直至完全沒有筆墨氣,刻手們也許並沒有特意規劃一條從書寫審美體系走向刻寫審美體系的道路,但從最終的效果來看,這種現象確也是很明顯的。而當這種趨勢發展到了頂峰後,又出於審美的需要產生了一種回復的趨向。

而說到審美,有一個問題無疑不能繞開,那就是甲骨文是否算書法作品?圍繞這個問題的討論文章很多,王宇信先生提出書法應該以審美為目的而進行創作,他說:"小篆以前的文字,都可以叫做古文字,因為除了文字學家,很少有人能認識它們了。而書法並不是為了實用,主要是為了將文字作為藝術品欣賞。所謂'法',即法則、規範、效法。不能說,商代只有商王和少數幾個卜辭就是書法創作。也不能說商代卜人能見到的教弟子,捉刀代筆刻寫甲骨文就是有意識地把文字書寫作為一種藝術實踐。……如果從廣義方面來理解書法,秦始皇靠行政命令統一文字,刻石紀功並令李斯寫《倉頡篇》、趙高寫《爰歷篇》、胡毋敬寫《博學篇》,要全國人民以此為範本,推行小篆,這才可以理解為我國書法之始。"①

我們認為王先生這種觀點是比較審慎的,比直接將甲骨文定義為最早的書法作品要合理。我們亦不主張甲骨文的刻寫也是在刻意追求審美,但甲骨文不是書法作品並不妨礙我們認為甲骨文存在審美判斷。人皆有追求美的欲望,這應是一種無意識的要求。在刻寫甲骨文時,刻手總應該是希望將文字盡可能地刻得好看些,而不是相反。而"好看"作為一種主觀意識,自然就與審美聯繫在一起。如果我們不否認商代刻手具有人類普遍具有的審美情趣,那麼當早期卜辭書寫化風格不能再保持的時候,創制一種新的審美體系以適應新的使用環境就變成勢在必行了。

①王宇信《談甲骨文與甲骨文書法》,《鄭州大學學報(哲學社會科學版)》,1987年第1期,頁70—71。

過去曾認為各類卜辭的的字體風格與當時的政治有關,現在來看可能是不正確的,甲骨文字體風格的演變有其自身的發展規律,是書寫化和刻寫化相互轉變的一種流變過程,刻手的個人因素對字體風格有一定影響(如村北系和村中南系都同時向刻寫化發展,但風格體現的方式卻有很大不同),但不會違背風格發展的大勢。

附圖:殷墟王卜辭的分類及各類所佔年代表

(見黃天樹《殷墟王卜辭的分類與斷代》〈文津出版社版〉,頁 13)

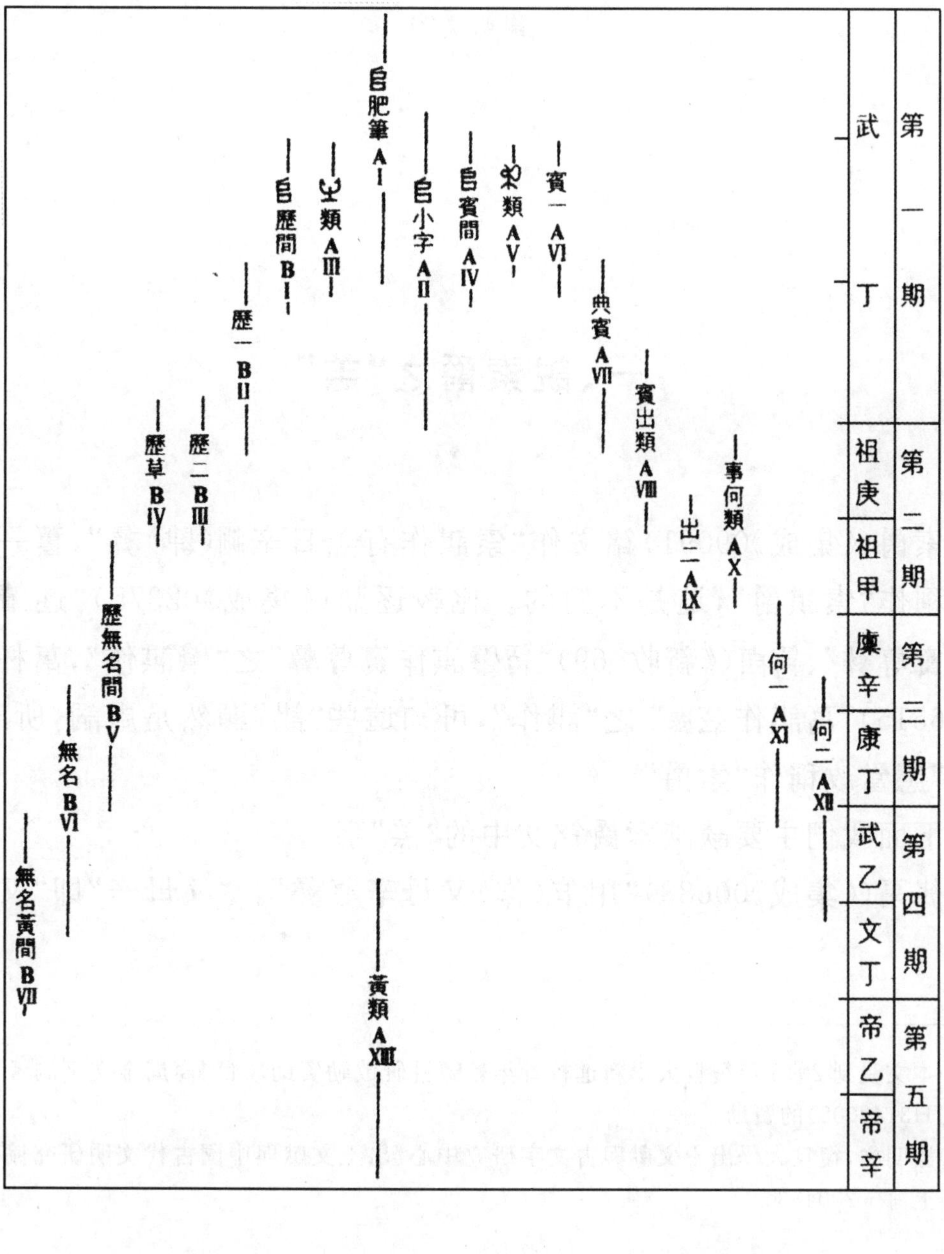

金文叢考(二)①

謝明文②

一、説索爵之"羔"

索爵(《集成》09091)銘文作"索誋作有羔日辛𠢸(肆)彝",舊一般把器名稱作"索誋爵",這是不對的。比較逐鼎(《集成》02375)"逐肇誋作廟叔寶尊彝"、𩁹卣(《新收》69)"𩁹肇誋作寶尊彝"之"肇誋作",萬杯(《集成》06515)"萬誋作茲𩰫"之"誋作",可知這些"誋"顯然是虚詞,所謂"索誋爵"應當改稱作"索爵"。

下面我們主要談談索爵銘文中的"羔"字。

𡚬鬲(《集成》00688)"用乍(作)又母辛尊彝"。"又母辛"即"又(有)

①本文受到2013年復旦大學新進校青年教師科研啟動資助項目"商周金文字詞考釋"(批準號JJH3148005)的資助。

②謝明文,復旦大學出土文獻與古文字研究中心/出土文獻與中國古代文明研究協同創新中心 上海 200433。

母日辛”,“又”讀爲“有”,其義與厥相當。① 姬鼎(《集成》02333)“姬作厥姑日辛尊彝”,“有羔日辛”與“又(有)母辛”、“厥姑日辛”相比,“羔”應該是一個親屬稱謂,我們認爲應該讀作“舅”。

羔,見母宵部,舅,群母幽部。兩者聲母都爲牙音,韻部旁轉,如羔與幽部的“簋”相通即其例(參看下文)。⿰台司伯達簋器銘(《小校》7.94.2)“⿰台司伯達作寶羔”之“羔”,蓋銘(《集成》03846)相應之字作“簋”,可見前者顯然當讀作“簋”。② 而陳肪簋蓋(《集成》04190)“用追孝於我皇簋”、洹子孟姜壺(《集成》09729、09730)“齊侯女雷爲喪其簋”之“簋”,研究者一般讀作“舅”。可見“羔”、“舅”音近可通。

在古代,“舅”作為親屬稱謂,有不同的含義,既可以指母之兄弟或妻之兄弟,還可以指夫之父或妻之父,③由於金文中似未見男子爲配偶親屬作器之例,這裏的“舅”很可能是指“夫之父”或“母之兄弟”,而前者的可能性較大。

二、釋伯褱簋“睘”

伯褱簋(《銘圖》04622)“伯△作旅即〈簋〉,其萬年永寶用”,其中△字原作“()”,《銘圖》釋作“褱”。

錢幣銘文中,有一字與△寫法相同,黃錫全先生釋作“睘”,④我們認爲非常可信。西周早期伯睘卣(《集成》05326、05327)“睘”作“”、

①參看袁金平:《新蔡簡“大川有介(從氵)”試解——兼談古漢語中“有”的特殊用法》,簡帛網2007年1月20日,http://www.bsm.org.cn/show_article.php? id=508。又刊於《語言學論叢》第42輯,商務印書館,2010年12月,第367—378頁。

②楊樹達:《積微居金文說》(增訂本),中華書局,1997年12月,第172—173頁。

③漢語大字典編輯委員會:《漢語大字典》,四川辭書出版社,1993年11月,第3040頁。

④黃錫全:《圜錢“衛”試析》,《出土文獻》第6輯,中西書局,2015年4月,第104頁。

“”、“”、“”之形，其中“睘”字所从之“目”變形聲化作“(萈)”。① 甲骨文黄組卜辭中“萈(萈)”或作“”形，或作“”形(參看《新甲骨文編》221 頁)，後一類形體上部所从的“(萈)”稍加變化就會演變爲△字上部所从之“()”。因此我們認爲△字應分析爲“(萈)”、“()”兩部分。△與伯睘卣“睘”字相比，兩者毫無疑問是一字異體，差别僅在於後者未省去“又”且把“萈”寫在“衣”中而已。因此△字當釋作“睘”，②它應是在“”(番生簋蓋，《集成》04326)、“”(作册睘卣，《集成》05407)等形的基礎上把所从之“目”變形聲化作“萈”。伯睘簋“伯睘”之“睘”，人名，與伯睘卣之“睘”用法相同。

三、説曾侯諫銅壺“暨”

隨州葉家山 M28 中出土了一件曾侯諫作媿銅壺，《隨州葉家山——西周早期曾國墓地》最早發表了此器銘文照片。此壺蓋器同銘，銘文作“曾侯諫乍(作)嬛(媿)△壺”③。其中“△”字，蓋銘作“”，器銘作“”，《隨州葉家山——西周早期曾國墓地》未釋，馮時先生釋作

①謝明文：《商代金文的整理與研究》，復旦大學博士論文(指導教師：裘錫圭教授)，2012 年，第 684－697 頁。

②還尊(《集成》05957)“”、還壺(《流散歐美殷周有銘青銅器集錄》147、《近出殷周金文集錄》600、《銘圖》12290)“”，舊一般誤釋作“睘”或“𣪠”，它們實从“彳”从“睘”，應改釋作“還”。清華簡《繫年》簡 12“”字，一般釋作“𣪠”，據古文字中有些从“又”的字後來或變作从“攴”來看，頗疑此字可能是“睘”字異體。

③湖北省博物館、湖北省文物考古研究所、隨州市博物館：《隨州葉家山——西周早期曾國墓地》，文物出版社，2013 年 12 月，第 88－90 頁。

“肆”,認爲即《周禮》“肆器”之“肆”。此壺當係肆器,而盛鬱鬯以浴尸。① 後來《江漢考古》2014 年第 1 期(68 頁)著錄了該壺器銘的拓本,“△”字原作“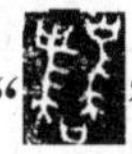”。《江漢考古》2014 年第 1 期(36 頁)著錄了蓋銘、器銘的拓本,分別作“”、“”。此字顯然即甲骨文、金文中習見的“暜”字,②與“肆”不同。

“嬶”讀爲“媿”,但它也可能本即“媿”字異體,研究者多已指出見於多件曾侯器銘文中的“媿”爲女子之姓,可從。“暜”在銘文中的語法位置則有兩種可能的情形。第一種可能是作器名“壺”的修飾語,如是,我們認爲“暜”可讀作“飲”。“飲”本是一個會意字,後來倒口形變形聲化作“今”,而“今”聲字與“兓”聲字相通,古書中多見,③故“暜”可讀作“飲”。“飲壺”一語見於伯飲壺(《集成》06456)“伯作姬飲壺”、伯𢦚飲壺(《集成》06454)“伯𢦚作飲壺”、邢叔飲壺(《集成》06457)“邢叔作飲壺”、曩仲飲壺(《集成》06511)“曩仲作朋生飲壺”等。④ 特別是伯飲壺“伯作姬飲壺”與“曾侯諫作媿暜(飲)壺”辭例完全一致,都是“作器者”+“作器動詞‘作’”+“女子之姓”+“修飾語”+“器名‘壺’”的格式,恰可比較,這說明“暜”作器名修飾語讀爲“飲”是有可能的。

“暜”在銘文中的語法位置的第二種情形是它乃女子私名,古文字資料中“暜”字作人名見於暜鼎(《集成》02244)、徐𪒠尹暜鼎(《集成》02766),作女子之名又見於《容成氏》簡 38(《竹書紀年》作“琰”)。“媿暜”是“女子之姓”+“私名”的格式,金文中女子稱謂採用此種格式的多

---

①馮時:《葉家山曾國墓地札記三題》,《江漢考古》2014 年第 2 期,第 57-62 頁。

②伯朁簋(《曲村》375 頁圖 543.1,《新收》945)“伯△作寶尊彝”之“”,《新收》缺釋,《銘圖》04316 釋作“朁”,備注說:“或云第二字‘曰’上从二‘犬’”。此字上部雖殘,但根據字形以及聯繫同墓出土的𢿊尊(《新收》942)、𢿊卣(《新收》944)來看,△上部應是“兓”之殘,它應釋作“暜”。

③楊樹達:《積微居小學述林》,中華書局,1983 年,第 132 頁。張儒、劉毓慶著:《漢字通用聲素研究》,山西古籍出版社,2002 年 4 月,第 1009 頁。

④侯母壺(《集成》09657,《銘圖》12323)“侯母作侯父戎壺,用征行,用求福無疆”之“戎”未必是指“兵戎”之“戎”,疑亦可讀爲“飲”。

見,如許姬鬲(《集成》00575)"姜虎"、紀侯簋(《集成》03772)"姜縈"、遲盨(《集成》04436)"姜淠"、燕公匜(《集成》10229)"姜乘"、魯侯鼎(《新收》1067)"姬翏"、魯侯鬲(《集成》00545)"姬番"、魯宰駟父鬲(《集成》00707)"姬䧹"、燕侯簋(《集成》03614)"姬承"、蔡侯匜(《集成》10195)"姬單"等。

從目前已經公佈的資料看,由於"晉"還沒有明確的用作器名修飾語的例子,僅從這一點看,"晉"作女子私名的可能性較大。但從已經公佈的資料看,葉家山出土了大量的曾侯爲"媿"所作之器,其銘文中皆沒有出現該媿姓女子的私名,從這一點看,"晉"作女子私名的可能性又不高。因此,該壺銘中的"晉"究竟屬於上述兩種情形的哪一種,還有待於將來更多新資料的披露以作進一步的研究。

四、説此鼎"旅邑人膳夫"之"旅"

此鼎(《集成》02821,02822,02823)、此簋(《集成》04303－04310)"王呼史翏册命此曰:旅邑人膳夫。錫汝玄衣黹純、赤市(韍)、朱黄(衡)、鑾旅",其中"旅邑人"之"旅",《銘文選》把它與《周禮·天官冢宰·宰夫》的屬官八職中的"四曰旅"之"旅"聯繫起來。① 根據文義,我們認爲它應該讀作"假"。

從讀音方面看,"旅"、"魯"關係密切,兩者可通。② 而"魯"與"叚"聲字多相通假。如金文中"純魯"或作"純叚(嘏)"。師𡨦簋(《集成》04314)"博氒(厥)眾叚"即應侯視工簋(《首陽吉金》114 頁)"唬氒(厥)眾魯"。③

①馬承源等:《沈子也簋蓋》,《商周青銅器銘文選》第 3 冊,文物出版社,1988 年,第 293 頁。

②張儒、劉毓慶著:《漢字通用聲素研究》,山西古籍出版社,2002 年 4 月,第 358 頁。

③參看謝明文(原署名雪橋):《攻研雜志(四)——讀"首陽吉金"札記之一》,復旦大學出土文獻與古文字研究中心,2008 年 10 月 23 日。http://www.gwz.fudan.edu.cn/SrcShow.asp?Src_ID=530。

清華簡《皇門》簡 4“魯命”之“魯”,今本作“嘏”。因此,“旅”與“叚”聲字應當音近,“旅”可讀作“假”。

下面我們從文義方面討論“旅”讀作“假”是否合適。

師𩛥鼎(《集成》02817):“王呼作冊尹冊命師𩛥:胥師俗𤔲(司)邑人:唯小臣、善(膳)夫、守、[友]、官、犬,眔奠人:善(膳)夫、官、守、友”,《西周銅器斷代》認爲師俗或即南季鼎(《集成》02781)之伯俗父,且說:“伯俗父是司寇,師晨爲之副。其職司爲管理邑人與奠人,邑奠猶城郊,詳《殷虛卜辭綜述》9:324。管理邑人的隹小臣、善夫守友及官犬,管理奠人的有善夫官守友。即善夫之官、守、友。”①《銘文選》據此句銘文亦指出師俗所司治者是邑人和鄭人的官吏。② 裘錫圭先生認爲:“‘邑人’當指居於城邑的周族人或管理他們的官吏,‘奠人’很可能指被奠者或管理他們的官吏。”③我們認爲他們把邑人與奠人看作是並列的兩個成分,非常有道理。“小臣、膳夫、守、[友]、官、犬”是從屬於邑人的一些官吏,“膳夫、官、守、友”是從屬於奠人的一些官吏。

關於此鼎、此簋銘文中的“邑人膳夫”,很多研究者往往在“邑人”後施加頓號,可能是認爲“邑人”、“膳夫”是並列的兩個成分,“邑人膳夫”是一個並列結構。但聯繫上引師𩛥鼎銘文來看,我們認爲“邑人膳夫”顯然應該是一個偏正結構,“邑人”應該是“膳夫”的限制性定語。“邑人膳夫”指“邑人的膳夫”。④

與此鼎出於同一窖藏的有膳夫伯辛父鼎(《集成》02561)、膳夫旅伯鼎(《集成》02619),可見此的家族當在一段時間内世襲過膳夫一職。因此“旅邑人膳夫”之“膳夫”也應該與此本人的職務有關。從語法位置

①陳夢家:《西周銅器斷代》,中華書局,2004 年 4 月,第 188 頁。

②馬承源等:《沈子也簋蓋》,《商周青銅器銘文選》第 3 冊,文物出版社,1988 年,第 203 頁。

③裘錫圭:《說殷墟卜辭的“奠”——試論商人處置服屬者的一種方法》,《裘錫圭學術文集》第 5 卷古代歷史、思想、民俗卷,復旦大學出版社 2012 年,第 189 頁。

④師𤸫簋蓋(《集成》04284)“官𤔲(司)邑人師氏”,舊一般亦在“邑人”後施加頓號,這同樣是不對的。“邑人師氏”與“邑人膳夫”結構相同,前者當指邑人的師氏。此外師酉簋(《集成》04288—04291)“邑人虎臣”的結構也應與它們相類。

看,“旅邑人膳夫”之“旅”當是一個與擔任職務有關的動詞。“旅”讀作“假”,訓作代理,文義通暢。《呂氏春秋·審分》:“假乃理事也。”高誘注:“假,攝也。”“旅邑人膳夫”表示王命此代理邑人的膳夫一職。①

五、説季子康鎛“⿺走喪⿺走喪”:

2007年安徽鳳陽縣卞莊一號春秋墓出土了成套的五枚季子康鎛,銘文相同,作:“唯王正月初吉丁亥,余敖邗於之孫鍾離公柏之季子康,擇其吉金,自作龢鐘之皝,穆=△=。柏之季康是良,以從我師行,以樂我父兄,其眉壽無疆,子子孫孫永保是尚。”其中“△”字原形如下(摹本皆出自下引陳斯鵬先生文):

()鎛乙,《銘圖》15788 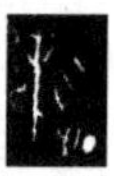()鎛丁,《銘圖》15790 ()鎛戊,《銘圖》15791

劉信芳等先生釋作“迴”,讀為“和”。②《銘圖》、吴勁松先生等釋作“迴”,亦讀為“和”。③ 陳斯鵬先生從字形與押韻兩方面論證該字實从“桑”,鎛銘“逯逯”應讀為“爽爽”。④ “喪”、“桑”一字分化,鎛銘“逯”可徑釋作“⿺走喪”。“喪”聲字與“爽”聲字關係非常密切,金文中“昧爽”之“爽”常假借“喪”聲字來表示。史牆盤(《集成》10175)中的“遽⿺走喪”,研究者指出應讀爲“競爽”。因此“逯逯/⿺走喪⿺走喪”讀為“爽爽”從語音方面看是非常直接的,但聯繫相關金文來看,我們認爲“爽爽”的讀法還沒有把問題講透徹。

---

①“旅邑人膳夫”之“旅”與膳夫旅伯鼎“膳夫旅伯”之“旅”應無關。

②劉信芳、闞續杭、周群:《安徽鳳陽縣卞莊一號墓出土鎛鐘銘文初探》,《考古與文物》2009年第3期第102—108頁。

③吴勁松:《近十年新出殷周青銅器銘文的整理與研究》,安徽大學碩士學位論文(指導教師:胡長春),2011年,第24—25頁。

④陳斯鵬:《新見金文釋讀商補》,《古文字研究》第29輯,中華書局,2012年,第271頁。

“喪”聲字與“爽”聲字關係非常密切(參見上文),又“爽”、“倉”兩者在出土文獻中常相通假,①因此“喪”、“倉”當音近可通。“蒼梧”之“蒼”,上博簡《容成氏》簡41作“[illegible]”,這更是“喪”聲字與“倉”聲字直接相通之例。樂器銘文中,形容鐘鎛之聲習見“倉倉”一辭,它在金文以及典籍中異文甚多,作“鎗鎗”、“鶬鶬”、“瑲瑲”、“將將”、“鏘鏘”等。結合語音與辭例兩方面看,我們認爲季子康鎛的“𧾷𧾷”與金文中習見的“倉倉”、“鎗鎗”表示的應該是同一個詞。

六、秙室門鍵“鉷”字補説

秙室門鍵(《集成》10456,《銘圖》19444)銘文作“秙室門△”,其中“△”原作“”,舊一般釋作“鉼(鉷)”,《新金文編》隸作“鉷”,認爲:“讀爲楗或扃。”②

“△”字,金文中又見於上官豆(《集成》04688),作“”,其異體作“”(哀成叔豆,《集成》04663)。上官豆、哀成叔豆“△”,皆作爲豆形器的自名,研究者一般隸作“鉷”,釋讀作“瓦豆”之“登”或“鐙”字。③林澐

①參看蔡偉:《〈馬王堆漢墓帛書〉札記(三則)》第一則,《出土文獻與傳世典籍的詮釋——紀念譚樸森先生逝世兩週年國際學術研討會論文集》,上海古籍出版社,2010年,第405頁。蔡偉:《誤字、衍文(脱文)與用字習慣——出土簡帛古書與傳世古書校勘的幾個專題研究》,復旦大學博士學位論文(指導教師:陳劍),2015年,第128－129頁。《〈清華五〉殷高宗問於三壽初讀》,第60樓,武漢大學簡帛網,2015年4月16日。http://www.bsm.org.cn/bbs/read.php?tid=3249&page=7。

②董蓮池:《新金文編》(上册),作家出版社,2011年,第576頁。

③洛陽博物館:《洛陽哀成叔墓清理簡報》,《文物》1981年7期第66頁。李學勤:《考古發現與東周王都》,《歐華學報》第1期,香港,1983年,第98頁。收入同作者:《新出青銅器研究》,文物出版社,1990年,第237頁。李家浩:《關於郕陵君銅器銘文的幾點意見》,《江漢考古》1986年4期第84—85頁。何琳儀:《戰國古文字典—戰國文字聲系》,中華書局,1998年,第151頁。劉洪濤:《釋上官登銘文的“役”字》,復旦大學出土文獻與古文字研究中心網站,2011年2月16日。http://www.gwz.fudan.edu.cn/SrcShow.asp?Src_ID=1409。劉洪濤:《上官登銘文新釋》(未刊稿)。

先生則認爲上官豆"△"應釋作《說文》訓爲"豆屬"的"𧯷(卷)",[①]裘錫圭先生讚同此說。[②]《新金文編》亦從林說。[③] 我們認爲林說可從。

清華簡《芮良夫毖》簡22有"鋬"字,其所在相關語句爲:

悳(德)型(刑)態絉,民所訞訛,約結繏(繩)【19】剸(斷)。民之關(關)閟(閉),女(如)關(關)枝扃(扃)(鋬),繏(繩)剸(斷)既政(正),而五想(相)柔訛(比),矞易兇心,覓懟稃惟,料和【20】庶民。政命悳(德)型(刑),各又(有)祟(常)朿(次);邦亓(其)康寍(寧),不奉(逢)庶戁(難);年敦(穀)焚(紛)成,風雨寺(時)至。此隹(惟)天所建,隹(惟)四方【21】所鵹(祗)畏。曰亓(其)罰寺(時)堂,亓(其)悳(德)型(刑)義利,女(如)闢(關)枝不閟(閉),而繏(繩)剸(斷)遳(失)楑,五想(相)不□。……【22】

"扂",整理者讀爲"扃",可從。"鋬",整理者隸作"鋬"。認爲从金龹聲,是"管"的異體字。釋"管"之說得到許多研究者的讚同,[④]但也有少數研究者不同意此說。如馬楠女士在"鋬"後括注爲"縢",[⑤]曹建國先生徑釋作"縢"。[⑥] 王瑜楨女士認爲"關枝扃𧯷,辟斷既正"與"關枝不閉,而辟斷失楑"相對反,"既正"與"失楑"相反,則"扃𧯷"應該與"不閉"相反,其意義相當於"既閉",大約是門閂閂好了。根據此分析,王女士認爲"𧯷"可考慮讀爲"鍵",其動詞義即"鎖閉"。[⑦]

---

①林澐:《新版〈金文編〉正文部分釋字商榷》第73、201條,中國古文字學會第八屆年會論文,1990年。

②裘錫圭:《〈說文〉與出土古文字》,《裘錫圭學術文集》第3卷金文及其他古文字卷,復旦大學出版社,2012年,第435頁。

③《新金文編》(上册),第576頁。

④沈培:《試說清華簡〈芮良夫毖〉跟"繩準"有關的一段話》,出土文獻與中國古代文明國際學術研討會論文,北京,2013年。劉樂賢:《也談清華簡〈芮良夫毖〉跟"繩準"有關的一段話》,《清華簡研究》(第二輯),中西書局,2015年8月,第138頁。

⑤馬楠:《〈芮良夫毖〉與文獻相類文句分析及補釋》,《深圳大學學報》2013年1期第78頁。

⑥曹建國:《清華簡〈芮良夫毖〉試論》,"中國簡帛學國際論壇2014",芝加哥大學,2014年10月24—26日。

⑦王瑜楨:《〈清華大學藏戰國竹簡(叁)·芮良夫毖〉釋讀》,《出土文獻》第6輯,中西書局,2015年4月,第193頁。

曾子季关臣簠甲(《曾銅》394 頁左,《銘圖》05797)“”,曾子季关臣簠乙(《曾銅》394 頁右,《銘圖》05798)“”,曾季关臣盤(《曾銅》396 頁,《銘圖》14496)“”,曾关臣匜(《曾銅》398 頁,《銘圖》14871)“”,舊一般釋作“弁”,①亦誤,此字顯然即金文“△”字所從,應釋作“关(𢍏)”。陕簋(《集成》03475)“”,从“阜”、“关(𢍏)”聲,即“隆”字異體。古文字中,“●”演變爲“一”比較自然,反之則不太自然,因此我們認爲“𢍏”形中間從“●”可能是比較早的寫法,而中間部分從“一”可能是相對較晚的寫法,②“”演變作“”,這與“益”字的變化同例(參看四版《金文編》344 頁 0793 號“益”字)。“”中的一横或演變爲兩横則作“”形,③這是東周時期“𢍏”形最典型的寫法。新蔡簡貞人名“盬佚”之“佚(倦)”或作“”(甲三 26),或作“”(甲三 235－1)。包山簡“豢”字或作“”(《包山》2.210),或作“”(《包山》2.214)、“”(《包山》2.203)。④ 這些則是“𢍏”形从三横的寫法。這種寫法的“𢍏”形可能是在“”的基礎上再添加一横演變而來的。⑤ “弁”形作“”(臣諫簋,《集成》04237)、“”(斛半弁量,《集成》10365)等形,中間本是一豎筆,與“关(𢍏)”字中間本是“●”或“一”區別明顯。不過在東周文字中,“弁”形中間亦偶有

①《新金文編》(上册),第 295 頁。

②研究者或認爲甲骨金文中的“”、“”類形亦是“关(𢍏)”字,實不可信,參看拙文《試說商周古文字中的“𡰥”》(未刊稿)。

③簡帛文字中,“𢍏”形以從兩横爲主,亦有从一横之例,可參看《楚系簡帛文字編》增訂本(湖北教育出版社,2008 年 10 月)第 235 頁“𢍏”、416 頁“縢”、845 頁“豢”等。後來的“𢍏”形即“关”應是來源於从一横的寫法。

④滕壬生:《楚系簡帛文字編》增訂本,湖北教育出版社,2008 年 10 月,第 845 頁“豢”。

⑤《〈繫年〉集解》(蘇建州、吴雯雯、賴怡璇,萬卷樓,2013 年 12 月,第 804－806 頁)對古文字中“𢍏”形的演變有詳細闡述,讀者可以參看。

訛作“—”之例,此類形體則與“关(龹)”字相混。[1] 從目前的資料看,確定無疑的“弅”形中間還沒有訛寫作“●”之例,因此作“”形者應是“关(龹)”字而不必考慮是“弅”形訛體。

“”,从金关(龹)聲,它顯然即金文“△”即“卷”字異體。馬楠女士、曹建國先生把“鍙”釋讀作“縢”,顯然是把它所从之“关”(龹)即“卷”字上部所从與“朕”字所从之“弅”相混,這是不可信的。此外聯繫它與秙室門鍵“△”字的用法來看,也可知“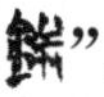”右邊所从應是“关(龹)”而非“弅”字訛體(詳下文)。

秙室門鍵“△”字,應該是該器的自名,結合其器形作“圓棍形”以及語音兩方面來看,讀爲“楗”或“扃”皆可。“楗”、“扃”皆可指關閉門戶的門閂。“楗”或作“鍵”、“揵”。《文選·張衡〈南都賦〉》:“排揵陷扃。”李善注:“《說文》曰:‘揵,距門也。’又曰:‘扃,外閉之關也。’”“揵”、“扃”義近對舉。在上引關於《芮良夫毖》“△”字的意見中,我們認爲王瑜楨女士的分析非常有道理。《芮良夫毖》“△”字與秙室門鍵“△”字用法顯然非常相近,從《芮良夫毖》“△”與“扃(扃)”連用來看,我們認爲秙室門鍵“△”字宜讀作“鍵”[2]而不宜讀作“扃”。古漢語常常名動相因,秙室門鍵“△”用作名詞,《芮良夫毖》“△”則是用作動詞,《芮良夫毖》“扃(扃)”與“△”近義連用,亦是用作動詞。“扃卷(鍵)”本指關閉門戶的門閂,在簡文中則是作動詞,意思爲“關閉”,與“關柭不閉”之“不閉”相反。總之,從秙室門鍵“△”與《芮良夫毖》“△”兩者用法恰可互證來看,我們認爲它們都宜讀作“鍵”,而它們所从之偏旁是“关(龹)”而不是“弅”。

2014 年 7 月初稿

2015 年 5 月修改

---

① 參看清華簡《保訓》簡 2“朕”字。

② “鍵”、“楗”表示同一個詞,前者強調材質是金屬,後者強調材質是木材。因爲秙室門鍵是青銅所製,故我們讀作“鍵”。

甲骨文字淺釋四例①

王子楊②

本文所選字釋是從舊稿中檢出的，大體寫於四、五年前，現集結一處，請前輩好友指正。

一、釋妛

本節討論的是下揭之字：

A. 合 18177 甲

B. 合 18177 乙

A 形省去左下部的"又(手)"旁，又添加三個象徵火星的點畫，就成為 B 形。A、B 顯然為一字異體。《英》415 有字作：

①本文是 2013 年教育部人文社會科學研究青年基金"基於類組差异現象的甲骨文字考釋"、國家社會科學基金一般項目"甲骨字釋的整理與研究"的階段性成果。

②王子楊，首都師範大學甲骨文研究中心/出土文獻與中國古代文明研究協同創新中心 北京 100089。

C. 英 415(摹本)

如果把 C 作水平翻轉,其形體跟 B 顯然為一字異體。綜上,A、B、C 皆為一字異體。下文如果不區別這三個形體,則用"○"代表這個字。

"○",張亞初先生有過考釋,他說:

> 、二字上面是从倒置的器皿,下面是从火,可簡化為。這與西周金文中鑄字的基本構形是完全一致的。西周金文鑄字上面从倒置皿,皿旁有的有兩手,有的則沒有手,作、(原注:前者見大系一六五宜桐盂,後者見冠斝上四二內公鬲)。……、乃是鑄字初文。……字从火,意為用火加熱熔鑄銅錫,从倒置皿,意為把熔化的銅錫溶液傾注入範。……①

溫少峰、袁庭楝、趙誠等先生均從之。②《甲骨文字詁林》按語說"似不得釋為'鑄'。"③我們同意"按語"的意見,此字釋"鑄"確實證據不足。《新甲骨文編》將此字列在"附錄"1021 號,視為未識字。④《甲骨文字編》未加隸定,編為 1463 號,次於"搜"字頭後。⑤ 可見一斑。筆者初步認為,"○"即甲骨文常見的""字,所謂的"宀"當是倒置之"皿"的省簡。下面略作說明。

甲骨文有"罙"字,一般作""。有時也寫作"",如《合集》4856、6743、8278 等。⑥ "罙"多用為人名、族名或地名,如:

(1)貞:令比罙。　　合 4856[典賓]

①張亞初:《甲骨文金文零釋》,《古文字研究》第六輯,第 157—158 頁,中華書局,1981 年 11 月。

②松丸道雄、高嶋謙一編:《甲骨文字字釋綜覽》第 543 頁,東京大學出版會,1994 年 12 月。

③于省吾主編、姚孝遂按語編纂:《甲骨文字詁林》第 3367 頁,中華書局,1996 年 6 月。

④劉釗、洪颺、張新俊編纂:《新甲骨文編》第 994 頁,福建人民出版社,2009 年 5 月。

⑤李宗焜:《甲骨文字編》第 453 頁,中華書局,2012 年 3 月。

⑥詳參蔡哲茂:《釋""、""》,原刊《故宮學術季刊》第五卷第三期,1988 年。後收入《甲骨文獻集成》第十三冊,第 362—364 頁,四川大學出版社,2001 年 4 月。

(2)貞:呼視于罙。二月。　　合 8278(合 6743 同文)[典賓]

(3)甲申卜,賓,貞:呼㕚罙。　　合 4185[賓三]

(4)貞:罙其㞢(有)疾。　　合 13747[賓三]

“罙”又可以用在“伐”前,讀為“深”。如:

(5)□丑卜,殼,貞:令或①來,曰或罙伐𢀛方。十一月。　　英 1179 正(合 6379 正同文)[典賓]

(6)貞:▨王罙伐土方,受[㞢又]。　　合 6425[典賓]

(7)▨罙伐西土。　　合 7082[典賓]

(8)貞:𢀛方弗罙西土。

[貞]:𢀛[方] 其罙西土。　　合 6357[典賓]

甲骨文又有“”字,用法跟“”、“”完全相同,學界多釋作“罙”。請看:

(9)辛未卜,爭,貞:婦好其比沚戠伐巴方,王自東伐,戎陷于婦好立(位)。　　合 6480[典賓]

(10)己卯卜,□,貞:叀□伐貍。　　合 6934[賓一]

《合集》6807 辭殘,但可以斷定也是深伐某方的。對於(9)辭,裘錫圭先生解釋命辭部分說:“讓婦好和沚戠一起去征伐巴方,而王則親自從東方深入進擊巴方,敵人會陷入婦好的埋伏嗎。”②除此以外,“”還經常用為人名或族名,辭例請參《類纂》第 1035 頁。綜上,“伐”無疑就是(5)～(7)的“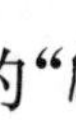伐”。“”、“”為一字異體無疑,學界俱釋作“罙”是沒有問題的。

“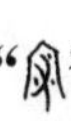”上部所从之“宀”實為“皿”之省簡。“罙”字可以寫作“”,又可以寫作“”,手形上部的“皿”可以省去圈足而跟“宀”形近似。甲骨文

①說詳謝明文:《“或”字補說》,《商代金文的整理與研究》第 664—679 頁,復旦大學博士學位論文(指導教師:裘錫圭教授),2012 年 5 月。

②裘錫圭:《中國大百科全書 · 中國文字卷》“甲骨卜辭”條下,收入《裘錫圭學術文集 · 雜著卷》第 243—244 頁,復旦大學出版社,2012 年 6 月。

“官”多作“”,《合集》18540 則寫作“”。我們知道,用為偏旁的“皿”經常省去圈足之形。如田獵地名“𥁕”一般寫作“”,但也可以寫作“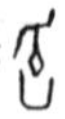”;“盡”既可以寫作“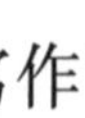”,也經常寫作“”;“盖”既可以寫作“”,又經常寫作“”;“盜”既可以寫作“”,也經常寫作“”;“盉”既可以寫作“”,又可以寫作“”等等,皆其例。①

以“罙”例之,本文討論的“”、“”很可能就是“”字之異構。下面從辭例上略加申述。“”學界多釋為“叜”,象手持火炬在室內搜求之形,“搜”之初文。② “叜”,甲骨文多用為人名或族名,多出現在“某自叜氣(乞)+數字”的格式,“叜”顯然用為族名或地名。“叜”似也有作動詞之例:

(11)乙未卜,爭,貞:賝王多子曰:叜。　　合 5624[賓三]

(12)貞:▨多子曰:叜。十二月。

合 18614+18174(蔣玉斌先生綴合③)　　[賓三]

(13)丁酉卜:王族爰多子族立于㖯。　　合 34133[歷二]

(11)～(13)辭從占卜時間和內容上看,很可能為同事而卜。關於這一點,姚萱先生已經指出,她解釋(11)辭“賝王多子曰叜”説:“大概是為某人‘援’王多子並告訴、命令他們‘叜’而占卜的。”④其説可從。“曰叜”之“叜”可能用為動詞。

“”也用為人名或族名,跟“叜”的名詞用法相同,如:

(14)□亥卜,殻,貞:今六月▨。

①關於“皿”可以省去像底座或圈足部分的更多例子,可以參看劉釗《古文字構形學》第 32—33 頁,福建人民出版社,2006 年 1 月。

②于省吾主編、姚孝遂按語編纂:《甲骨文字詁林》第 335—3367 頁,中華書局,1996 年 6 月。黃德寬主編:《古文字譜系疏證》第 665 頁,商務印書館,2007 年 2 月。

③蔣玉斌:《甲骨新綴第 1—12 組》,中國社會科學院歷史研究所先秦史研究室網站,http://www.xianqin.org/blog/archives/2306.html,2011 年 3 月 20 日。

④姚萱:《殷墟花園莊東地甲骨卜辭的初步研究》第 129—130 頁,綫裝書局,2006 年 11 月。

貞：今六月☐。　　　　合 18177[賓一]

(15)貞：今八月生☐疾(?)。　　　　英 415[賓一]

從形體和用法兩方面看，把“”、“”看作“安”之異構，具有合理性。如果“”確實為“安”，則“安”的造字本義可能需要重新考慮了。

二、釋㐭

午組卜辭有如下之字：

()合 22441

此字从攴从㐭(廩)，中間有三個點畫。關於右部字形从“㐭(廩)”，可以參看《甲骨文字編》第 753－756 頁“廩”及从“廩”諸字，①不贅。如此，此字可以隸定為“啚攴”。

員方鼎也有“啚攴”字，字形作：

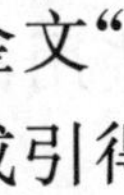集成 2695

亦从攴从㐭(廩)，“㐭”上也有點畫。關於左部从“㐭”需要作簡單說明。過去，學界多把這個字隸寫作“㪔”，認為左側从“南”。② 左部字形與金文“南”字不合，尤其是頂部筆畫，與“南”字相差甚遠。《殷周金文集成引得》、《殷周金文集成》(修訂增補本)釋文都把它釋為“𣪊”，③是有道理的，但將其讀為“廩”則未必。辭例是：

①李宗焜：《甲骨文字編》第 753－756 頁，中華書局，2012 年 3 月。

②郭沫若著：《兩周金文辭大系圖錄考釋》第 29 頁，上海書畫出版社，1999 年 7 月；馬承源主編：《商周青銅器銘文選》第三卷，第 78 頁，文物出版社，1988 年。

③張亞初編著：《殷周金文集成引得》第 45 頁，中華書局，2001 年 7 月；中國社會科學院考古研究所編：《殷周金文集成》(修訂增補本)第 1377 頁，中華書局，2007 年 4 月。

> 唯征(正)月既望癸酉,王獸(狩)于眂𣪘,王令員執犬,休善,用作父甲肆[①]彝。

顯然,"眂𣪘"用作田獵的地點,可能是二字地名,也可能是"眂"地之"𣪘"。郭沫若先生最早指出"眂𣪘"當是"眂林",[②]郭說有理。從田獵的情形看,最有可能是指"眂"地之"𣪘","𣪘"確實當讀為"虞林"之"林"。免簠說"命免作司土(徒),司奠(鄭)還𪏊(林)眔虞眔牧。""虞𪏊"之"𪏊"即从"林"得聲。金文"林鐘"之"林"多从"㐭"作,或从"林",或从"泉",或从"金",或从"禾",或从"米",或从"攴",部件組合多樣,不一而足。[③]"眂林"意為眂地之林,正是田獵的理想之地。

清華簡《繫年》56—57簡曰:

> 楚穆王立八年,王會者(諸)侯于厥貉,將以伐宋。宋右師華孫元欲勞楚師,乃行,【56】穆王思(使)驅孟諸之麋,徙之徒䔻。……【57】[④]

關於"徒䔻",整理者認為"䔻"當讀為"林","徒林"是田獵地名。[⑤]十分正確。《左傳·莊公八年》"公孫無知虐於雍廩",李富孫異文說"齊世家作雍林"。"徒林"、"雍林"可以跟員方鼎的"眂林"相互印證。可見,金文中"林"經常假从"㐭"之字表示。

由上述事實可以看出,甲骨文"𣪘"當从"㐭"得聲,似可釋"廩"。廩,《說文》作為"㐭"之異體出現的。《說文·㐭部》云:"㐭,穀所振入,宗廟粢盛,倉黃㐭而取之,故謂之㐭。……廩,㐭或从广、从禾。"又《說文·㐭部》:"稟,賜穀也。从㐭从禾。"顯然,"㐭"、"稟"、"廩"為一組同源字,古書多可通用。穀物振入可以稱"廩",穀物賜取亦可謂"廩",這些用法在

---

①從陳劍先生釋,參《甲骨金文舊釋"𩠫"之字及相關諸字新釋》,《出土文獻與古文字研究》(第二輯)第13—47頁,復旦大學出版社,2008年8月。

②郭沫若:《殷周青銅器銘文研究·雜說林鐘、句鑃、鉦、鐸》,《郭沫若全集·考古編》第85頁,科學出版社,2002年。

③容庚編著,張振林、馬國權摹補:《金文編》(四版)第410—411頁,中華書局,1985年7月。

④李學勤主編:《清華大學藏戰國竹簡(貳)》67頁,中西書局,2011年12月。

⑤李學勤主編:《清華大學藏戰國竹簡(貳)》第160頁,中西書局,2011年12月。

出土的秦漢簡牘中非常常見。① 甲骨文“啚”字从“攴”、从“亩”（倉廩），且有象徵米粒的點畫，可能就是表示穀物振藏、廩出之形。卜辭似用作人名或族名。

三、釋《合集》33378 之“虣”

《合集》33378 有下引之字：

學界一般把此字看成“戈”、“虎”二字，如《殷契粹編》、《甲骨文合集釋文》、《甲骨文校釋總集》等皆如此。② 李宗焜先生《甲骨文字編》1997 號“虎”字頭還收錄了本版的“虎”字形體，③亦可見一斑。

其實，所謂的“戈”、“虎”當為一字，就是甲骨文“虣虎”之“虣”。裘錫圭先生曾經指出甲骨文“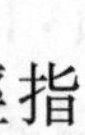”、“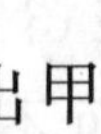”形之字“所从的戈旁倒寫在虎旁之上，以戈頭對準虎頭，顯然是表示以戈搏虎的意思，無疑也應該釋作虣。”這是十分正確的意見。④ 此字只不過將“虎”形倒寫於“戈”上而已，顯然也是“虣”字，無需贅言。需要指出的是，“戈”右下似有“又（手）”形筆畫，拓本不清而不能斷定，不過結合本版另一條卜辭“惠牢虎虣”之“虣”字所从的“戈”下有“又（手）”的情形看，似以有手形筆畫的可能性

①沈剛：《〈里耶秦簡〉（壹）所見的廩給問題》，《吉林大學古籍研究所建所三十週年紀念論文集》第 133－144 頁，上海古籍出版社，2014 年 11 月。

②郭沫若：《殷契粹編》第 599 頁，科學出版社，1965 年 5 月；胡厚宣主編：《甲骨文合集釋文》33378 條，中國社會科學出版社，1999 年 8 月；曹錦炎、沈建華編著：《甲骨文校釋總集》第 3720 頁，上海辭書出版社，2006 年 12 月。

③“虎”字摹寫失真，沒有摹出“虎口”的特徵筆畫，參李宗焜：《甲骨文字編》第 596 頁，中華書局，2012 年 3 月。

④裘錫圭：《說“玄衣朱襮裣”——兼釋甲骨文“虣”字》，《裘錫圭學術文集 · 金文及其他古文字卷》第 3－5 頁，復旦大學出版社，2012 年 6 月。

大。如果是這樣,此字構形更加生動,象手持戈兵搏虎之形,甲骨文字編性質的工具書應該收録這個完整的形體。

讀者不禁發問,裘先生釋"虤"的結論廣為學者接受,緣何獨此字不被正確釋讀呢? 這恐怕是學者不明此版卜辭文例所致。查考不同版本之釋文,可謂五花八門,分歧甚大,這裡就不一一引出了。此版是無名組卜辭,無名組卜辭有一種特殊的文例值得注意,即骨邊刻辭最後一行文字長度往往大大超過前行,劉影女士有詳細的論述,①頗可參考。按照這個規律,排除殘辭,相關卜辭可以釋讀如下:

(16a)王其乎(呼)虤,擒。

(16b)惠求,擒。

(16c)辛酉卜:王其田,惠省?犬比,丁□丂(刈)彔(麓),亡災。

(16d)惠宰虎虤,亡災。

(16a)過去多釋寫作"王其呼戈擒虎"。近來胡輝平先生利用國家圖書館藏甲骨實物,校釋此條卜辭為"王其呼戈擒虎,丂彔亡災?"②將"丂彔亡災"混入本辭。"擒虎"本身不合卜辭表述習慣,田獵卜辭總是先說"田獵動詞+虎",然後接著說"擒"或"獲",而不見有"擒虎"的搭配,這是因為"擒"是表示田獵結果的詞。(16d)過去多釋寫為"惠宰虎戈,亡災"或"惠宰虎戔,亡災",細看拓本,似非二"戈"相向,今暫依辭例推斷可能為"虤"字。《合集》11450有辭云:"☐王往虤☐虎,允亡災。"似可與(16d)參照。

① 劉影:《殷墟胛骨文例》第156—160頁,首都師範大學博士學位論文(指導教師:黄天樹教授),2011年11月。

② 胡輝平:《善齋舊藏甲骨與〈甲骨文合集〉釋文之校勘》,《文獻》2011年第2期,第21頁。

四、説卜辭所謂的地名“白木”

甲骨卜辭有所謂的地名“白木”,見於《合集》33380。這版卜骨拓本最早著錄於商承祚先生編集的《殷契佚存》195 號,原骨現藏中國國家博物館。2007 年 7 月,《中國國家博物館館藏文物研究叢書·甲骨卷》(下文簡稱“《國博》”)出版,公佈了本版的彩色照片和清晰拓本,使我們有機會重新討論這版卜骨,該版卜骨編號為《國博》156。

所謂的地名“白木”全辭如下:

(17)辛亥貞:又(有)兕才(在)白木,亞。國博 156[歷二]

我們釋作“兕”的字,殘去部分頭部和腹部筆畫,《甲骨文合集釋文》釋為“隻”,顯然把這個字看成“捕獲”之“獲”。後出的《甲骨文校釋總集》、《國博釋文》、《殷墟甲骨文摹釋全編》皆沿其誤。① 仔細看照片,頭部筆畫顯然是兕牛長角之形,與“隹”形筆畫實不相符。另外,最後一字“亞”,《國博》整理者讀作“坑”,也是我們不能同意的,理由詳後。

儘管學者對“兕”、“亞”有不同的理解,但似都認為“白木”是一個田獵地名,這是很對的。下揭二條卜辭可以類比:

(18)旬㞢(有)求(咎):之日甗祉,夕㞢(有)兕才(在)。八月。合集 24358[出一]

(19)癸未卜,王曰貞:又(有)兕才(在)行,其左射,獲。合集 24391[出二]

上引(18)、(19)之辭跟本文討論的《國博》156 非常相似,“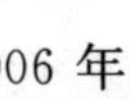”、“行”

①曹錦炎、沈建華編者:《甲骨文校釋總集》第 3720 頁,上海辭書出版社,2006 年 12 月;中國國家博物館編:《中國國家博物館館藏文物研究叢書·甲骨卷》第 219 頁,上海古籍出版社,2007 年 7 月;陳年福:《殷墟甲骨文摹釋全編》第 2975 頁,綫裝書局,2010 年 12 月。

都是表示地方的名詞,因此,處在相同位置的“白木”亦表示地名,這是很好理解的。問題是,“白木”這個地名比較奇怪,卜辭中還沒有見到這一複合地名。歷組、歷無名間類卜辭常見一個叫“白”的田獵地名,下面列舉一些辭例:

(20)癸未貞:王其獸白□。

拼合集 201 則(莫伯峰先生綴合)[歷二]

(21)乙未卜:王往求秅从□,冓(遘)。

于白西擒。

于白東擒。

合 28315+屯南 4585(齊航福先生綴合,合集 28843 同文)[歷無名間]

(22)辛巳卜:王往田从白東□。　　合集 28596[歷無名間]

(23)庚子卜:王往田于白。　　合集 33425[歷無名間]

(24)戊午卜:王往田从東擒。

从白東擒。　　屯南 2745[歷無名間]

(25)乙丑卜:王往田从東擒。

从白東擒。　　屯南 1094[歷無名間]

(26)弜散白,鼎正,王擒。　　合集 29407[歷無名間]

無名組卜辭又有一個寫作“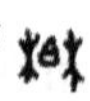”或“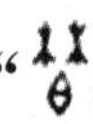”的地名,其辭例為:

(27)惠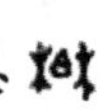東田,湄日[亡災]。　合集 29146(安明 2006)[無名]

(28)王惠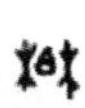首田,亡災。

惠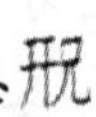田,亡災。　　合集 29279(安明 1986)[無名]

(29)惠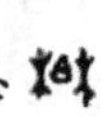首田,亡災。

惠昏田,亡災。　　合集 29279(安明 1986)[無名]

(30)甲午卜:王其省樹于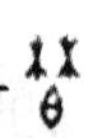,匕□往來亡災。

合集 27781[無名]

(31)□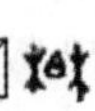田,亡災。　　合集 33517[無名]

從用法和形體上看,無名組卜辭的“”或“”應該就是歷組、

歷無名間類卜辭的田獵地名“白”。裘錫圭先生早就指出，“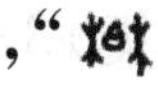”“可分析為从‘林’‘白’聲，應即卜辭屢見之地名‘白’之繁體。加‘林’當表示白地多林木，與卜辭加‘水’旁於地名以示其地有河流同例。殷墟出土之牛距骨刻辭提及‘白麓’，可知白地有山麓，山麓一般多林木，此亦白地多林木之旁證。”①裘說至確。同樣的造字思路可以類比的是甲骨文“麓”字，卜辭一般用“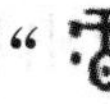”表示山麓之“麓”，然而無名組（左支卜）、黃組卜辭用“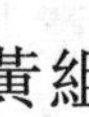”、“”、“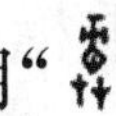”等形表示“麓”，添加意符“林”或“艸”。由此觀之，我們討論的所謂“白木”，可能當為一字，就是歷組卜辭常見的地名“白”，下面的“木”應該是添加的形旁，構意跟添加二木的“林”一路。我們知道，形旁“木”、“林”、“屮”在參與甲骨構字時經常沒有嚴格的區別，可以是一個“木”（或“屮”），也可以是“林”，甲骨文中的“木月”有時也寫作“林月”，也是這方面很好的例子。

白地也見於黃類卜辭，如《合集》36793—36797、《懷特》1825 等屢見“在白貞”之語，可見，白地到帝乙帝辛時代仍然是一個重要的地名。《合集》35501 曰：“王曰𠟭大乙𩰫于白录（麓）𣎆。宰豐。”劉釗先生解釋“𠟭大乙𩰫于白录（麓）”“就是在白山之麓分割向大乙獻祭的牲體”的意思。②劉說可從。可見，白地是有山麓的，自然是田獵的理想之所。反過來看無名組卜辭寫作“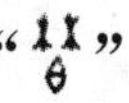”或“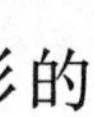”之形的字，也就很好理解了。

以上諸家釋文之所以把這個“柏（白）”地理解為“白木”二字，主要是礙於“白”、“木”兩個偏旁之間有距離，這也是可以解釋的。我們知道，歷組卜辭有把兩個偏旁刻寫得比較開的習慣，學界稱為“一字析書”。裘錫圭先生曾經討論過這個刻寫習慣，他舉出的《合

①裘錫圭：《裘錫圭學術文集 · 甲骨文卷》第 508—509 頁，復旦大學出版社，2012 年 6 月。

②劉釗：《談新公佈的牛距骨刻辭》，《書馨集—出土文獻與古文字叢書》第 67 頁，上海古籍出版社，2013 年 12 月。

集》33193 就是一個顯例。過去皆把《合集》33193 的“方”、“止”視為二字,並且將“方”與“木”連讀,生生造出一個“木方”來。裘錫圭先生從字形和辭例出發,指出“方”、“止”雖然析書,但應該是一個字,即習見寫作“㫄”的形體。① 裘說可信。因此,我們把“白木”看成一個字,並不奇怪。

“㐲”,多位學者指出應該从“丙”得聲,但如何釋讀,則存在多種意見。《國博》整理者信從張秉權先生的意見,主張讀“坑”,謂設陷阱以捕獸;②單育辰先生讀為“逢”,葛亮先生從之;陳劍先生讀作“當”。③ 以上諸說,葛亮先生對“㐲”的詞義及其特性之分析十分細膩,對確定“㐲”的字釋很有參考價值。從目前所掌握的材料看,讀“逢”、讀“當”都是有可能的。無論如何,“㐲”有“逢”、“遇”等意思是可以肯定的。

前引《國博》156 是貞問有兕牛出現在白地,是否會碰到。

以上四則字釋,或辭例殘斷,或用法不明,或證據尚不充分,因而很難說是完善的考釋,有些甚至可能是錯誤的繫聯和推論,小文只是提出諸多可能性中的一種可能而已。

---

①裘錫圭:《裘錫圭學術文集·甲骨文卷》第 230 頁,復旦大學出版社,2012 年 6 月。

②中國國家博物館編:《中國國家博物館館藏文物研究叢書·甲骨卷》第 220 頁,上海古籍出版社,2007 年 7 月。

③葛亮:《甲骨文田獵動詞研究》,《出土文獻與古文字研究》(第五輯)第 81—87 頁,上海古籍出版社,2013 年 9 月。

安陽殷墟東區出土商代有銘銅器的初步整理與研究①

苗利娟②

摘　要:安陽殷墟東區是指小屯村以東地區,包括洹水東北岸的大司空東南、郭家灣及洹水南岸的後岡、高樓莊、薛家莊等地,與郭家莊在地緣上有一定聯繫。此區歷年出土商代有銘青銅器 117 件,銘文內容較為分散,涵蓋族名、職官名、人名等多種類型,除自作用器外,賻贈的成分較大。此處職官名較殷墟其他地方多有發現,如"亞疑"、"亞隻"、"寢印"、"寢出"、"鼓寢"、"何馬"等類型,"寢"、"亞"、"馬"均為職官名,説明殷墟東區,特別是大司空村一帶在當時為外來臣屬墓葬區之一。

據筆者初步統計,截至 2014 年 12 月底前已發表的商代金文材料,商代有銘銅器已踰 6200 件,約半數以上無確切出土地,而今可確認出土於河南的商代有銘銅器有 1400 餘件,而以安陽為最,有 1200 餘件,佔河南出土商代金文數量的 80%以上。

根據殷墟墓地的分佈情況,安陽殷墟出土商代有銘銅器大致可劃作王陵區、宮殿區、殷墟東區、殷墟西區及殷墟南區。五區中以宮殿區

①本文為 2012 年國家社科重點項目"中原出土商周銅器銘文的分域整理與研究"(項目號:12AYY003)的階段性成果;暨 2012 年河南省高等學校哲學社會科學創新團隊"甲骨學與殷商文化研究"(項目號:2012－CXTD－08)支持計劃的階段性成果。

②苗利娟,安陽師範學院歷史與文博學院博士　河南安陽　455000。

出土的有銘商器數量最多,次以殷墟南區、王陵區,而殷墟東區、殷墟西區相對較少。①

殷墟東區主要指殷墟中心小屯村以東地區,包括洹水東北岸的大司空東南、郭家灣及洹水南岸的後岡、高樓莊、薛家莊等地。這些區域歷年所出商代有銘銅器衆多,但新中國成立以前所出大部分流散在外。加拿大多倫多皇家安大略博物館的不少中國商代青銅藏品,就是懷履光20世紀30年代初在河南開封中華聖公會任主教時,就近收購的。這些文物大部分出自安陽大司空南地、高樓莊和郭家灣一帶。② 這些散於各地的有銘商器,加之新中國成立以來科學考古發掘的,總數已達117件,按器型可分為爵30件,觚20件,鐃、鼎各12件,簋8件,觶、卣各5件,斝7件,尊、戈各3件,鈴、甗、罍各2件,瓿、盤、鉞、斧、勺各1件。按銘文內容可粗分為40餘種,除祭祀先人名外,大多數表示族名、職官名、人名等,它們對於研究商代氏族的興衰及其歷史文化面貌,具有重要的學術價值。

為了今後深入研究的方便,筆者謹將其中較為重要銘文分為以下30組,並與同時期出土文字資料相繫聯,進行初步的歸納整理與研究。

一、大司空墓地

大司空墓地主要位於洹水東岸大司空村東南豫北紗廠院內,面積約50萬平方米,其西部和南部商代墓葬與居住遺址相並存,東部和北部是主要的墓葬分佈區。該墓地為20世紀30年代所發現,至今已發掘

①據2014年12月底前已公開發表的資料,筆者初步統計王陵區出土商代有銘銅器共計170件,宮殿區出土362件,殷墟東區117件,殷墟南區222件,殷墟西區75件。另外,傳出安陽但具體地點不詳的商代有銘銅器共計299件。

②張長壽《流散的殷墟青銅器》,《中國青銅器全集》(二),文物出版社,1997年。

近千座墓葬,其中絕大部分為長方形豎穴墓,也有少量帶墓道的大墓、車馬坑和祭祀坑。

大司空村歷年來出土商代有銘銅器共計88件。

1.亞疑

1930年前後安陽大司空村南地傳出鈴2件(《集成》①413、414)、觚2件(《集成》6965、6966)、鉞1件(《集成》11745),共計5件,均鑄銘"亞疑"二字,其中亞疑鉞銘文以綠松石嵌之,足見其貴重。

商代"亞"字除表示宗廟名相主次外,亦習見用作職官名,所授對象多為部族首領。② 在相當於商王祖庚、祖甲時期的出組卜辭中,有貞人稱"疑",主持過王室的許多占卜活動。貞人疑所生活的時代,與大司空亞疑類銅器大體相當,屬於殷墟文化二期。

商代"疑"銘銅器今見於著錄者共計106件,其中單鑄"疑"者僅見1件觶銘(《集成》6298,銘"疑父辛")、2件斧銘(《集成》11762～11763,單銘一"疑"字)等,其餘各器均加鑄有"亞"字,或加鑄"其"、"曩"、"其侯"、"曩侯"等。"其"乃"曩"之省,這些族徽彼此存在著淵源關係。③ 今"亞疑"商器出土地可考者有29件,其中26件出自安陽,在侯家莊、大司空村、劉家莊等墓地中都有發現,時代從殷墟文化二期一直延續到殷墟文化四期。除安陽外,在河南上蔡田莊④、北京房山琉璃河(《集成》2035)、河北邢臺(《集成》7241)、遼寧喀左⑤等地均發現有該族銅器,器物時代延續至西周早期,可見此族在當時的影響比較大,除了商都外,也在河

①中國社會科學院考古研究所編著《殷周金文集成》(修訂增補本),中華書局,2007年。文中簡稱《集成》。

②王蘊智《"桒"字譜系考——兼說商代的葉族》,《字學論集》,河南美術出版社,2004年,頁230。

③王蘊智《殷商箕族淵源考訂》,《高敏先生七十華誕紀念文集》,中州古籍出版社,2001年。

④河南省文化局文物工作隊第一隊《河南上蔡出土的一批銅器》,《文物參考資料》1957年第11期,頁68。

⑤喀左縣文化館、朝陽地區博物館、遼寧省博物館《遼寧喀左縣北洞村出土的殷周青銅器》,《考古》1974年第6期,頁364—372。

北東北至遼西一帶活動。

2.亞俔姍

1953 年安陽大司空村 312 號墓葬出土一套銅鐃,大小依次遞減,形制、銘文相同,内口緣部均鑄有銘文"亞俔姍"三字(《集成》405～407)。該墓被盜,共出土 27 件銅器,計鐃 3、矛 10、鏃 10、鈴 2、貝 2 件。所出銅矛均為明器,在矛銎端均有塗朱的朽木痕跡,柄長約 1.4 米。①

"俔"、"姍"尚未見於其他商器之上;"俔"僅見於殷墟卜辭《合》21414 版②,辭殘,義不詳。

3.亞隻

安陽大司空村南地傳出觚 1 件,圈足内鑄有銘文"亞隻"二字(《集成》6982,圖一:1),時代屬於殷墟文化二期③。另外,傳出安陽的還有 1 件"亞隻"銘爵(《集成》7812,圖一:2)。二器銘文字形相近,疑為同一組器物。

2005 年安陽郭家莊南文源綠島基建工地 79 號墓葬出土 1 件亞隻簋(圖一:3),屬於殷墟文化三期。M79 出土的青銅器組合為鼎 2、觚 1、爵 1、簋 1,並隨葬有一套陶觚、爵,表明墓主身份較高。④ 墓中僅出有 1 件銘"亞隻"的銅簋,墓主人或許就是"隻"族上層人物。

商代"隻"銘銅器今見於著錄者共計 16 件,銘文内容主要有"隻"(《集成》1122 鼎)、"亞隻"、"西單隻"(《集成》3243)、"隻婦"(《集成》5083 卣蓋)、"隻父癸"(《集成》7154 觚)等。僅"亞隻"銘銅器就有 8 件,計觚 3 件、爵 3 件、觶 1 件、簋 1 件,除上揭 3 件外,餘出土地不詳。

①馬得志等《一九五三年河南安陽大司空村發掘報告》,《考古學報》1955 年第 1 期,頁 25～90。

②郭沫若主編,胡厚宣總編輯《甲骨文合集》,中華書局,1979－1982 年。文中簡稱《合》。

③嚴志斌《商代青銅器銘文研究》,上海古籍出版社,2013 年,頁 488。

④安陽市文物考古研究所編著《安陽殷墟徐家橋郭家莊商代墓葬——2004～2008 年殷墟考古報告》,科學出版社,2010 年;中國社會科學院考古研究所、安陽市文物考古研究所《殷墟新出土青銅器》圖 107,雲南人民出版社,2008 年。發掘報告中稱此墓為 M79,而《殷墟新出土青銅器》則稱 M1,本文以發掘報告為準。

卜辭"隻"主要用作捕獲之獲,僅有一例表地名,參下:

《合》24345:甲寅卜,尹貞:王賓祼亡(無)禍?

貞:亡(無)尤?在師冖卜。

甲寅卜,尹貞:王賓夕祼亡(無)禍?在四月。

貞:亡(無)尤?在師隻卜。

乙卯卜,尹貞:王賓祼亡(無)禍?

"無尤"意同"無禍"。"師"為軍事駐地之稱,"師隻"、"師冖"("冖"字另見於《合》21231,辭殘,義不詳)同見一版,為同一天甲寅日所卜,二地應相距不遠,均為軍事駐地,地望待考。

4.亞羊

1980 年安陽大司空 539 號墓葬出土 1 件"亞羊"斝(《集成》9143),"亞"、"羊"二字分別鑄於器內底和腹壁之上。M539 共出土銅器 86 件,僅 5 件銅禮器上鑄有銘文,另有"辰寢出"簋 1 件,"寢出"爵 2 件、"鼓寢"盤 1 件(詳參下文)。墓中所出兵器除殷墟常見器型如戈、矛、鉞、鏃、弓形器外,還有具有北方特色的環首刀和銎斧,可能為外來兵器。① 該墓出土器銘較雜,但均含有職官名"亞"或"寢",墓主與贈器者很可能同在王室任職,為同僚關係。

商代"羊"銘銅器今見於著錄者共計 8 件,僅此斝鑄有"亞"字,餘均鑄一"羊"字。出土地可考者 3 件,除亞羊斝外,還有傳出安陽的羊鼎(《集成》1107)和羊爵(《集成》7515)各 1 件。

5.寢~

大司空一帶所出"寢"銘類型主要有"寢出"、"鼓寢"和"寢印"。

"寢出"、"鼓寢"銘,均見於 1980 年安陽大司空 539 號墓葬所出銅器之上,有"辰寢出"簋 1 件(《集成》3238)、"寢出"爵 2 件(《集成》8295,著錄 1 件),"鼓寢"盤 1 件(《集成》10031)。

---

①中國社會科學院考古研究所安陽工作隊《1980 年河南安陽大司空村 M539 發掘簡報》,《考古》1992 年第 6 期。

“寢印”銘,分別見於1986年大司空村25號、29號墓葬所出銅爵之上,各出兩件,鋬内均鑄銘文“寢印”二字(《近出》[①]853、856、854、855),四器形制、紋飾、大小均相同,似為同時所作。[②] 二墓平行排列,相距1.5米,位於大司空南,在M539西北約700米處。二墓所出器物相似度較高,所出四件銅爵不僅形制相近,且所鑄銘文字體亦完全一致,當為一人所書;二墓所出的三件銅觚(M25觚1件,M29觚2件),形制花紋都基本相同。二墓墓主很可能來自同一家族。

除大司空村M25、M29、M539出土有“寢”銘銅器外,安陽侯家莊西北岡M1400出土有1件“寢小室盂”銘盂(《集成》10302),殷墟西區M1713出土有2件“寢魚”銘器(《近出》454簋、《集成》9101爵)。

張亞初先生認為寢是主管宫寢之官,大概相當於後世的寢尹[③]。近年來,隨著安陽科學發掘的完整墓葬資料的不斷公佈,學者也提出新的見解,認為寢官也是能帶兵作戰的武官[④]。羅琨先生通過對甲金文寢官資料的梳理,結合考古及文獻材料,進一步指出商代的寢官主要職責是侍御於宫中,為王的近臣,王宫守衛部隊之長當為“寢”,擁有兵權,社會地位高於小臣而低於亞。[⑤] 筆者贊同此說。

6.何馬——何

1953年安陽大司空村267號墓葬出土1件“何馬”觚(《集成》6998)。M267共出土2件銅器,觚、鈴各1件,在墓葬二層臺上還有殉人1個。[⑥]“何馬”之馬作側面直立形,圖像性強,此與2004年大司空村南303號墓所出的銅器銘文“馬危”之馬字形有所不同,後者為線條化

---

①劉雨、盧岩主編《近出殷周金文集錄》,中華書局,2002年。文中簡稱《近出》。

②中國社會科學院考古研究所安陽工作隊《1986年安陽大司空村南地的兩座殷墓》,《考古》1989年第7期。

③張亞初《商代職官研究》,《古文字研究》第13輯,中華書局,1986年。

④劉一曼《論安陽殷墟墓葬青銅器武器的組合》,《考古》2002年第3期。

⑤羅琨《商代寢官初探》,《紀念徐中舒先生誕辰110周年國際學術研討會論文集》,巴蜀書社2010年,頁308。

⑥馬得志等《一九五三年河南安陽大司空村發掘報告》,《考古學報》1955年第1期。

的象形字(見 P65 圖一:4、5)。此外,安陽郭家灣北地曾傳出 6 件“何”銘銅器,計鼎 1 件(《集成》1010)、觚 1 件(《集成》6577)、簋 1 件(《集成》2928)、罍 1 件(《集成》9739)、爵 1 件(《集成》7370)、斝 1 件(《集成》9117)。

商代“何”銘銅器今見於著錄者共有 33 件,按器型可分為爵 8 件,觚 5 件,鼎 4 件,斝、尊各 3 件,簋、觶、卣、鉞各 2 件,罍、鐎各 1 件。出土地可考者 10 件,其中 9 件出自安陽,除上揭諸器外,另有傳出安陽的何父癸[illegible]觶(《集成》6424)、何鉞(《集成》11721)。此外,陝西岐山曾傳出 1 件何戊簋(《集成》3065)。

“何”乃族氏名,殷墟卜辭貞人何即出於該族。大司空村出土的何馬觚與郭家灣北地出土的 6 件何銘銅器之“何”,字形相同,且二地相距不遠,估計這一帶是殷都何族墓地。“何馬”之“馬”疑為職官名,殷墟卜辭中還見有“多馬”之稱,常與“亞”(《合》564 正、5707、5708 正、26899 等)、“小臣”(《合》27881、27882)、“戍”(《合》27966)並舉,屬於武官。①

7.馬危

2004 年安陽大司空村南 303 號墓葬共隨葬 42 件青銅禮樂器,其中 36 件鑄有文字,均鑄“馬危”二字,計鼎 7 件、簋 2 件、甗 1 件、觚 6 件、爵 9 件、卣 3 件、斝 2 件、罍 1 件、尊 1 件、觶 1 件、鐃 3 件。M303 的時代屬於殷墟文化四期,為長方形豎穴棺槨墓,墓底有一長方形腰坑,四周有熟土二層臺,墓內有殉人 4 個,殉狗 4 只,共隨葬有陶器、銅器、玉石器、骨蚌器等 200 餘件遺物。②

殷墟卜辭中有“危方”、“危”、“馬方”等國族名。危方曾為商所征服,是商王的田獵區,位於亳南、淮陰之間③。“馬危”組合,尚屬首見,發

①陳夢家《殷墟卜辭綜述》,中華書局,1988 年,頁 509。

②中國社會科學院考古研究所安陽工作隊《殷墟大司空 M303 發掘報告》,《考古學報》2008 年第 3 期。原發掘報告未言 M303184 銅觶有銘文,後期經整理,該器銘拓著錄於《殷墟新出土青銅器》圖 185。

③島邦男著,濮茅左、顧偉良譯《殷墟卜辭研究》,上海古籍出版社,2006 年,頁 748。

掘者認為其可能是指馬方之危,或馬方與危方的簡化合體,或為以馬為圖騰的危方部落。①

需要注意的是,M303 除隨葬較多的銅禮器外,還出土了 165 件兵器,包括戈 30 件、矛 38 件、鏃 97 件,除用於陪葬的明器外,有 10 件實用兵器戈,為墓主生前所有。據此筆者大膽推測,"馬危"之馬為職官名,與"何馬"相類亦屬武官,是危方貴族在朝為官的一種稱謂。

8.亞

1953 年安陽大司空村 304 號墓葬出土爵 1 件,鋬內鑄一"亞"字(《集成》7476)。該墓共出土 15 件銅器,計爵 1、觚 1、戈 10、矛 1、鈴 2 件,僅此 1 件鑄銘。②

殷墟子卜辭中貞人"亞"(《合》26424),記事刻辭中有關於"亞來十…鼉百"(《合》09188 反)的入貢記載,"亞"為族名或人名。

傳世商器中還有 1 件銅卣與此器銘相同,蓋、器同銘,各鑄一"亞"字(《集成》4744),字形如下示:

《集成》7476  — 《集成》4744

從字形看,二器似非同時所鑄,但為同族之器無疑。

9.

1953 年安陽大司空村 51 號墓葬出土 1 件銅鼎,腹內壁鑄""二字(《集成》1467)。該墓同出有一套銅鐃,3 件,大小依次遞減,銘文相同,鐃體內側均鑄一""字(《二編》51—53),字不可識,未見於甲骨卜辭。③

①中國社會科學院考古研究所安陽工作隊《殷墟大司空 M303 發掘報告》,《考古學報》2008 年第 3 期,頁 388。

②馬得志、周永珍、張雲鵬《一九五三年河南安陽大司空村發掘報告》,《考古學報》1955 年第 1 期。

③河南省文化局文物工作隊《1958 年春河南安陽市大司空村殷代墓葬發掘簡報》,《考古通訊》1958 年第 10 期,頁 51~62。

“”形似羊頭，與甲骨文、金文“羊”字寫法不同。陝西長安縣張家坡 2 號墓葬曾出土 1 件父丁觶[①]（《集成》6265），另外傳世器中尚有父丁簋（《集成》3313）、父丁簋（《集成》3314）、乙觚（《集成》7160）、乙爵（《集成》8789）等。

與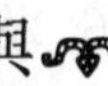，與、、屬於一字之異形。

10.守

1958 年安陽大司空村墓葬出土 1 件銅觶，蓋、器同銘，鑄“守父己”三字（《集成》6287）。[②] 守，卜辭未見。在小屯村 M18 出土的 1 件玉戈上，有朱書“…在北敎守在入”的辭句。[③]

商代“守”銘銅器今見於著錄者共計 31 件，按器型可分為觚 10 件，爵 5 件，鼎、觶各 4 件，簋 3 件，甗、卣、尊、壺、戈各 1 件。出土地可考者 10 件，其中 7 件出自安陽。除此觶外，1934～1935 年侯家莊西北岡 M1001 出土亞守鼎 1 件（《集成》1402）、亞守尊 1 件（《集成》5566）、守觚 2 件（《集成》6589－6590）、守戈爵 1 件（《集成》8236）；1950 年武官村大墓陪葬墓中出土守乙爵 1 件（《集成》8012）。此外，1976 年河北藁城縣前西關出土守鼎（《集成》1096）、守爵（《集成》7437）、心守壺（《集成》9488）各 1 件。1927 年地方軍閥黨玉琨在陝西寶雞縣戴家灣（今屬寶雞市金臺區陳倉鄉）曾私掘出土 1 件守父辛觶（《集成》6311）。

“守”族有亞稱，並多見於殷都王陵墓中，說明該族地位較高，與商王室關係密切。

11.垂

1962 年安陽大司空村 53 號墓葬出土 1 件銅觶，蓋上有銘文 5 字：

①中國社會科學院考古研究所灃西發掘隊《1979－1981 年長安灃西、灃東發掘簡報》，《考古》1985 年第 3 期，頁 197－209，圖 5.1。

②段振美《安陽市博物館藏商代青銅器選介》，《文物》1986 年第 8 期。

③中國社會科學院考古研究所安陽工作隊《安陽小屯村北的兩座殷代墓》，《考古學報》1981 年第 4 期。

"垂小集母乙",器銘 4 字:"垂小集母"(《集成》6450),屬於殷墟文化四期。① 該墓共出土 5 件青銅器,計觚、爵各 2 件,觶 1 件,僅觶上鑄有文字。

此外,2006 年安陽殷墟郭家莊東南文源綠島社區 45、46 號墓葬分別出土了一件"垂"銘爵。M45 和 M46 東西並列,相距僅 0.6 米,時代均屬於殷墟文化二期晚段。② M45 共出土 13 件隨葬品,計銅觚、爵各 1 件,銅戈 3 件,銅工具 5 件,石戈 2 件,玉兔 1 件。M46 共出土 11 件隨葬品,計銅觚、爵各 1 件,銅戈 3 件,陶觚、爵各 1 件,玉石器 2 件。二墓所出銅觚、爵形制相近,且銅爵上均鑄有相同的文字,墓主很可能出自同一家族。

垂,甲骨文作[illegible]、[illegible],為狩獵對象。

商代"垂"銘銅器今見於著錄者共計 7 件,出土地可考者 5 件,均出自安陽。除上揭三器外,傳出安陽的尚有垂婦觶(《集成》6147)、垂[illegible]觚(《集成》6927)。另有兩件商器垂[illegible]甗(《集成》804)、垂作父癸觶(《集成》6426),出土地不明。

12.**丹**

1969 年安陽大司空村南地(今豫北紡織廠院内)出土 1 件銅卣,蓋内鑄一銘文"丹"字(《近出》552),同出的還有 1 件毌得觚和 1 件牧丙爵(詳參下文)。

卜辭中"丹"多為地名和方國名。武丁卜辭中有稱"丹伯"者(《合》00716 正),説明其爵稱為伯。卜辭中有"妣丹"(《合》01623)之稱,表明丹與殷人有姻媾③。

13.**毌得**

1969 年安陽大司空村南地(今豫北紡織廠院内)出土 1 件銅觚,圈

---

①鄭振香《1962 年安陽大司空村發掘簡報》,《考古》1964 年第 8 期,頁 380～384。

②安陽市文物考古研究所編著《安陽殷墟徐家橋郭家莊商代墓葬——2004～2008 年殷墟考古報告》,科學出版社,2010 年,頁 21—24。

③饒宗頤《殷代貞卜人物通考》,香港大學出版社,1959 年,頁 968。

足內壁鑄銘文“毌得”二字(《近出》739)。

商代“毌得”銘銅器今見於著錄者共6件,按器型可分為觚3件、爵2件、罍1件,出土地點可考者僅此觚。目前所見“得”銘商器共計24件,其銘文組合類型主要有“亞得”(6件)、“毌得”(6件)、“亞弜、得”(1件)等。而所見“毌”銘商器共計38件,其銘文組合類型主要有“秉毌”(11件)、“毌得”(6件)、“秝毌”(6件)、“毌佣”(5件)、“聑毌”(1件)、“西單毌”(1件)、“八毌”(1件)、“亯毌”(1件)、“禾毌”(1件)等。諸類情況複雜,出土地點明確者僅6件,除上揭大司空毌得觚外,有傳出安陽的亞得父庚鼎(《二編》[①]219)、得鼎(《集成》1066)各1件;傳出洛陽的得罍(《集成》9742)1件;1981年山西省曲沃縣天馬曲村西周墓葬出土的寢孳方鼎(《二編》311)1件,器底鑄有“毌佣”二字;1999年安陽苗圃北地229號墓葬出土的禾毌爵(《殷新青》[②]38)1件。

14.**牧**

1969年安陽大司空村南地(今豫北紡織廠院內)出土1件銅爵,鋬內鑄有銘文“牧丙”二字(《集成》8016)。

牧,甲骨卜辭可作人名或族名,有“呼牧”(《合》00148)、“牧來羌”(《合》00243正)、“牧以羌”(《合》00281)之語,《合》14149反記載“牧入十”,即牧入貢十版龜甲,牧為族名無疑。牧與王室的關係較為密切,卜辭中還有為牧向妣乙、妣癸、妣丁、妣乙舉行禦祭以攘災的記錄(《合》31993)。

商代“牧”銘銅器今見於著錄者共7件,按器型可分為爵3件,鬲、簋、卣、觚各1件,銘文較為簡單,內容包括“牧”(《二編》694爵)、“牧丙”、“牧父丙”(《集成》4937卣、7104觚)、“亞牧”(《集成》7801爵,傳出安陽)、“亞牧父戊”(《集成》502鬲)、“牧木祖乙”(《二編》380簋,“木”以

---

①劉雨、嚴志斌《近出殷周金文集錄二編》,中華書局,2010年。文中簡稱《二編》。

②中國社會科學院考古研究所、安陽市文物考古研究所編著《殷墟新出土青銅器》,雲南人民出版社,2008年。文中簡稱《殷新青》。

“祖”為中心左右對稱書寫)。“牧丙”可能為“牧父丙”之省寫。“亞牧”之稱表朝牧曾擔任亞職。

牧木祖乙簋出於2003年陝西寶雞紙坊頭3號墓葬,與之同出的還有兩件有銘銅器,即“山父丁”銘壺、“日”銘簋。① 紙坊頭一帶曾多次發現有𢐗國墓葬②,此地所發現具有商人風格的銅器,很可能為周人戰爭所獲的戰利品或賞賜器。“牧木”組合僅此一見。卜辭中“牧”可作官名,有“又(右)牧𠂤”(《屯》2320、《合》35345)、“牧延”(《屯》2320)之名,疑“牧木”之牧為職官名。

15.秉

1983年安陽大司空村646號墓葬出土4件“秉”銘銅器,計觚2件(《集成》7281、7282)、爵2件(《集成》9056、9057),均鑄有銘文6字:“秉以父庚宗尊”。

同年10月大司空村663號墓葬出土3件“秉”銘銅器,計觚1件(《集成》6786)、爵2件(《集成》7739、7740),同出的還有1件“見”銘器和4件“叶”銘器。③

秉,甲骨卜辭中多用為動詞,指處理禾秆的一種行為。④ 商器銘文中出現的“秉”,用作人名或族名,目前集中見於大司空村東,推測該族在商都的主要活動區域就在大司空一帶。

16.見

1983年10月安陽市大司空村663號墓葬出土1件銅簋,器底內鑄一銘文“見”字(《近出》367)。⑤ 見,卜辭中用為動詞,有覲見、監視、貢獻

①寶雞市考古研究所《陝西寶雞紙坊頭西周早期墓葬清理簡報》,《文物》2007年8期。

②盧連成、胡智生《寶雞強國墓地》,文物出版社,1988年。

③中國社會科學院考古研究所安陽工作隊《安陽大司空村東南的一座殷墓》,《考古》1988年第10期。

④裘錫圭《甲骨文中所見的商代農業》,《全國商史學術討論會論文集》,《殷都學刊》增刊1985年,頁198—244。

⑤同③。

義①,此處疑作人名。

商代"見"器今見於著錄者共計 12 件,按器型可分為鐃 3 件,鼎、爵各 2 件,簋、觚、罍、尊、戈各 1 件。其中 5 器單鑄一"見"銘,7 器鑄"者見冊"銘,1 器鑄"見爻"銘。出土地可考者 3 件,均出自安陽,除此簋外,還有見鼎(《集成》994)、者見冊尊(《集成》5694)。"者見冊"為固定組合,當與大司空 M663 之"見"無涉。

17.**叶**

1983 年 10 月安陽大司空村 663 號墓葬出土觚 1 件、鐃 3 件②,四器內壁均鑄有一銘文"叶"字(《集成》6645 觚、《近出》110 鐃)。

近年來考古工作者在殷墟花園莊東地 42 號墓葬中發掘出土了 1 件"子叶"銘爵③(《二編》735,書中釋為"子由")。花園莊東地與大司空南地隔河相望,器主可能與 M663 墓主有密切關係。

18.**未**

1994 年安陽大司空東地 7 號墓葬共出土 13 件青銅禮器,其中 8 件鑄銘,計鼎 1 件(《殷新青》152)、觚 1 件(《殷新青》153)、簋 1 件(《殷新青》154)、甗 1 件(《殷新青》155)、爵 1 件(《殷新青》156)、瓿 1 件(《殷新青》159)、斝 1 件(《殷新青》160)、尊 1 件(《殷新青》161),前七器均鑄有銘文"婦十,未"三字,後一器器腹內壁有銘文 3 行 12 字:"辛丑,亞賜彭⁚(金),用作母丁彝。未。"諸器中的"未"均置於銘末,為族氏名無疑。彭尊銘記載辛丑日,未家族的彭因受長官亞的賞賜,故製作了這件祭祀母丁的寶尊。④ "婦十"可能就是母丁的生稱。

"十"或釋為"丨",20 世紀 30 年代在安陽侯家莊西北岡 2046 號墓

①于省吾主編《甲骨文字詁林》第一冊,中華書局,1996 年,"0625 見"按語,頁 608—609。

②中國社會科學院考古研究所安陽工作隊《安陽大司空村東南的一座殷墓》,《考古》1988 年第 10 期。

③中國社會科學院考古研究所《安陽殷墟花園莊東地商代墓葬》,科學出版社,2007 年。

④中國社會科學院考古研究所、安陽市文物考古研究所《殷墟新出土青銅器》,雲南人民出版社,2008 年,圖 152—156、159—161。

葬曾出土過一件丨觚(《集成》6802),與 M7 所出器物時代相當,同屬殷墟文化四期。商人所稱"婦某"與"某婦"性質有別,"婦某"之某表示該女所自出之國名或族氏名,即父家族名,而"某婦"之某則指某人之婦或某族之婦。① 如此分析,"十(丨)"很可能為婦十父家族名,與未氏有聯姻,有一定的身份和地位,故能向王室賻贈隨葬品。

商器中屬"未"族自作器者較少,僅有一件"未"銘戈(《集成》10762),及 2006 年陝西省扶風縣上宋鄉紅衛村 1 號墓葬出土的一件"未祖壬"銘卣。②

商代金文中還有"宁未口"(《集成》8801 爵)、"疋未"(《近出》218 鼎)、"未[illegible]"(《集成》7214 觚)、"[illegible]未"(《集成》6915 觚)等組合形式,出土地點多不可考。疋未鼎為 1984 年安陽戚家莊東 269 號墓葬所出。該墓共出土 28 件有銘銅器,25 件均鑄一"爰"字,另兩件分別為子觶、入器蓋。③ 爰為墓主之名或墓主的家族名號,疋未鼎等三器應是外人或外族贈予墓主的。"疋未"可能與未族有一定關聯。

19.⿰戈大**虎**

傳大司空村南地出土 1 件"⿰戈大虎"斧(《集成》11783)。在屬於武丁時期的賓組卜辭中,有稱"子⿰戈大"者,曾卜問是否在父乙宗廟中為其舉行攘災的禦祭(《合》03186),父乙指武丁之父小乙。在直系先王小乙的宗廟舉行禦祭,祈求先王保佑,"子⿰戈大"應為王室成員。卜辭中與之相關的事類多與祭祀有關,參《合》00829 正、03185、03187、03190、13874 正等。

商代"⿰戈大"銘銅器今見於著錄者共計 10 件,按器型可分為鼎 3 件,觚

---

①陳絜《商周姓氏制度研究》,商務印書館 2007 年,頁 89。

②扶風縣博物館《陝西扶風縣新發現一批商周青銅器》,《考古與文物》2007 年第 3 期。該墓葬共出土 18 件青銅器,僅三器鑄銘,另有一卣鑄銘六字"作大子丁尊彝",一鼎外底鑄一"[illegible]"字。鼎外底有較厚的煙炱,為實用器。傳世器聽簋銘中有稱"大子丁"者(《集成》3975),但不能斷定二丁為同一人。

③安陽市博物館《殷墟戚家莊 269 號墓發掘簡報》,《考古學報》1991 年第 3 期;孟憲武《安陽殷墟考古研究》,中州古籍出版社,2003 年,頁 20—50。早期簡報稱 M269 共出土 29 件有銘銅器,後在孟憲武所著《安陽殷墟考古研究》中明確指出為 28 件。本文以後者為準。

4件，爵、戈、斧各1件。出土地可考者3件，均見於安陽，除此斧外，殷墟西區第八墓區M271出土有1件“㚤”銘銅觚(《集成》6700)，殷墟南區郭家莊M220出土有1件“㚤”銘銅觚①(《近出》681)。除此，1953年陝西長安縣普渡村無量廟西周早期墓葬中出土的1件銅簋上鑄“㚤父辛”三字②(《集成》3207)，墓葬風格及隨葬陶器均與殷人習俗相近。普渡村位於灃河東岸，而位於灃河西岸的張家村曾出土1件西周晚期銅壺，③器底鑄“父丙㚤”三字(《新收》④722)，二地均屬於豐鎬遺址的範圍，此處發現的“㚤”銘器很可能與周初所遷殷遺民有關。

商代“虎”銅器今見於著錄者共計5件，即觚2件，爵、戈、斧各1件。出土地點可考者2件，均出自安陽，另1件即傳出安陽的乜虎戈(《集成》10860)。該銘文內容主要有“虎”、“㚤虎”、“父乙妕虎”、“乜虎”等。㚤或為妕的簡寫形式。

20.𢍭

傳安陽大司空村南地出土1件“𢍭”銘尊(《集成》5446)。

“𢍭”字甲骨文中習見，金文或作“冀”，異體則較多，如下所揭：

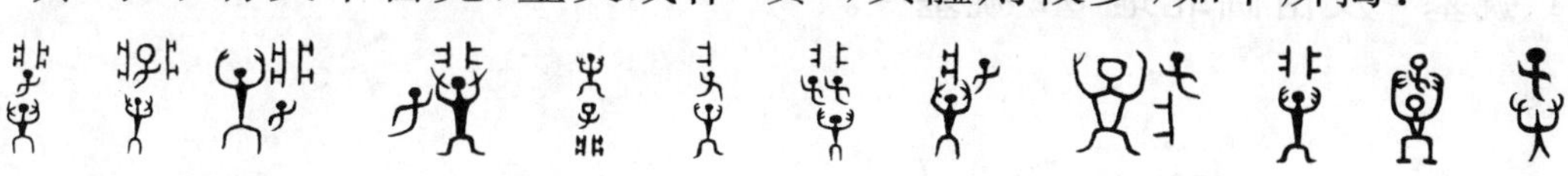

以第一形最為常見。

冀族是殷商時期的大族，今其銘見於商代銅器者共計180件，出土地可考者50件，山東(費縣⑤、長清縣⑥等)、河南(安陽、鄭州⑦等)、陝西

①中國社會科學院考古研究所《安陽殷墟郭家莊商代墓葬1982年—1992年考古發掘報告》，中國大百科全書出版社，1998年，頁38，圖27。

②石興邦《長安普渡村西周墓葬發掘記》，《考古學報》第八冊，1954年，頁118。

③王長啟《西安市文物中心收藏的商周青銅器》，《考古與文物》1990年第5期。

④鍾柏生、陳昭容、黃銘崇、袁國華主編《新收殷周青銅器銘文暨器影彙編》，臺北藝文印書館2006年。文中簡稱《新收》。

⑤程長新、曲得龍、姜東方《北京揀選一組二十八件商代帶銘銅器》，《文物》1982年第9期。

⑥山東省博物館(唐士和)《山東長清出土的青銅器》，《文物》1964年第4期。

⑦鄭州市文物考古研究所《鄭州窪劉西周貴族墓出土青銅器》，《中原文物》2001年第2期。

(岐山縣[1]、長安縣[2]、西安市[3]等)等省均有出土。安陽該族器集中出於劉家莊 M9[4],侯家莊西北岡 M1601(《集成》3114)、大司空村南地(《集成》5446)亦有少量發現。商朝滅亡後,𥣝族作為名門望族仍然存在,至少到西周中期仍可見到其家族作器,出土範圍也有所擴大,除河南、陝西外,在北京[5]、甘肅[6]等地亦有發現。

21.萬

傳安陽大司空村南地出土 1 件"萬"銘戈(《集成》10697)。此外,傳出安陽的還有 1 件萬戈(《集成》10700)及 1 件萬父己爵(《集成》8564)。

商代"萬"銘銅器今見於著錄者計有 28 件,其中 1 件故宫博物院藏萬戈的鑄造時代為商代中期[7],餘 27 件均屬商代晚期。出土地點可考者 4 件,除上揭三器外,1962 年山西翼城鳳家坡墓葬出土 1 件"萬父己"銘卣[8](《集成》4964)。

"萬"銘商器的銘文內容主要有"萬"、"萬庚"、"萬父己"、"萬父辛"、"т萬"、"子т萬"、"亞萬父己"等。從銘文內容上看,萬族首領曾擔任亞職,且萬族與"子т"有一定聯繫。"子т"銘銅器見於殷墟南區郭家莊南 1 號墓[9]及苗圃北地 54 號墓[10]。

①陝西省考古研究所、陝西省文物管理委員會、陝西省博物館《陝西出土商周青銅器(一)》,文物出版社,1979 年,圖版 19。

②陳賢芳《父癸尊與子尊》,《文物》1986 年第 1 期,頁 45。

③王長啟:《西安市文物中心收藏的商周青銅器》,《考古與文物》1990 年第 5 期,頁 37。

④安陽市文物工作隊《1983—1986 年安陽劉家莊殷代墓葬發掘報告》,《華夏考古》1997 年第 2 期。

⑤中國科學院考古研究所、北京市文物管理處、房山縣文教局、琉璃河考古工作隊《北京附近發現的西周奴隸殉葬墓》,《考古》1974 年第 5 期,頁 309~321。

⑥甘肅省博物館文物隊(初仕賓)《甘肅靈臺白草坡西周墓》,《考古學報》1977 年第 2 期,頁 99~130。

⑦曹淑琴《商代中期有銘銅器初探》,《考古》1988 年第 3 期,頁 255。

⑧李發旺《翼城縣發現殷周銅器》,《文物》1963 年第 4 期,頁 53。

⑨安陽市博物館《安陽市郭家莊的一座殷墓》,《考古》1986 年第 8 期。

⑩安陽市文物工作隊、安陽市博物館編著《安陽殷墟青銅器》,中州古籍出版社,1993 年。

圖一

1.亞隻觚　2.亞隻爵　3.亞隻簋　4.何馬觚　5.馬危鼎(大司空 M303:115)
6. □犬犬魚父乙鼎　7.父己甗　8. 保□父庚簋　9.保□鼎

22.子媚

傳安陽大司空村南地出土1件銅觶,器、蓋同銘,皆鑄"子媚"二字(《集成》6136)。

甲骨卜辭有"子媚"之名(《合》14035),卜問其生育,據同版有貞人賓可推測,子媚屬於武丁時人,為王室成員。另外,卜辭中還有稱"婦媚"者(《合》02809),辭殘,所卜事類不詳。

商代"媚"銘銅器今見於著錄者共計16件,按器型可分為爵10件,觚2件,鼎、觶、斝、壺各1件,除二爵單鑄一"媚"字外,餘均鑄"子媚"二字。出土地可考者10件,除子媚觶外,尚有1件子媚鼎(《集成》1309)、8件子媚爵(《集成》8076～8083)亦傳出於安陽。另,富士比舊藏的1件西周早期銅器子媚罍(《流散》[①]331)亦可能與之有關。

二、郭家灣村

郭家灣位於洹水東岸,村北與大司空村東南相鄰,屬於大司空墓地東南邊緣。郭家灣村歷年來出土的商代有銘銅器共計 12 件,銘文主要以“何”(參上文“何馬”介紹)和“〓”居多。

23. 〓～

傳安陽郭家灣北地出土有觚(《集成》6925)、簋(《集成》3119)、卣(《集成》5017)、斝(《集成》9189)、爵(《集成》8273)各 1 件,前四器器身均鑄有銘文“〓〓”二字,而〓〓卣除器內底鑄有銘文“〓〓”二字外,蓋內另鑄一銘文“鳥”字。後一器爵則鑄有“木〓”二字。諸器時代不晚於殷墟三期。

〓,見於殷墟卜辭,為師組卜辭貞人。〓,見於《合》09817、09941、《英》824 等版[②],常見“〓何弔”連語,用意不明。

三、後岡墓地

後岡墓地位於小屯村東南、高樓莊村北的洹水岸邊的高岡上。1931 年考古學家梁思永先生在這裏發現了著名的仰紹文化、龍山文化、商文化的三疊層遺跡,解決了三者的時代順序問題,轟動了中外學

①劉雨、汪濤《流散歐美殷周有銘青銅器集錄》,上海辭書出版社,2007 年。文中簡稱《流散》。

②李學勤、齊文心、艾蘭《英國所藏甲骨集》,中華書局,1985 年。文中簡稱《英》。

術界。

自 20 世紀 30 年代以來，該墓地共發現帶墓道的大墓 6 座，長方形豎穴墓 100 餘座，在岡地南坡下還發現一座圓形祭祀坑。後岡墓地距宮殿區和王陵區較近，並出有 4 座雙墓道的墓，這種形制的墓，僅見於王陵區，説明後岡一帶曾是生前地位顯赫的高級貴族墓地。①

後岡歷年來出土的商代有銘銅器共計 9 件。

24. **犬魚**

1959 年安陽後岡祭祀坑出土 1 件銅鼎，其腹內壁鑄銘文三行 29 字："丙午，王賞戍嗣貝廿朋，在闌宗。用作父癸寶𩰫。唯王𡪞闌大室，在九月。犬魚。"(《集成》2708)②

該鼎銘文記某年九月丙午日，商王在闌地宗廟明堂賞賜給戍嗣貝二十朋，受賞賜規格較高，戍嗣於是製作了這件寶鼎以紀念，並用來祭祀自己廟號為癸的父親。銘末"犬魚"為戍嗣所屬家族的族氏名。

"犬魚"銘商器目前僅有兩件，除戊嗣鼎外，另一件為故宫博物院所藏的父乙鼎，腹內壁鑄銘 6 字："亼犬犬魚父乙。"(《集成》2117，圖一：6)。2003 年在陝西寶雞市金臺區紙坊頭的西周早期墓葬中出土一件父己甗，甗口破裂，腹內壁鑄銘 8 字："犬亼冊，作父己尊彝。"③犬、冊作左右對稱書寫狀(圖一：7)。甗底佈滿煙炱，為實用器。商周金文中常見與"冊"共署的族氏名號，表明該族氏曾擔任過作冊一職。④"犬亼"與"冊"共署，説明"犬亼"為族氏名號無疑。"犬亼"與"犬魚"共署一器，説明二族關係密切，但限於材料，難以稽考。

闌，卜辭未見。于省吾先生考證此字省化作柬、簡等，均讀為管蔡

---

①商言《殷墟墓葬制度研究述略》，《中原文物》，1986 年第 3 期。

②中國社會科學院考古研究所《殷墟發掘報告(1958～1961)》，文物出版社，1987 年版，頁 270。

③寶雞市考古研究所《陝西寶雞紙坊頭西周早期墓葬清理簡報》，《文物》2007 年第 8 期，頁 30。

④張懋鎔《試論商周青銅器族徽文字獨特的表現形式》，《文物》2000 年第 2 期，頁 48。

之管,管即今之河南省鄭州市①。商代金文中"闌"作地名或人名,見於戍嗣鼎、𩰫方鼎(《新收》1566)、乍父己簋(《集成》3861)、寢敄簋(《集成》3941)、宰椃角(《集成》9105)、作尊彝卣(《集成》5114),以及西周早期的利簋(《集成》4131)等器銘中。從諸器器銘中,可知闌地有宗廟大室,商王曾在此舉行祭祀及賞賜諸臣,而周滅商後的辛未日(甲子後第七日),周武王亦曾在此地賞賜功臣,可見此地在商周之際是比較重要的活動地,距商都殷墟不遠。而利簋銘稱"闌師",此地在商時當為一處軍事據地。馬承源先生認為,闌"若依聲韻求之,當是淇水之淇。柬聲紐旁轉。淇即朝歌故地,為帝辛的别都"。② 闌即今河南淇縣,可從。

25. 敕

1991 年安陽後岡 9 號墓葬出土觥蓋 1 件,因該墓早年多次被盜掘,觥體缺失不見。其蓋内有銘文"敕丁"二字(《近出》928)。該墓時代屬於殷墟文化四期偏晚,為帶兩條墓道的中字形墓葬,僅次於西北岡王陵區帶四個墓道的十字形大墓;雖被盜掘多次,但仍出土了 96 件隨葬品,僅銅器就有 52 件,並伴有兩件方形爵,這都表明墓主的身份等級比較高。③ 同出的兩件方爵和一件爵上鑄有文字,字體漫漶不可識。

敕,卜辭未見,金文中亦僅此一見。

26. 皿田

1991 年安陽後岡 33 號墓葬出土觚、爵各 1 件,前者圈足内壁鑄"皿田"二字(《近出》741),後者鋬内鑄"皿田辛"三字(《近出》894)。該墓時代屬於殷墟文化三期,共出土 19 件隨葬品,有銅觚、爵各 1 件。④

"皿"在卜辭中僅兩例,皆殘,似作地名或人名(《合》09066、18854)。商代"皿"銘銅器今見於著錄者共計 27 件,除上揭二器外,餘出土地均不詳。其銘文組合類型有"皿田"、"皿聀"(《集成》1470 鼎)、"皿齊婛"(《集

①于省吾《利簋銘文考釋》,《文物》1977 年第 8 期。

②馬承源《商周青銅器銘文選》(三),文物出版社,1988 年,頁 14。

③中國社會科學院考古研究所安陽工作隊《1991 年安陽後岡殷墓的發掘》,《考古》1993 年第 10 期。

④同③。

成》5686 尊)、“康丁女[illegible]”(《集成》10537 器)等。

27. 聝

1991 年安陽後岡 21 號墓葬出土爵 1 件,鋬内鑄一銘文“聝”字(《近出》776)。①

聝,卜辭僅一見,參下例:

《合》06619:貞…人呼聝伐羌?

卜問是否呼令聝征伐羌方。“聝”用作人名或族名。

商代“聝”銘銅器今見於著錄者共計 12 件,除 1 件銅器銘“[illegible]聝”外,其餘均單鑄一“聝”字。“[illegible]”、“聝”同見於後岡,亦有共署之器,表明其關係密切,活動地也許就在後岡一帶。

四、高樓莊

高樓莊位於後岡之南,村西發現有小型墓和作坊遺址,村東一帶有商代家族墓地的分佈,其中有少量身份較高的貴族墓葬。此處發現的商代家族墓地可能與後岡一帶的墓地族屬有聯繫。② 高樓莊村東及村南歷年來出土商代有銘銅器共計 3 件。

28. [illegible][illegible]保

1957 年,考古工作者發掘了高樓莊西兩座殷墓,其中 M8 出土 22 件銅器,M9 出土 10 件銅器,二墓各出土 1 件“[illegible][illegible]保”銘銅爵(《集成》8769、8770),二爵形制相同,銘文字形也一致,似為同一人製作,故推測這兩座墓墓主必有密切聯繫。

---

①中國社會科學院考古研究所安陽工作隊《1991 年安陽後岡殷墓的發掘》,《考古》1993 年第 10 期。

②孟憲武《安陽殷墟邊緣區域考古概述》,《安陽殷墟考古研究》,中州古籍出版社,2003 年,頁 8。

"⋓"字僅見於此二爵上,義不詳,似為私名。"亼保"銘商器共計有 7 件,按器型可分為鼎 2、簋 1、觚 1、爵 3 件。出土地可考者 3 件,除上二器外,還有一件為 1998 年安陽郭家莊水利局 67 號墓葬出土的"保亼父庚"銘簋(《殷新青》圖 234),屬於殷墟文化四期。該簋與上海博物館藏保亼鼎(《集成》1350)的銘文書寫形式相近,"保"字以"亼"為中心,左右對稱書寫(圖一:8、9)。

2006 年安陽郭家莊賽格金地基建工地 13 號墓葬出土了 5 件保銘器,計鼎 1、爵 2、斝 1、觶 1,除觶銘"保父辛"外,餘均鑄銘"保父癸"三字。[1] 該墓屬於殷墟文化三期,"保"為墓主族名無疑。郭家莊水利局南距此地約 2 里路程,東距高樓莊也不過 1 里多路程,"保"、"保亼"及"⋓亼保"銘的頻繁出現,說明此處很可能為保族的主要活動區域,亼族與其有著密切關係。

29. 㕚

1991 年 11 月安陽高樓莊 1 號墓葬共出土 6 件銅器,僅銅觶鑄有銘文,器銘 3 字:"㕚婦鳳";蓋銘 5 字:"戉矛㕚婦鳳"(《近出》671)。[2]

㕚,卜辭未見。商代"㕚"銘銅器今見於著錄者共計 6 件,出土地可考者 4 件,均出自安陽,除上器外,另有侯家莊西北岡 M1004 出土的㕚胄(《集成》11879)及傳出安陽的"㕚祖癸"銘觶(《集成》6212)、"㕚正"銘爵(《集成》8200)。

五、薛家莊

薛家莊位於高樓莊西,村東南有一片墓地,位於後岡圓形祭祀坑南

①安陽市文物考古研究所《安陽殷墟徐家橋郭家莊商代墓葬——2004～2008 年殷墟考古報告》,科學出版社,2011 年。

②中國社會科學院考古研究所安陽工作隊《河南安陽高樓莊南發現一座殷墓》,《考古》1994 年第 5 期。

方約150米處，發現6座商代貴族墓，年代分別為殷墟一、二、三、四期。[①]

薛家莊歷年來出土商代有銘銅器共計5件。

30. **象**

1983年安陽薛家莊東南3號墓葬共出土銅器19件，僅3件鑄有文字，鼎底中部鑄“敎象”二字(《近出》220)，觚、爵均鑄一“象”字(《集成》6667觚、《近出》771爵)。[②]“象”字寫實性強，突出長鼻、大耳。該墓距1959年發掘的後岡祭祀坑約150米。

甲骨卜辭中“象”主要有三個含義：一指大象，商王田獵時曾多次捕獲大象，最多一次捕獲十頭(《合》37364)；二指人名或國族名，常有“令象”之語(《合》04615、10225、10226、13663)，說明商王曾傳令象或象族人做事；三指地名，《合》32954記載：“壬戌卜：今日王省？于癸亥省象，易日?”省，省視、巡視之義。易日指出日，天氣晴好之詞。[③]卜辭記載壬戌日商王卜問是否當日省視某地(可能就是下辭所言的象地)。當天天氣可能不太好，故又卜問次日癸亥省視象地時天氣能否轉好出日。由於甲骨卜辭所記人名、國族名、地名常常三位一體，象地很可能就是因象族族人聚集於此而得名。

商代“象”銘銅器今見於著錄者共計8件，出土地可考者僅此3件。“敎象”之敎，曾見於安陽武官村大墓，在其北墓道N4出土一件敎戈(《集成》10756)。卜辭中有“令敎”(《合》18229)、“於敎”(《合》00104、00105)之語，敎似可作人名、地名。商代金文還有“敎天”(《集成》8141爵)、“丁敎”(《集成》8190爵、9774罍)、“車敎”(《集成》10866，二字分鑄於戈內正反兩面)等組合，組合性質不明。

從總體來看，殷墟東區出土的銅器銘文內容較為分散，所見族氏名

①中國社會科學院考古研究所安陽工作隊《安陽薛家莊東南殷墓發掘簡報》，《考古》1986年第12期。

②同①。

③吳國升《甲骨文“易日”解》，《古籍整理研究學刊》2003年第5期，頁15。

號亦散見於殷墟周邊及其以外的地方,可能並非原住民。大司空墓地多為臣屬墓地,發現有“亞疑”、“亞俔姍”、“亞隻”、“亞𦍌”、“寢印”、“寢出”、“鼓寢”、“何馬”等銘文,其中“寢”、“亞”、“馬”均可作職官名。該地出土的部分族徽銘文亦見於殷墟其他地區,如“亞疑”另見於侯家莊西北岡及劉家莊南,“亞隻”、“垂”另見於郭家莊,“何”另見於與大司空村東南相鄰的郭家灣北地,“糞”另見於劉家莊北,“守”另見於侯家莊西北岡,“叶”另見於花園莊東地等。所見子某,重要者如子眉,與王室關係密切。郭家灣、後岡、高樓莊、薛家莊一帶,亦出土有不同家族的有銘銅器,與殷墟南區郭家莊在地緣上有聯繫,個別器物可能與貞人有關,如疑、亞、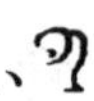等。

青銅器作為商周時期的禮樂重器,在其國家及政治生活中佔有重要的地位,商周之際方國眾多,他們與商王朝的關係一直是學界極力注意的一個方面。通過對以上青銅器的整理,使得我們深入了對這一問題的研究。但是,在對部分銘文的釋讀及出土器物關係的討論上,還需要繼續努力。

甲、金“以”字的語法結構對比①

鄭繼娥②

摘　要:甲骨文和金文中的“以”字結構呈現不同的句法特徵,可以從“以”字所在的句式、“以”字賓語類别以及與“以”同現的謂語動詞的特徵來揭示。甲骨文“以”字單用最多,其賓語意義比較具體,同現的動詞類别多樣。西周金文起“以”字以與其他動詞共現爲主,句式承繼甲骨文,類别相似。春秋時期“以”字賓語省略現象大量出現,到戰國時期形成了“以 A 以 B、用 A 以 B”等套語。

“以”在甲骨文中作一側立人形手提一物之形,或省却人形作形;金文省作,或借用“台”形。裘錫圭(1992)認為“以”的本義是提挈、攜帶的意思③。郭錫良(1998)認為“以”義的變遷是:“提攜”、“攜帶”－＞－“帶領”－＞“致送”、“進獻”－＞“憑藉”等④。陳年福(2005)認為本

①基金項目:本文受廣東省社科共建專項“甲、金文介詞結構句法、語義、語用對比研究”(GD13XZW16)、中央財政支持地方高校專項資金—漢語言文字學重點學科資助。本文先後在第十二屆全國古代漢語學術研討會(長春吉林大學・2014 年 8 月)、出土文獻與古漢語語法國際研討會暨第九屆海峽兩岸漢語語法史研討會(重慶西南大學・2015 年 10 月)宣讀,感謝喻遂生、張玉金、李發、沈培等先生對本文提出的修改建議,在此一併謹致謝忱。

②鄭繼娥,嶺南師範學院人文學院　博士　副教授　廣東湛江　524048。

③裘錫圭《說“以”》,《古文字論集》,中華書局 1992 年。

④郭錫良《介詞“以”的起源和發展》,《古漢語研究》1998 (1):1－5。

義是“送物給人”,引申出帶著、送來、給予、用等意義①。張玉金(2011:155)認為從本義“提挈、攜帶”引申出“拿、用”,由“拿、用”產生三種引申,虛化為不同語義角色的介詞②。以上都反映了學者們探討“以”字詞義發展脈絡的思考,主要觀點是一樣的,都認為“以”原來是個動詞,後來由於常處於連動謂語句式結構的前一部分,語義慢慢虛化,產生了介詞和連詞用法。

目前對“以”的研究大多集中在傳世文獻的專書用法上,對甲骨文、金文的“以”研究並不多。郭錫良(1998)認為甲骨文中的“以”都是動詞,西周金文“以”的動詞詞義開始虛化,有了介詞,並進一步虛化為連詞。武振玉(2005,2010)對西周到戰國時期金文中的“以”的動詞、介詞和連詞用法分別進行了定量分析③。潘玉坤(2005)對西周金文“以”的介詞用法及其語序做了分析④。張玉金(2011)對戰國時期出土文獻中“以”的介詞、連詞用法做了語義和語用的系統闡述⑤。以上這些成果都是我們今天研究的基礎,由於研究目的不同,雖然都涉及到“以”字結構的語法、語義,但都注重從“以”字結構與動詞謂語的語義入手分類舉例、討論,並未就“以”字結構內部的賓語、與其共現的動詞以及“以”字所在句式特點進行系統整理和探討,也未對甲骨文、金文成系統對比,這對漢語史的發展來說,還不足以揭示其中的承繼性和發展性。

本文採用臺灣“先秦甲骨金文簡牘資料庫”搜索到 1187 條帶“以”的甲骨文卜辭句,選取能夠通讀的 1100 條作為分析對象;通過搜索該庫《殷周金文集成》、《新收殷周青銅器銘文暨器影彙編》,去重後得到帶“以”字的 263 句作為金文研究資料,採用定性、定量方法,主要從語法

①陳年福《釋“以”》,《古漢語研究》2002(4):71—75。
②張玉金《出土戰國文獻虛詞研究》,人民出版社 2011 年。
③武振玉《金文“以”字用法初探》,《北方論叢》2005(3):6—8。
④潘玉坤《試論西周銘文介詞“於”、“以”的互補用法》,《徐州師範大學學報》2005(4):55—59。
⑤張玉金《出土戰國文獻虛詞研究》,人民出版社 2011 年。

結構上對甲骨文、金文中“以”所在句式、其名詞性賓語、共現的動詞中心語特點進行全面分析，旨在揭示“以”在商周時代的繼承性和演變規律。

一、“以”字結構所在句式特點

“以”與其後的名詞性結構構成“以”字結構。“以”字及其結構作為單一的謂語出現，我們稱之為“單用”；如果句中還有别的動詞，本文稱之爲“共現”。

(一)甲骨文“以”字句式特點

1. 甲骨文“以”字結構單用

郭錫良(1998)統計了可以通讀的近500次的“以”甲骨文用例，得出90%以上是單獨用作謂語。我們統計了1100例，單獨使用“以”字作謂語的佔89.2%，結論與郭先生基本吻合。從結構上看，主要是：(S)+(不/弗)+(其)+以+(NP)，前面可以有副詞，後面一般都有名詞性短語，如：

(1)a 戊辰卜：雀以象？/ 戊辰卜：雀不其以象？十二月。(8984)①

b 以小牢？ (29668)

c 庚寅貞：玉米於囧以祖乙？ (32543)

d…兹雨以摧 (12896)

從上述例發現，“以”單獨作謂語時，如果有主語，S多為當時世人，如雀、爯、王、亞禽等名詞，也有“兹雨”等少量自然現象名詞短語。“以”

①所引甲骨文刻辭，若出自《甲骨文合集》則徑出片號，出自《小屯南地甲骨》簡稱“屯”，出自《懷特氏等收藏甲骨文集》簡稱“懷”，出自《英國所藏甲骨集》簡稱“英”。

的字義有兩種,一種是"帶來,送來",這時"以"後 NP 有的為動物馬、牛、象,或者"羌、執"等被俘獲的,常用來做人牲的奴隸。有的爲祖先名,如:示、大示、祖乙等,"以"字結構義爲"帶着祖先某的牌位"①。少數 NP 為"摧"等比較抽象的名詞,相當於"不好的狀況"。第二種"以"義為"率領,帶領",這時 NP 為 "人、眾、眾人、巫、女"等。

2. 甲骨文"以"字結構與其他動詞謂語共現

甲骨文中與其他動詞一同出現的句式只有 10.8%。從語法結構看,這種句式有兩種,一種是(S)+[以+NP] + VP_1+(VP_2),以字結構在主語後,其他動詞謂語前。

(2)a 乙丑貞:惠亞禽以人狩。 (屯 961)

b 丁未卜貞:惠亞以眾人步 (35)

c 師般以人于北奠次? (32277)

d(師)般以王族比蜀載(王)事 (14912)

e 壬午卜貞:以旗立于河 (懷 1636)

上述例中,頭 2 例句式簡單,爲 S+以某人+V,例(2c)的 V 前有"于"結構;例(2d)中"以"字結構後有兩個 VP"比蜀"和 "載事";例(2e)的 V 後是"于"結構。"以"字後的 NP 主要有"人、眾"等人物,或者"旗"等事物。"以"後 V_1 主要是"田、畋、狩、伐"等田獵活動,或是"黍 、臿"等農事活動,還有"省、步"等活動。

另外一種是以字結構在另一動詞後,或者在兩個動詞短語之間,即(S)+ V1+(NP_1) +以+ NP +[(V_2)+(于)+NP_2]。

(3)a 癸酉貞:來以人 (21913)

b 戊寅卜賓貞:王往以眾黍于囧 (10)

c 貞:呼龍以羌/貞:勿呼龍以羌 (272 反)

---

①郭錫良(1998:2)認爲"以祖先"中的"以"是"進獻";沈培會議期間交流認爲是"帶着"。本文從後者。

d 丁未卜爭貞:勿令禽以眾伐工 (26)

上述例中,頭 2 例形成“來/往 ＋ 以＋NP”結構,構成連動式;後 2 例爲“呼/令＋某＋以某人＋(伐某)”結構,構成兼語式。這種“以”字結構後的另一動詞,常常為“黍、芻、臿”等農事活動,或者為“伐、衛、省”等軍事行動類,或者“田”等田獵活動類。“以”字結構中的名詞短語常為某人(如:人、眾、禽、執),或者是某一群體,如“多馬、多子族、多方”等。

另外,有時甲骨文“以”後的名詞短語有前置的情況,如:

(4)a 貞:妾呼取白馬以 (945 正)

b 貞:以馬 (8963 正)

c…貞:㲋以三十馬,允。其執羌 (500 正)

例(4)中,第一例“白馬以”就是“以白馬”,跟例(4)b 的“以馬”、(4c)中“以三十馬”可以對比得知。

(二)金文中“以”字結構所在句式特點

金文“以”字結構所在句式與甲骨文相反,“以”字結構更多與其他動詞連用,很少單用。

1. 以字結構單用:(S)＋(不)＋(克)＋以

根據郭錫良(1998)研究,西周金文中“以”字單獨作謂語只有一次①。如:

(5)唯俘車不克以。 (5.2835 多友鼎,西周晚期)②

2.“以”字結構與其他動詞謂語共現

共現的情況有兩種,第一種“以”字結構在主語後、其他動詞前,即(S)＋以＋NP＋V＋(于)＋(NP),如:

(6)a 伯懋父以殷八師征東尸(夷) (8.4239 小臣謰簋,西周早期)

①郭錫良《介詞“以”的起源和發展》,《古漢語研究》1998 (1):2。

②本文金文例句出處用圓括號表明,括號中內容分別爲《殷周金文集成》編號,如 5.2885 指第 5 册 2885 號拓片,器物名、時代。

b 王以侯內于寢　(11.6015 麥方尊,西周早期)

c 虢仲以王南征　(9.4435 虢仲盨蓋,西周晚期)

d 汝休,弗以我車陷于艱　(8.4329 不其簋蓋,西周晚期)

e 以匡季告東宫……　(5.2838 曶鼎,西周中期)

f 余以邑訊有司　(8.4293 六年召伯虎簋,西周晚期)

以上例句中,"以"後的名詞短語有兩類,一類是軍隊或者某人,如:殷八師、厥友、成周師氏、乃辟;一類是事物名,如"我車"、"邑"。同現的一類動詞,或是"征、戍、守、捍、比"等軍事類,或爲"告、訟、訊"等訴訟類,或爲"馭、陷"等駕車類等。

第二種情況是"以"字結構在一個動詞短語後,或者 2 個動詞結構中間,句型為:(S)＋V_1＋NP_1＋以＋NP＋(V_2＋于＋NP_2)。

(7)a 余獻婦氏以壺　(8.4292 五年召伯虎簋,西周晚期)

b 子令小子𠫑先以人于堇　(10.5417 小子𠫑卣,商代晚期)

c 王令毛公以邦冢君、土(徒)馭、或人伐東或(國)痟戎…　(8.4342 班簋,西周中期)

上述例中,"以"字結構中的名詞短語,例(7a)為"壺";例(7b－c)為人物"人"、"邦冢君"等。"以"字結構前的 VP_1,主要是兩類,一類是含有"給"義的,如例(7a)的"獻",另一類為"命令"義的"令"等,如例(7b－c)。"以"字結構後的 VP_2,中心語常常是征伐類,如例(7c)中的"伐"。

3. **固定句式**

從西周金文開始,就有了一種模式固定的句式,"(某)作器/擇吉金,以＋NP＋VP_1＋(以＋V_2)"句式,"以"是"用"的意思。到春秋以後,"以"後常承前省略的賓語"之",復指"器物"或者"吉金"。這樣的句式,除去重複,西周有 5 例,春秋共 32 例,戰國 14 例,共計 52 例,佔金文"以"字總數的 19.8%。

(8)a 用作寶彝,命其永以多友簋飤(7.4112 命簋,西周早期)

b 用自作寶器,萬年以厥孫子寶用。(8.4192 肄簋,西周中期)

c 衛姒作鬲,以從永征 (3.954 衛姒鬲,西周晚期)

d 自作龢鐘,用宴以喜,用樂父兄諸士 (1.113 子璋鐘,春秋晚期)

e 擇厥吉金,臺(以)作厥元配季姜之祥器 (9.4629 陳逆簋,戰國早期)

f 攻吴王光韓以吉金自作用劍 (NA1807,春秋晚期)

在西周早、中期,“以”後的賓語還存在,如例(8a—b)。西周晚期開始,賓語常不出現,到春秋時期成爲普遍現象。最後兩例對比,可知,(8e)中“以”後省略了“吉金”。

4. **特殊用例**

“以”的用法除了以上作謂語之外,還有其他用法,我們稱之爲特殊用例。

(9)a 折首五百,執訊五十,是以先行 (16.10173 虢季子白盤,西周晚期)

b 自瀗涉以南,至於大沽,一奉(封) (16.10176 散氏盤,西周晚期)

c 用兵五十人以上,必會王符 (18.12108 虎符,戰國晚期)

d 受冊,佩以出 (5.2825 善夫山鼎,西周晚期)

以上例中,例(9a)句子結構為:小句 1,小句 2,是+以+ VP,“是以”是“以是”的倒裝,指示代詞“是”作賓語放到“以”的前面,回指前面“折首五百,執訊五十”。這樣的句式去重後共有 8 句,西周晚期 1 例,春秋時期 3 例,戰國時期 5 例。例(9b),“以+南/西/東”用法出現 8 次,都在散氏盤一器中。例(9c)中“以上”僅 1 次。例(d)“以”在“受册,佩以出”中,共出現 5 次。這些還有待繼續探討。

(三)甲骨、金文“以”字結構所在句式的異同

甲骨文、金文中“以”字結構所在句式有同有異,總結如下表。

表 1　甲、金文“以”字結構所在句式歸納表

<table>
<tr><td colspan="2"></td><td>單獨作謂語</td><td colspan="4">與其他動詞共現</td></tr>
<tr><td colspan="2" rowspan="2"></td><td rowspan="2">(S)+(adv)+
以+NP</td><td rowspan="2">(S)+(adv)+
以+NP+VP_1</td><td colspan="2">S+VP_1+以+NP+(VP_2)</td><td>特殊</td></tr>
<tr><td>S+VP_1+以+
NP……+(VP_2)……</td><td>S令……以
……VP_2</td><td></td></tr>
<tr><td colspan="2" rowspan="3">甲骨文</td><td>雀 不其 以象</td><td>惠亞 以眾人 步</td><td>來以人</td><td>勿呼龍以羌</td><td rowspan="3">祭+NP+以+NP
酒河三十牛以我女</td></tr>
<tr><td>茲雨以摧</td><td>般以王族比蜀載(王)事</td><td>王往以眾黍於囧</td><td>勿令禽以眾伐工</td></tr>
<tr><td>其以毓祖乙</td><td>以旗立于河</td><td></td><td></td></tr>
<tr><td rowspan="3">金文</td><td>西周</td><td>唯俘車不克以</td><td>以匡季 告東宮
弗 以我車 陷于艱
余　以邑　訊有司</td><td>余獻婦氏以壺</td><td>王令毛公以邦塚君……伐東國</td><td>用自作寶器,萬年以厥孫子寶用/自瀗涉以南,至于大沽/佩以出</td></tr>
<tr><td>春秋</td><td></td><td>以祚其皇祖皇考
用宴以喜</td><td></td><td></td><td>禋享是以</td></tr>
<tr><td>戰國</td><td></td><td>以其金鑄拱戟
造金監……以祀皇祖</td><td></td><td></td><td>寡人用其德,嘉其力,是以賜之厥命</td></tr>
</table>

從上可知,甲骨文、金文“以”字結構相同點,一是所在句子結構類別相同,都有單用、共用;二是西周時期金文與甲骨文用法最接近。

不同之處有以下幾點:(1)句式優勢不同,甲骨文“以”單用佔絕大多數,金文除個別例子單用,“以”主要與其他動詞共現為主。(2)“以”字在兩個動詞之間的句式,第一個動詞除了“令、呼”外,甲骨文有“來”、“往”,金文未發現;金文有“獻”,而甲骨文未發現。(3)各有特殊句式,甲骨文擁有“祭一以”這樣的句式;金文有“作某器,以+VP”的句式,表示作某器,讓祖先或者後人享用的美好願望。“以 V_1 以 V_2”在春秋時期使用最多。西周晚期金文已經出現“是以”這樣承接上文、賓語“是”位於“以”前的倒裝詞語。

二、“以”的賓語和修飾語

“以”作為動詞，前面可以受副詞的修飾；後面可以與名詞性短語結合，以之作為其賓語。現在我們通過統計1100片甲骨文、260個金文句子，得出“以”前詞語和“以”後名詞短語，形成下表。

表2　甲、金文“以”前修飾語、“以”後賓語總結表

				甲骨文	金文		
					西周	春秋	戰國
以字的修飾語	否定副詞			不 弗 勿 弜 無	弗		
以字的修飾語	語氣副詞			其	其		
以字的修飾語	其他			不其 弗其　允　克　率	先 乃 永 凡 率 敢 萬年		
以字賓語	名詞性詞及短語	名詞	動物	馬 牛 羊 豕 象 虎 犬 豩豼 鹿 龜			
以字賓語	名詞性詞及短語	名詞	個人	羌 伐 逃 係；巫沚或 祖辛 祖丁 小乙 兄辛	獸(酉) 侯 寡子 (人名)限 匡季		
以字賓語	名詞性詞及短語	名詞	群體	衆人 王族 子方 多射 多馬 多伯 多方	成師 朋友 多旂 多友		
以字賓語	名詞性詞及短語	名詞	自然	風 雨 雹			
以字賓語	名詞性詞及短語	名詞	事物	摧嬉 灾 若 旗	事 金 旁壺 歐(類) 品	(省略)	父兄
以字賓語	名詞性詞及短語	代詞		之	是 汝	是 之	
以字賓語	名詞性詞及短語	數詞		萬 千 三十 三百			
以字賓語	名詞性詞及短語	數量詞		三丙 十朋㔾(黎)牛四	六師　四旬五十頌(鄘)	萬年	
以字賓語	名詞性詞及短語	聯合短語		雍 暨 奠/ 有 師 暨 乃邑/ 祖乙暨父乙	師氏眔厥有司后國/ 冂衣車馬貝卅朋/ 生馬十又五匹牛六十又九 㲃羊三百又八十又五㲃	邑 司 衣 裘 車馬/ 父兄子孫	
以字賓語	名詞性詞及短語	偏正短語		三百射 我女 王係	厥人 厥友 厥孫子 厥臣妾 乃辟 乃弟 乃師 乃族 其友 殷八師 成周師氏 我車　人職　王令	吉金	吉金/鐘金/王命
以字賓語	名詞性詞及短語	同位短語			邦君厲		庚寅之日
以字賓語	介詞性短語			大示到多毓			

(一)甲骨、金文"以"字結構前的修飾語

"以"字結構前的修飾語,甲骨文用否定副詞"不"、"弗"頻繁,還有大量的否定詞與語氣副詞連用修飾,如"不其"、"弗其",表示對否定猜測的語氣。這與甲骨文占卜多用反復正反卜問有關。其次,在數量上,甲骨文"以"前的修飾語比金文"以"要多。具體見下表:

表 3　甲骨、金文"以"字前修飾語類別和數量統計

類別	否定		語氣	否定+語氣		範围			能愿	時間				情态	
載體	不	弗	其①	不其	弗其	率	凡	兼	克	永	先	萬年	乃	允	敢
甲骨文	9	14	48	36	69	2			5					10	
金文		2	1			1	1	1		2	1	1	1		1

從上表可知,甲骨文"以"字前的修飾語多為否定副詞及其與語氣詞的連用,類別涉及 6 類,數量較多;而金文"以"前的修飾語有否定、語氣、範圍、時間、情態 5 類,但數量都很少。"弗"、"其"、"率"是甲骨、金文共有的,但數量上,金文只有 1—2 例,甲骨文則分別有 14、48、2 例。另外,甲骨文有表能願的"克",金文則在表時間上有"永、先、萬年"等修飾語。

(二)甲骨、金文"以"字結構前的賓語

甲骨文、金文"以"字的賓語既有承繼,也有消長,且隨時代不同而變化。

甲、金共同點為:"以"字以名詞性短語為賓語的類別基本不變。其中從甲骨文到戰國金文一以貫之的是偏正短語;其次,從甲骨文一直到春秋金文,代詞、數量詞、聯合短語,都可以充當"以"的賓語。值得提出的是,除了"動物、氣象"類沒發現外,西周金文與甲骨文的賓語類別幾

①"其以"共计 68,包括"☐其以"20 例。这 20 例中的☐,可能是"不",或者"弗",或者其他,为排除不确定性,此表中的"其以"排除了 20 例,确定为 48 例。

乎可以一一對應,而且賓語的意義上大都非常具體。甲骨文中表人的大多數為專名,有地位低下的、可作祭祀牲品的"羌、伐、係"等;也有為王做事的"巫"、"沚 或"等,還有表示祭祀對象的祖先或兄弟名,如"祖辛、祖丁、小乙、兄辛"等。即使表參與征戰的軍隊,名稱也較具體,如"王族、子方、多射、多馬"。西周金文"以"字賓語同樣很具體,有具體的人名,如"匽季"、"邦君厲";軍隊有"殷八師"、"成周師氏"等。

甲、金不同之處為:第一,甲骨文中有介詞結構"大示到多毓(14851)"作"以"的賓語;戰國時期金文出現了同位性短語為賓語,如"邦君厲"、"庚寅之日"。第二,從賓語種類數及數量上看,由甲骨文到西周、春秋、戰國金文的趨勢是由多到少。西周晚期開始出現"以"字賓語承前省略的現象(如前例 8b),春秋、戰國金文中省略賓語則是"以"的常態,通常為"以+VP_1,(以 VP_2)",或直接為"以 V_1 以 V_2"。這種從偶爾省略到省略成為常態,正是"以"的語法功能虛化的顯著標誌。第三,從賓語結構的複雜度來看,甲骨文簡單,金文複雜。如甲骨文一般有 2 項並列,如"祖乙暨父乙(936)",而西周、春秋金文可以達 3-4 項,如"王令毛公以邦塚君、土(徒)馭、戜人伐…(4341 班簋,西周中期)"中的畫線部分,再如"商(賞)之臺(以)邑、嗣、衣裘、車馬(9733-1 庚壺,春秋晚期)"等。

三、與"以"字搭配的謂語中心語

"以"字除了單用為句子的謂語外,還與其他一個或者兩個謂語動詞共現,這些動詞有何特點,關係到"以"是否為動詞或者介詞的詞性判別,也關係到詞義、句意的理解。我們通過梳理,整理成以下簡表。

表 4　與“以字結構”共現的前後動詞謂語中心語情況

	時期	甲骨文	金文		
			西周	春秋	戰國
	動詞類別	以＋NP＋V(數量)	以＋(N P)＋V	以＋V	以 VP (以 V)
以字結構＋V＋NP	祭祀類	侑(3)[①]用(12) 蒸(2)	入燎(1)	祭(1)祚(1) 追(1) 孝(3)	一祀皇祖(3) 一供歲嘗 一蒸一嘗 一享一孝(3)
	祈禱			樂(8)享(2) 祈(4)受(3) 康(1)喜(3) 永(1)	一樂可康 一匄永命 一施及子孫 一戒/警嗣王 一佐佑寡人
	征伐	伐(15) 敦(2)	伐(3)征(5) 比(1)從征 1 射(1)守(1) 戍(2)陷(2) 折首(1)搏(1)	伐(1) 征(2)行(4)	
	建造	立(1)	作(1)處(1)	作鑄(2)鑄(10) 造(1)	作(2) 鑄(1)造(1) 鑄爲(1)
	行進	步(3) 次(3)涉(1)	入(3)進(2) 即(2)履(1)		
	田獵	狩(3)冒(1)擻(1)擒 (2)			
	種植	黍(10) 芻(11)			
	訴訟言説		告(8) 訟(2) 訊(1) 曰(1) 誓(1)		命(1)
	餐飲		飤(1) 鄉(1)	宴(7)食(1) 飲(1)	
	其他		召(紹)		
V＋以字結構	祭祀類	酒(1) 蒸(2) 侑(6)			
	往來	來(9) 往(1)			
	呼令	令(16)　呼(14)	令(1) 呼(1)		
	賞賜		賜(2)獻(1)	賞(2)	
	其他		率(1)		
V1＋以字結構＋V2	呼一以一V2	伐(3) 先(5) 來(1)			
	令一以一V2	伐(8) 於(7) 奠(5) 載(3) 立(3) 省(1) 田(2) 比(2) 涉(1) 步(1) 衛(2) 入(1)	伐(2) 進(1) 入(2) 事(1) 飤(1)		
	令一V2一以		追(1)		
	乞一以一V2	伐(1) 狩(1) 啚(1)			
	往一以一V2	黍(1)			
	蔑一以一V		即(1)		
	佩以出		佩以出(5)		

①括號中數字爲動詞出現的次數。

從上可知,"以"字結構與其他動詞的位置有 3 種,第一種是"以結構+ VP",第二種是"VP+以字結構",第三種是"VP_1+以字結構+VP_2"。其數量根據表 4 中出現的 VP 數量初步統計為下表:

表 5 "以"字結構與其他動詞謂語搭配表

	甲骨文	商代金文	西周金文	春秋金文	戰國金文	共計
以 P+VP	69	0	45	57	20	191
VP_1+以 P+VP_2	49	1	9	0	0	59
VP + 以 P	49	0	6	2	0	57

如表 5 所示,第一種"以字結構+VP"搭配有 191 例,佔總數的 62%。結合表 4,我們發現這類動詞類別比較多,甲、金中這類 VP 主要表示祭祀、征伐、出行、建造等。金文還出現了表訴訟、言說類的 VP,如"訟、告、訊、曰、誓"等。西周中期開始,到春秋時期開始盛行的一種趨勢是,"以"後的名詞性賓語省略現象越來越頻繁,以致出現了越來越多的"以+V"直接組合。

在第二種"VP+以字結構"中的 VP,甲骨文有呼令類、往來類和祭祀類;金文繼承了呼令類,增加了賞賜、進獻類。

第三種"以"字結構前後各有 VP,形成"VP_1+以字結構+VP_2"。甲骨文的 VP_1 主要是"令"和"呼"等從長者、尊者出發的呼令動詞,也有"乞"從下往上的請求類動詞,還有 1 例"往",即"戊寅卜賓貞:王往以眾黍于囧(10)",形成連動謂語句式。甲骨文中的 VP_2 主要為"伐、比、衛"等"征伐"類及"省、田、黍"等田獵類,還有"入、於、涉、步、立"等一般出行意義的動詞。西周金文繼承了甲骨文的"令-以-V_2"句式,VP_2 除了"伐、追"等軍事征伐類,還有"飤、事"等類。

這種呼令類結構在春秋、戰國時期的金文中沒有發現,但並不說明"以"字不與其他動詞謂語共現。春秋以後的金文"以"出現的語境幾乎都是“擇吉金,以(之)作(/鑄)某器,以(之)祭我祖先,以(之)祈眉壽”,或者“作/為龢鐘,以(之)樂我心”等格式,前面的 VP_1 主要是“作、鑄”類動詞,VP_2 為“享、孝、樂、喜、宴、征”。由於前面的“作/鑄某器”容易與後面“以”字結構點斷,從而使“以＋VP”成為單獨一句,這樣春秋就減少了 VP_1－以－VP_2 的結構。到了春秋晚期和戰國時期,句式更加程式化,很多變成了“鑄某器,以＋VP”或者“作某器,用宴以喜/用享以孝/以孝以享”。

綜上,從語法結構看,甲骨、金文中“以”字結構的用法,有承繼,有發展,趨勢是由單一謂語結構逐漸發展為跟其他謂語動詞共現共生,“以”字結構後的動詞類別由征伐類、祭祀類,到春秋戰國時期逐漸集中於宴享、喜樂類動詞。其所在的句式,由於 VP_1 變成鑄造類,逐漸與後面的“以(之)＋V”點斷、脱離,使得“以＋V”結合得越來越緊密,形成了“用 V_1 以 V_2”、“以 V_1 以 V_2”格式。

四、結語

本文通過對比甲、金“以”字結構的賓語、共現動詞以及句式的異同,從微觀角度探討“以”字語法結構在商周的傳承和演變規律。我們發現西周金文和商代甲骨文在“以”字與其他動詞共現時的語言面貌最相近。“以”的賓語類别主要是人物及事物,“以(某物)祭”、“(令)某以某人征伐”句式,甲金一貫,充分體現了“古之大事,在祀於戎”的歷史。春秋、戰國金文與甲骨文的不同之處,就在於“以”的賓語絕大多數承前省略,“以字結構＋VP”逐漸成為春秋、戰國時期的主流。

此外,甲骨文“以”字及其結構單獨作謂語為主,金文“以”字與其他動詞謂語共現為主,這種現象可能與這兩種載體的性質有關。甲骨文主要記錄的是商王朝的各種活動的占卜。其中,祭祀活動少不了祭祀牲品,所以甲骨文“以”字句很多用來卜問或者記錄“送來”什麼動物牲品或者什麼人牲,語義單純,單用“以”字句足以表達詢問之意。而且,甲骨文“以”字主要出現在第一期,很少出現在第五期。實際上,隨著祭祀制度的完善,甲骨文第五期出現了周祭卜辭,祭祀祖先的先後已經確定,占卜重在時間,因此很少出現犧牲品,“以”字句也極少。金文鑄造器具的目的就是為了銘刻軍功、祭祀祖先和宴享親朋。這種豐富的含義如果單用“以”字結構,還不足以表達,所以金文中的“以”字結構幾乎都要用“以字結構+VP”表示。

最後值得提出的是,對甲骨文、金文“以”字前後成分的綜合系統對比考察,可為“以”字從動詞虛化為介詞、連詞的內部機制提供以下思考:

(一)“以”字賓語從多到少,從可有可無到消失,是“以”的詞彙意義由實到虛的體現。春秋時期金文中出現頻繁的是“擇吉金,以作某器”,“以”意義成為“利用”,其賓語常承前省略,形成了大量的“以 VP”形態,“以”的詞彙意義逐漸淡出,語法功能意義逐漸凸顯,為虛化提供了前提條件。

(二)句式上,“以”結構+VP,甲、金一脈相承。雖然“呼/令+以+NP+VP_2”類句式一直到西周金文,後期逐漸分化為“令某曰:以+NP+VP”,於是又歸結到“以結構+VP”。另外,“作鑄某器,以(之)祭祖先”等句式中第一動詞“作、鑄、為”逐漸單獨分化為小句,也使“以+VP”的搭配結合更加緊密。這樣,“以+VP”的語義焦點最終都凸顯在後面 VP 上,為“以”的虛化造成語用條件。

(三)金文載體的性質、目的性,使得“以”結構後 VP 意義類別化,“作某器,以(NP)V”以及“鑄某器,以 VP_2”逐漸程式化,形成“以蒸以嘗”、“以孝以享”等套語。而且,“以”後的 VP 是甲、金共同傳承的動詞,從祭祀、征伐、建造等類,逐漸固定於“祭祀、征伐、宴享”等祝願類,使得

“以”結構成為表達 VP 實現的工具、依據、涉及對象等語義角色的介詞。

(四)根據張玉金(2011),“以”的虛化還應該考慮到共時的其他語法結構的類化促進[1],尤其受用法相似的“用”的類化,對同樣句式“以＋NP＋VP”中的“以”有促進虛化作用。

總之,從甲骨文、金文所記載的語言內部進行微觀分析,有利於察覺一些演變的細節,為研究上古漢語的語法演變提供有力的參考。

①張玉金:《出土戰國文獻虛詞研究》,人民出版社 2011 年第 141 頁。

商周金文"旅"字構形演變研究

蘇文英①

摘　要:本文在金文資料庫統計的基礎上按照類型學的方法將金文"旅"字分為四類十二型,分類考察了"旅"字的時代分佈和用法,提取了金文"旅"字的類型特徵,對金文"旅"字的構形演變進行了較為細緻的剖析,對幾組有爭議的字形進行了判定,對認識漢字發展演變規律具有一定的參考價值。

一個世紀以來大量出土的各類文獻爲古文字研究提供了豐富的材料,在蓬勃發展的漢字構形理論、漢字發展理論的指導下,出版了大量古文字字典、字形表和研究專著,近年來的研究則逐漸走向精細化,趨向於對不同材質、不同時代、不同地域的古文字材料進行構形系統的研究。但基於單字的窮盡性的統計和研究仍然比較缺乏,參照類型學方法而專注於字形構造和演變的研究還很不充分。

金文是商周時代的正體文字,能夠反映漢字發展演變的主要規律,因此我們選取了金文中的一個常用字"旅"作為案例,嘗試進行分類排比,定量統計,剖析它的各類形體特徵,展示"旅"字從商周到戰國的發展演變過程,印證探討漢字發展的一般規律。

①蘇文英,西南大學漢語言文獻研究所/出土文獻綜合研究中心　博士研究生　重慶北碚400715。

一、金文“旅”字的類型

我們利用吳鎮烽《商周金文通鑒》(2011 電子版)進行初步篩選,參照原著録書和諸家釋文,整理出商周金文中確定的“旅”字 544 例(不包括形體基本相同的列器重見字、同篇銘文重見字以及拓本不清晰的字)。按照金文“旅”字的構件組合和筆畫特徵,將它們分為四類十二型。

類型	商代晚期	西周早期	西周中期	西周晚期	春秋時期	戰國時期
A1	 06535① 新收 1430  09480					
A2	 08179	新收 1066				
A3		 01730  03482  02173  04047  00930	 01774  03545 通鑒 05199 近出 506  01773  03617  01777	 02512  02501 近出 492  04428  02663  02378	 04557  04600  04527  09979	

①見於《殷周金文集成》的字形徑出拓本編號,見於其他著録書的在編號前冠以通用的簡稱。

類型	商代晚期	西周早期	西周中期	西周晚期	春秋時期	戰國時期
A4		05983	04399 00942	10240 02818	00939 04546 10336 10140 04602 近出 163	
A5		11572 05033 10544	02781 03263 09570	02537 近出 1014		
B1		01916 03247 03486	00888 03263 03376			
B2		03384 05763	02024 03481			
B3	05362	02724 02021 05759	05952 09553 09618 01775		02502 通鑒 12349	

類型	商代晚期	西周早期	西周中期	西周晚期	春秋時期	戰國時期
C1		 06460  00861  05778  05042	 02187			
C2						 11687
D1		 00870			 00947  12305	
D2						 11613  11634  11643

二、金文"旅"字的類型特徵和用例

1.A 類字形共 404 例,佔總數的 74%,其基本構形特徵為象"㫃"下三人或兩人聚集之形。

(1)A1 型 5 例,如: 06535、新收 1430。象人群聚集在旗幟之下,整字圖畫性強,比較細緻地描畫了旗杆頂端的裝飾物和飄動的旗面,側立人形,頭部或足部填實,三個人的位置不固定。基本都是屬於商代晚期,銘文多僅此單獨一字,僅 09480 銘文為"𠂤旅",考其義應為

氏族名。

(2)A2 型共 10 例,如:08179、新收 1066。象兩人聚集在旗幟之下,與 A1 型筆畫特徵相同。出現在商代晚期者銘文僅此單獨一字,出現在西周早期者多與祖先日干名組合,因此也應為氏族名。僅有一個特例:新收 665(西周晚期),銘文作“芮姞乍旅簋,五。”

(3)A3 型有 356 例,如:01730、03545、近出 492、04428、04527。整字線條化,構件為“㫃”和“从”,旗杆頂端的裝飾物簡化為,旗面簡化為折畫,側立人形一般面向旗杆,字形方向或相反。筆畫不全是圓筆,出現方直的折筆。這一類“旅”字在金文中數量最多,始見於西周早期,一直到春秋早期都有分佈。在銘文當中的用法也更為豐富,主要有以下幾種情況:

①用在銘文末尾,表示氏族名。如:

𣪕作父癸寶尊彝,旅①。(03660 𣪕作父癸簋,西周早期)

𣪕作父癸寶尊彝,旅。(05315 𣪕作父癸卣,西周早期)

②用爲人名,如:

……矢俾鮮、且、𡒉、旅誓……(10176 散氏盤,西周晚期)

……虢叔旅(00238 虢叔旅鐘,西周晚期)

……王令省,史南以即虢旅,虢旅迺事攸衛牧誓……(04278 鬲比簋蓋,西周晚期)

𩁹山旅虎鑄其寶簠……(04540 旅虎簠,春秋早期)

③指軍隊。如:

……延邦賓尊其旅服……王呼?伯令盂以人馘入門,獻西旅,□□入燎周廟……(02839 小盂鼎,西周早期)(其中“旅服”可理解為“戎裝”,“西旅”則指“西方的軍隊”。)

---

①銘文隸定採用寬式。

唯戎大出於軝，邢侯搏戎，延令臣諫□□亞旅於軝……(04237 臣諫簋，西周中期)

④引申爲排列。如：

旅邑人，膳夫，錫汝…… 朱黄、鑾旅……(02821—02823 此簋、04303—04310 此鼎)唐蘭先生的譯文中把第一個“旅”字視為動詞，譯為“排列”。另多與器名連用，如：“作旅彝”、“作旅鼎”、“作旅鬲”、“作旅甗”、“作旅簋”、“作旅盨”、“作旅簠”、“作旅筐”、“作旅盂”、“作旅盆”、“作旅壺”、“作旅盤”、“作旅匜”、“作旅盉”、“作旅瓶”、“作旅稱”、“作旅櫂”等，指祭祀和宴饗中使用的列器，如：

伯㸌作媿氏旅，用追孝。(03692、03693 兩件伯㸌簋蓋，西周中期)

……王在周康穆宫，典膳夫克田人，王令尹氏友史趛，典膳夫克田人，克拜稽首，敢對天子丕顯魯休揚，用作旅盨，唯用獻於師尹、朋友、婚媾，克其用朝夕享於皇祖考……(04465 膳夫克盨，西周晚期)

伯旐魚父作旅簠，用倗旨飤。(04525 伯旐魚父簋，春秋早期)

強伯作旅用鼎簋。(03616、03617 強伯簋兩件，西周中期)。

郜召作旅簠，用實稻粱，用飤諸母諸兄，使受寶……(近出 526 郜召簠，春秋早期)

⑤指戰車上的旗幟，04250 即簋(西周中期)、02821—02823 此簋(西周晚期)、04303—04310 此鼎(西周晚期)、04312 師𩓚簋(西周晚期)等多件銘文中的賞賜物品有“鑾旅”，是一種有鈴鐺的旗幟。

⑥假借爲“盧”，黑色。如：

彤弓一、彤矢百、旅弓十、旅矢千……(04320 宜侯夨簋，西周早期)

(4)A4 型有 18 例，如： 05983、 04399、 2818、 10336、 10140。構件為“㫃”和“从”，整字線條化，㫃的旗杆縮短，有的甚至消失。見於西周早期到春秋早期，在銘文中大都用作“作旅鼎”、“作旅甗”、“作旅盨”等，僅 02818 𩵦比鼎(西周晚期)銘文作“……王令眚史南以即虢旅……”指虢國的軍隊。

(5)A5 型有 15 例,如: 10544、 05033、 02781。構件為“㫃”和“从”,㫃更加簡化,旗杆上部的形消失,簡化為一豎。02728 旅鼎(西周早期)銘文中用為人名。02781 庚季鼎(西周中期)銘文中指“鑾旅”。05033 作旅弓卣(西周中期)銘文為“作旅弓。”其他都用為“作旅彝”、“作旅鼎”、“作旅簋”等。

綜上,A 類字形取象人群聚集在旗幟下之形,其基本義爲聚集的人群,進而引申出軍隊、排列等義。商代晚期字形多填實,用爲族氏名,到西周早期雖然字形已經線條化,但也有用為族氏名和人名者。

2.B 類總共有 88 例,佔總數的 16%,由三個構件“㫃”、“从”、“車”組成,整字線條化,筆畫中沒有圓點和填實。

何琳儀認為“車”亦聲,“會戰車上載旗幟及士兵之意”①。上古“車”屬來母魚部,“旅”屬見母魚部②,雖然二者聲母離得較遠,但亦聲可為一說。

(1)B1 型共 25 例,如: 01916、 03263。構件“車”寫法很複雜,比較完整地描畫出車輪、車廂、轄、衡等部分,㫃的形狀已較簡化。見於西周早期和中期,有的銘文僅此一字,也有用為“作旅”、“作旅彝”、“作旅鼎”、“作旅甗”、“作旅簋”、“作旅尊”等。05927、通鑒 11765、05334 等征作父癸諸器(西周早期)銘文為“征作父癸寶尊彝,用旅”。

(2)B2 型共 10 例,如: 03384、 03481。構件“車”簡化,用一個車輪的形象表示,表示旗杆和車軸的筆畫連在一起。亦僅見於西周早期和中期,在銘文中與器名連用,如“作旅”、“作旅彝”、“作旅鼎”、“作旅甗”、“作旅簋”、“作旅尊”等。

(3)B3 類 53 例,如: 02724、 05759、 09618。構件“車”簡化爲一個車輪的形象且獨立出來。在銘文當中主要和器名連用,如“作

①何琳儀:《戰國古文字典》,564 頁,中華書局,1998 年。

②郭錫良:《漢字古音手册》增訂本,商務印書館,2010 年。

旅”、“作旅彝”、“作旅鼎”、“作旅甗”、“作旅簋”、“作旅尊”,“作旅壺”等。05256 榮子旅卣(西周中期)銘文為“榮子旅作旅彝”,用為人名。

綜上,增加構件“車”的旅字主要由繁簡兩種形態,但用法一致,主要用作族氏名或與器名連用。

3.C 類 36 例,佔總數的 7%,由構件㫃、車組成。

這一類可能是 B 類簡省“从”而分化出來的。

(1)C1 型 34 例,如:06460、05778、05042。分佈於西周早期到中期,從字形來看就是描畫的一輛插著旗幟的車,形體分為繁簡兩類。在銘文多作“作旅”、“作旅鼎”、“作旅鬲”、“作旅彝”、“作旅甗”、“作旅簋”,用法與 A、B 類無異。

(2) C2 型 2 例:一爲 11687 三年相邦建信君鈹,銘文作:“……邦左庫工師塚旅,冶肉執劑。洛都。”字形作。二爲新收 1988 三年相邦建信君鈹,銘文相同,字形為。兩者都是戰國晚期趙國器。從銘文來看此字應是工匠之名。這一型亦見於戰國璽印,如: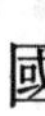璽彙 2335,璽彙 3439①。

綜上,“旅”或可簡省人形,與器名連用或用為人名。

4.D 類 16 例,佔總數的 3%,由構件“㫃”、“从”與“辵”或“止”構成。

(1)D1 型 6 例,如:00947、12305。“旅”字从“㫃”从“辵”,全部見於春秋時期,何琳儀將此字隸定為“遊”,“从辵,旅聲。行旅之旅的初文”。這一型亦見於戰國竹簡和璽印,如包山 047,上博周易,安昌璽存②。在銘文中用爲“作旅壺”、“作旅甗”、“作旅簠”等,04632 曾伯霥簠(春秋早期)銘文爲“唯王九月初吉庚午,曾伯霥哲聖元武,元武孔黹,克狄淮夷,抑燮繁陽,金道錫行,具既俾方,余擇其吉金黄鋁,余用自作旅簠,以征以行,用盛稻粱,用孝用享於我皇文考……”。指明了此器是

①高明、涂白奎:《古文字類編》(增訂本),981 頁,上海古籍出版社,2008 年。

②高明、涂白奎:《古文字類編》(增訂本),981 頁,上海古籍出版社,2008 年。

征戰勝利之後所作器,用途為"以征以行"、"以盛稻粱",同時用於敬奉祖先。因而此型和 A、B 型的用法近似。

(2)D2 型 10 例,如:11613、11634。"旅"字从"㫃"从"止",全為戰國晚期燕國劍器上的銘文。11606"燕王喜劍"銘文爲"燕王喜悉旅鈦。"何琳儀認為此字和 A、B 類的文字一樣都是"旅"字,另外睡虎地秦簡也有此字形,與古文相合。劉釗指出這是"受同一系統內其他文字影響而發生的類化"現象,因為秦漢文字中的"从"逐漸寫得象"衣"之形,"於是旅字右邊便類化寫成了衣"①。但從 11613 燕國劍銘上的字形來看,這個字更像是 A 類字加上了"止",然後有的字形又省減了"从"。

劉釗說:"古文字的另一個孳乳分化途徑,就是在一些基本形體上增加'動符'。古文字中'又''攴''止''辵'、'行'等字就屬於這種動符。"②因此 D 類可能就是 A 類增加動符後分化的結果。

三、其他有爭議的三組字形

除了上揭四類確定的"旅"字,金文中還有一些有爭議的字形。

(1)構形爲"㚔"下三人或兩人聚集。其字形如:01370 商代晚期,00806 商代晚期,08969 商代晚期,08450 商代晚期或西周早期,01369 西周早期,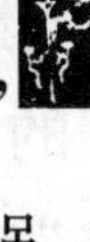近出 4090 西周早期,03909 西周中期,共 29 例。這類字形圖畫性强,旗杆頂部作""形,《殷周金文集成》釋為

---

①劉釗:《古文字構形學》(修訂本),101 頁,福建人民出版社,2011 年。

②劉釗:《古文字構形學》(修訂本),238 頁,福建人民出版社,2011 年。

“幸旅”二字，是將此視為複合族徽。但在上揭形體中，“㚔”和旗杆連爲一體，聯繫“旅”字的其他類型來看，也可以釋爲旗杆頂部“中”形的複雜繁體。從銘文用例來看，或僅此單獨一字，或與祖先日干名組合，或位於銘文末尾，均為氏族名的常見位置，與 A1 型並無差別，因此我們認爲可以將之視為“旅”字。

(2)由構件“㫃”和“人”組成，或以為“旅”，或以為“斿”。其字形如：05076 商代晚期，5448 商代晚期，近出 866 商代晚期，01418 商代晚期，08863 商代晚期，08864 商代晚期，01632 商代晚期或西周早期，01915 西周早期，02348 西周早中期，01948 西周中期，01218 西周中期，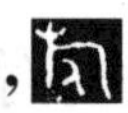02816 西周中晚期，05882 春秋早期，05927 春秋早期，共 43 例。《古文字類編》將上揭字形中西周早期以前有圓點和填實的以及02348 這一類畫出手形的字形都歸入“斿”，西周中期以後从“人”的都歸入“旅”①，我們認為不妥。从“人”的字形在甲骨文中已有，如合 27875，而“斿”字明確是从“子”，甲骨文作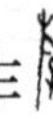形。“人”和“子”在形體上的最大區別是前者爲側立人形，後者爲正面人形且頭部作圓圈形，雙臂作向上伸展狀。另有 4 例加“車”的字形：02155 堇伯鼎、05029 作旅彝、05432 作册魖卣、03377 中作旅簋，00859 仲作旅彝甗，《集成》都隸定為“旅”字，其用法也與上揭“旅”字無異。再有近出 524 中妃衛簋(春秋中期)中字形作，㫃下也僅一人，銘文作“中妃衛用其吉金，自作旅□，子子孫孫永寶”。從與甲骨文的比較、銘文中的用例以及與相關字形的聯繫來看，从“㫃”和“人”的字與上揭从“㫃”和“从”的字用法並無差異，因此最好也能確認為“旅”字。但陳劍認爲其中帶手

①高明、涂白奎：《古文字類編》(增訂本)，980—981 頁，上海古籍出版社，2008 年。

形的字形爲“再旂”的“再”的表意字①。

(3)另有02401、02402、02403、03713、05937、05938、07308、09886、11114、通鑒10863亞若癸諸器,均屬商代晚期,銘文為:“亞若癸受丁旅乙沚師”,字形如:、、。近出866、近出744、近出993、近出1055、通鑒02360、通鑒08298旅止冉諸器,也屬商代晚期,字形作、。近出765旅止爵(商代晚期)字形作。這些字圖畫性較強,文字佈局很不規整,共同點是都出現了“止”,而且位置很隨意,常常在“㫃”和“人”的空隙處,是視為“旅止”二字,還是視為从“㫃”从“止”的“旅”字的源頭呢?考慮到加“止”與加“辵”“彳”等形都是古文字加動符之類例,再有“伯真作旅甗”(00870伯真甗,西周早期)的“旅”字作形,我們認為這一類字形也可能是“旅”字。

四、金文“旅”字的演變規律和演變譜系

通過上揭字形的分類考察,可以看出金文“旅”字從商晚周初到春秋戰國的變化,以旗幟形和人形爲基本構形元素,人形或三或兩或一或省,經歷了加“車”、“辵”、“止”等構件的變遷,構成了眾多複雜的異體類型,其演變規律表現為:

1.A類基本字形由“㫃”和“从”構成,其組合方式與甲骨文和小篆都相同,分佈於商代晚期到春秋早期各個時期,在使用頻率和時代分佈上都佔有絕對優勢,是金文“旅”字的主流字形,雖然在整字的朝向和筆畫書寫上會有細微差異,但主體結構是穩定的。

2.從商代晚期到西周早期,字形中的圓點、肥筆、填實等圖案性特徵

①陳劍:《甲骨金文考釋論集》,411—412頁,綫裝書局,2007年。

經歷了綫條化的演變,反映了漢字發展的一般規律。

3.西周以後出現加“車”、加“止”或“辵”的類型,是在簡化的大趨勢中又有增繁的表現。加“車”可能是與當時盛行車戰有關,但最終這類字形沒有傳承下來。因爲“旅”的字義始終沒有發生分化,其基本字形就能夠很好表意,所以雖然隨著時代的潮流會出現一些增加其他義符的字形,但最終都被淘汰了。

4.由 D 類和 C2 類字形來看,“旅”字的隸變發生在戰國晚期。

根據上揭字形的時代分佈,我們認為金文“旅”的字形演變譜系為:

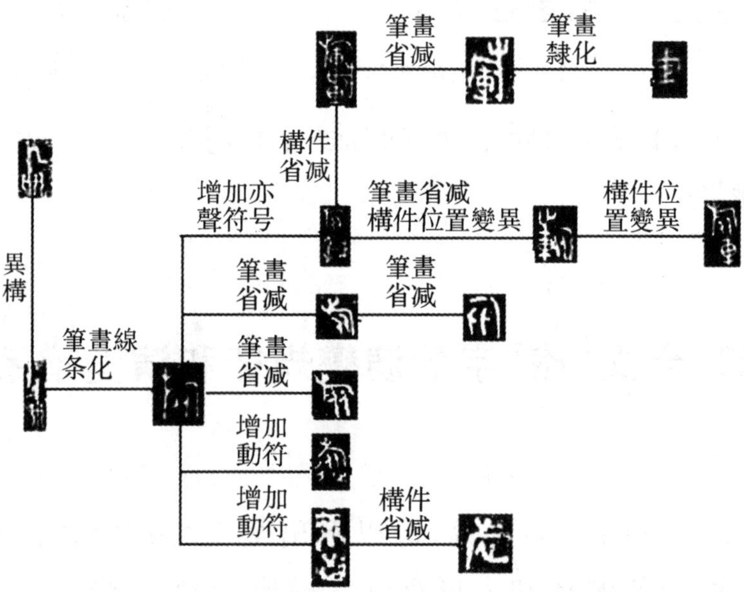

附記:本文的主要内容曾以《商周金文“旅”的構形分析和時代特徵》為題在西南大學 2013 年全國博士生論壇(出土文獻語言文字研究與比較文字學研究領域)宣讀,得到與會師友的批評指正,特此致謝。此次本文即將付稿之際,又拜讀了陳英傑先生 2015 年 8 月在中國文字學會第八屆學術年會上發表的論文《商周金文異體字研究:以”旅”字為例》,該文對字形的分析十分細緻,遠勝本文。但我們在結論上也有一些不同之處,故不揣簡陋發表出來,疏漏訛誤之處敬祈方家指教。

兩周金文時間詞"夙"的搭配及相關問題研究

鄭邦宏①

摘　要:我們對兩周金文時間詞"夙"的相關搭配進行全面的整理,探討其某些習慣用法的時代性;內部語法結構以及歷史演變。

兩周金文中,時間詞"夙"的相關搭配常見。吳鎮烽先生的《商周青銅器銘文暨圖像集成》(下簡稱《銘圖》)②是至今搜集兩周金文材料最為豐富的著作,我們以之為材料,對其中有關時間詞"夙"相關搭配的材料進行全面的整理。

一、"夙"的相關搭配

(一)"夙"與"夕"搭配

兩周金文中,"夙"與"夕"的搭配最為常見,凡 39 例。其中西周早

---

①鄭邦宏,西南大學漢語言文獻研究所　博士研究生　重慶北碚　400715

②吳鎮烽:《商周青銅器銘文暨圖像集成》,上海古籍出版社,2012 年。列器只選一器,器蓋同銘亦只選其一。

期 5 例,中期 23 例,晚期 9 例,春秋 2 例,而戰國金文不見用例。如:

1.夙夕紹我一人烝四方。(大盂鼎,《銘圖》02514,西周早期)

2.虎用作文考日庚尊簋,子孫其永寶用,夙夕享于宗。(虎簋蓋甲,《銘圖》05399,西周中期)

3.虔夙夕惠我一人。(毛公鼎,《銘圖》02518,西周晚期)

4.余小子,余夙夕虔敬朕祀,以受多福,克明又心。(秦公鐘甲,《銘圖》15565,春秋)

在這 39 例中,"夙夕"與"虔"、"敬"、"肇"、"圞"、"趄趄"和"日"搭配最為常見。

"虔夙夕",兩周金文凡 7 例。如:

追虔夙夕恤厥尸事,天子多賜追休。(追簋,《銘圖》05251,西周中期)

我們發現,在這 7 例中,只有 1 例是西周中期,其他 6 例都是西周晚期。換句話說,"虔夙夕"是西周晚期的習慣用法。

"敬夙夕",兩周金文凡 7 例。如:

敬夙夕勿廢朕命。(牧簋,《銘圖》05403,西周中期)

這 7 例中,有 4 例屬於西周中期,3 例屬於西周晚期。可以看出,"敬夙夕"在西周中期和晚期的使用比較平衡。而我們發現,"敬夙夕"有 6 例是修飾"勿廢朕命",這可能是"敬夙夕"的使用習慣。

"肇夙夕",兩周金文凡 2 例。如:

服肇夙夕明(盟)享,乍文考日辛寶尊彝。(服尊,《銘圖》11753,西周中期)

所見 2 例都屬於西周中期,且都修飾"明(盟)享",這是值得注意的。

"圞夙夕",兩周金文凡 2 例。如:

圞夙夕敬念王畏(威)不睗(易)。(毛公鼎,《銘圖》02518,西周晚期)

所見的 2 例,1 例見於西周中期,1 例見於西周晚期。"圞",楊樹達先生認為其从“㓞”聲，假借為𡨄，經傳通作恪①。孟蓬生先生則認為“䜌”从“㓞”聲，為後世的“貂”為古今字；並指出：“當讀為‘劭’，《說文》：‘劭，勉也。’勉與敬義近，故‘䜌夙夕’可說成‘敬夙夕’（大克鼎），亦可說成‘虔夙夕’。”②新近出土的宋公鼎，鼎銘宋公名“䜌”，李學勤先生指出：“以通假求之，無疑是宋平公的上一代共公，《左傳》記他名固，《史記・宋世家》則說名瑕。‘䜌’與‘固’、‘瑕’相通，‘固’古音見母魚部，‘瑕’匣母魚部，‘㓞’匣母鐸部，證明楊樹達先生的釋讀是正確的。”③甚是。“䜌”，當從楊樹達先生釋。

“趄趄夙夕”，兩周金文只西周中期一見：

癲趄趄夙夕聖趚。（癲鐘，《銘圖》15592，西周中期）

關於“趄趄”的釋讀，謝明文先生認為：“根據語音和文例，可知井人妄鐘的‘憲憲’、癲鐘的‘趄趄’應該是音義皆近的詞或表示的就是同一個詞，上述將‘憲憲’、‘趄趄’分別解釋的說法是值得商榷的。又《說文・心部》：‘憲，敏也。’《逸周書・謚法解》：‘克敬勤民曰桓。’比較‘趄趄夙夕’與‘穆穆夙夜’、‘虔夙夜’、‘虔夙夕’、‘敬夙夜’、‘䜌夙夕’、‘敏朝夕’，可知癲鐘‘癲趄趄夙夕聖趚’的‘趄趄’、井人妄鐘‘妄憲憲聖趚’的“憲憲”皆應當訓為‘敬敏’一類的意思。”④甚確。

另外，王秀麗先生將此句斷為：癲趄趄，夙夕聖趚⑤。不確。這可能是王先生沒有很好把握“趄趄”的詞義所致。

“日夙夕”，兩周金文凡2例。而這2例的辭例相同：

1.其日夙夕用厥馨香享祀于厥百神。（㺇簋，《銘圖》05275，西周中

①楊樹達：《積微居金文說》，上海古籍出版社，2007年，第48頁。

②孟蓬生：《金文考釋二則》，《古漢語研究》，2000年第4期。

③李學勤：《棗莊徐樓村宋公鼎與費國》，《史學月刊》，2012年第1期。

④謝明文：《從語法角度談談金文中“穆穆”的訓釋等相關問題》，《古籍研究》（第57—58卷），安徽大學出版社，2013年，第59頁。

⑤王秀麗：《兩周金文古語辭研究》，安徽大學博士學位論文（指導教師：黃德寬教授），2009年，第85頁。

期)

2.其日夙夕用厥馨香享祀于厥百神。(衛簋甲,《銘圖》05368,西周中期)

且都見於西周中期,這可能是其使用習慣。

(二)“夙”與“夜”搭配

兩周金文中,“夙”與“夜”的搭配也很常見,凡 34 例。其中西周早期 3 例,中期 21 例,晚期 8 例,春秋 1 例,戰國 2 例。也就是說,“夙夜”在兩周金文的各個時期都有用例,分佈甚廣。

1.效不敢不萬年夙夜奔走揚公休(效尊,《銘圖》11722,西周早期)

2.伯仲父夙夜事走考。(伯中父簋,《銘圖》04942,西周中期)

3.用夙夜享孝于宗室。(叔妊簋,《銘圖》05133,西周晚期)

4.汝不彖(惰),夙夜宦執而政事。(叔夷鐘,《銘圖》15552,春秋)

5.夙夜不懈。(中山王嚳鼎,《銘圖》2517,戰國)

同樣,兩周金文中“夙夜”常與“敬”、“𩁹”、“虔”、“穆穆”和“萬年”搭配。

“敬夙夜”,兩周金文凡 3 例。如:

敬夙夜勿廢朕命。(師酉簋,《銘圖》05346,西周中期)

所見 3 例,都屬於西周中期,而且有 2 例是修飾“勿廢朕命”,這和“敬夙夕”的現象相似。

“𩁹夙夜”,兩周金文只見於西周中期一見:

𩁹夙夜辟事我一人。(師酉鼎,《銘圖》02475,西周中期)

“虔夙夜”,兩周金文凡 2 例。如:

虔夙夜出納王命。(師望鼎,《銘圖》02477,西周中期)

且 2 例都屬於西周中期。

“穆穆夙夜”,兩周金文只戰國時期一見:

用穆穆夙夜尊享孝妥(綏)福。(𢦚鼎,《銘圖》02448,西周中期)

“萬年夙夜/用夙夜”,兩周金文凡 3 例。如:

其萬年用夙夜于宗。(老簋,《銘圖》05178,西周中期)

3 例中,1 例見於西周早期,而 2 例“萬年用夙夜”都見於中期。

而見於西周晚期的“敬乃夙夜”,是“夙夜”辭例中最為特殊的一類,兩周金文凡 2 例,都是西周晚期。

1.敬乃夙夜用事。(師毀簋,《銘圖》05363,西周晚期)

2.敬乃夙夜用屏朕身。(逆鐘丁,《銘圖》15193,西周晚期)

其中,關於“敬乃夙夜”中“乃”之詞性,潘玉坤先生認為是一個無實義的音節助詞①。下文我們將詳細討論。

(三)“夙”與“暮”搭配

“夙”與“暮”搭配,兩周金文只見於戰國時期 1 例:

夙莫(暮)不忒。(越王者旨於睗鐘一,《銘圖》15417,戰國)

(四)“昏”與“夙”搭配

“昏”與“夙”搭配,兩周金文凡 2 例,1 例見於西周中期,1 例見於西周早期。

1.其朝夕用享朋友,昏夙遘于宗室。(伯或父鼎,《銘圖》02189,西周中期)

2.唯甲子朝,歲鼎,克聞(昏)夙又商。(利簋,《銘圖》05111,西周早期)

而對利簋此銘文的斷句,學界爭議頗大。我們將主要的幾家觀點移錄如下:

①唯甲子朝,鉞鼎,克聞(昏),夙(揚)又商。(唐蘭)

②唯甲子朝,歲鼎(貞)克聞,夙又商。(于省吾)

③唯甲子朝歲鼎,克昏夙又商。(馬承源)

④唯甲子朝,歲鼎,克聞(昏)夙又商。(張政烺)

---

①潘玉坤:《金文“嚴在上,異在下”與“敬乃夙夜”試解》,《故宫博物院院刊》,2003 年第 5 期。下引潘先生觀點均出此文,不再注釋。

⑤唯甲子朝,歲、鼎、克、聞,夙又商。(吴孫權)

⑥唯甲子朝,歲鼎,克,聞。夙又商[①]。(寇占民)

⑦隹(唯)甲子朝,歲鼎(貞):克。䎽(聞)夙有商[②]。(崔恒昇)

⑧惟甲子朝,歲鼎(中),克聞(昏),夙(始)有商[③]。(黄懷信)

⑨隹(唯)甲子朝,歲鼎(貞、當),克,聞(昏)夙又(有)商[④]。(劉釗)

各家不僅斷句不同,而且對字詞理解差異也較大,我們將另文討論。張政烺先生指出:"此處聞讀為昏暮之昏。夙之義為早,即黎明前。昏夙是從初昏到黎明前,指一個夜晚,猶旦暮指一個白天。上言甲子朝,此接言昏夙,次序亦順。""'克昏夙有商'是說一夜就得以佔有商國。"[⑤]

"昏夙"應連讀,利簋不是孤例,其又見於伯或父鼎;且於辭例又可通,沒有必要將二者斷開。然張先生認為"昏夙"是"一夜"之義,卻與我們不同。

我們認為銘文中的"昏夙"應是一具體時間詞,而不是一籠統的時間段。《逸周書·世俘》:"時甲子夕,商王紂取天智玉琰五,縫身厚以自焚,凡厥有庶告焚玉四千。"黄懷信先生認為:"紂之自焚,必與城克基本同時。可見'有商'(佔有商都)必至天黑以後。佔有了商都,自然就等於滅掉了商朝。所以也可直接理解為滅了商王朝。"[⑥]而我們認為"甲子夕",商王軍隊潰敗,商王自焚,應就是武王佔有商之時。

伯或父鼎(《銘圖》02189,西周中期):其朝夕用享朋友,昏夙遘於宗室。"朝夕"與"昏夙"對舉,可知"昏"與"夕"意義應相當。《說文·日部》:"昏,日冥也。从日,氐省。氐者,下也。一曰民聲。"又《說文·口

①前六例參看寇占民:《金文句讀釋例》,《古籍整理研究學刊》,2012年第3期。
②崔恒昇:《"歲鼎克䎽夙有商"考釋》,《安徽大學學報》(哲學社會科學版),1981年第1期。
③黄懷信:《利簋銘文再認識》,《歷史研究》,1998年第6期。
④劉釗:《利簋銘文新解》,《古文字研究》(第二十六輯),中華書局,2006年,第182頁。
⑤張政烺:《〈利簋〉釋文》,《考古》,1978年第1期。
⑥黄懷信:《利簋銘文再認識》,《歷史研究》,1998年第6期。

部》:“名,自命也。从口从夕。夕者,冥也。冥不相見,故以口自名。”亦可證“昏”與“夕”詞義有相當的部分。

“昏夙”應是一偏義複詞,其語義重點在“昏”。又“昏”與“夕”意義相當,這樣,利簋中的“昏夙有商”就與《逸周書·世俘》“甲子夕”吻合了。劉恒先生曾指出:“古人記述戰事,很注意記時,《荀子·儒效》記武王伐紂的進軍,‘朝食於戚,暮宿於百泉,厭旦於牧之野’。所述的乃是牧野之戰前一天的事,‘朝’、‘暮’和‘厭旦’都是具體時間。為了記述征商之戰的進程,本銘‘甲子朝’和‘夙’亦是具體時間,‘夙’與‘甲子朝’實相照應。”①劉先生對“昏夙”的理解雖與我們不同,但認為銘文中應記述一具體時間,卻與我們不謀而合。綜合各家讀法,我們認為銘文句讀應從劉釗先生,“昏夙”應連讀。

我們通過對時間詞“夙”相關搭配材料的整理,發現其主要在西周時期使用,而以西周中期的使用最為集中,這是一個值得注意的現象。因為,這給銅器的斷代提供一個語言使用習慣的依據。特別是“肇夙夕”、“趩趩夙夕”、“日夙夕”、“敬夙夜”、“圝夙夜”、“虔夙夜”、“萬年用夙夜”、“穆穆夙夜”、“敬乃夙夜”這些只見於西周中期的習語,更為斷代提供重要的證據。另外,“肇”只有“肇夙夕”,無“肇夙夜”;“趩趩”只有“趩趩夙夕”,無“趩趩夙夜”;“穆穆”只有“穆穆夙夜”,無“穆穆夙夕”等,這些都是值得注意的現象。

二、“夙”相關搭配的語法結構

學界對“敬夙夕/夜”、“虔夙夕/夜”、“肇夙夕/夜”、“圝夙夕/夜”、“趩趩夙夕”、“穆穆夙夜”的語法結構,大多數學者將其分析為狀中結構,即

①劉恒:《利簋銘文新釋》,《古文字研究》(第二十四輯),中華書局,2002年,第209頁。

“敬”、“虔”、“肇”、“圝”、“穆穆”為狀語,修飾時間詞“夕/夜”。對此,潘玉坤先生指出:“不少著作把它們注釋或翻譯成‘虔敬地日夜……’筆者認為這樣注譯是值得商榷的。從常情常理講,像‘用事’、‘出納王命’這類事情並不具有連續不間斷的特性,因此沒必要要求下屬日夜不息。”並且,潘先生舉梁其鐘“虔夙夕”,癲鐘“不敢弗帥用(由)夙夕”二例,認為這二例中“夙夕”附於形容詞句子煞尾,清楚地顯示它們是修飾前面的謂詞的,因此認為“敬夙夕”屬於狀中結構(狀語在後),時間名詞“夙夜”是修飾形容詞“敬”的。此外,潘先生還舉追簋“追虔夙夕卹氒死事”,癲鐘“今癲夙夕虔苟(敬)卹氒死事”二例,認為二者語義無多差別,而後者內部為狀中關係是不言自明的。

潘先生所說甚是。唯獨對“從常情常理講,像‘用事’、‘出納王命’這類事情並不具有連續不間斷的特性,因此沒必要要求下屬日夜不息。”我們有不同的看法。我們認為無論是“虔敬地日夜”,還是“日夜虔敬地”都含有“日夜”的語義,而這並不代表實際的“日日夜夜”,只是一種強調,表“時刻”的語義。

另外,對其屬於狀語後置的狀中結構,我們也略作補充。前文,我們發現“敬夙夕/夜”多修飾“勿廢朕命”,我們所目及,僅 2 例例外。而畯簋(《銘圖》05386 西周中期)有銘曰:“敬勿廢朕命。”這裏的“敬”與“敬夙夕/夜”的語義應是相當的。這更直接的說明,“敬夙夕/夜”的語義重點在“敬”上,“敬夙夕/夜”是狀語後置的狀中結構。

再者,逨盤(《銘圖》14543,西周晚期)有銘曰:“虔夙夕敬朕死(尸)事。”逨鐘二(《銘圖》15634,西周晚期)有銘曰:“虔夙夕敬氒(厥)死(尸)事天子。”而相似的內容,秦公鐘甲(《銘圖》15565,春秋早期)表達為:“余夙夕虔敬朕祀。”“虔夙夕敬”與“夙夕虔敬”的語義表達也應該是相同的。這可以作為潘先生第三點的補充。

弄清了“敬夙夕/夜”的語法結構,我們再看“敬乃夙夜”。關於“乃”的詞性,諸說紛紜,潘玉坤先生有所介紹,可參看。前文已經提及,潘先生認為:“‘敬乃夙夜’的句法結構、語義內容與‘敬夙夜’完全相同,還是狀中結構,還是時刻保持恭謹虔敬之心的意思,唯一不同的,是多了一個無實義的音節助詞。”潘說可從。“敬乃夙夜”凡 2 例,其中 1 例:敬乃夙夜用事。(師𣪘簋,《銘圖》05363,西周晚期)相似銘文如:敬夙夕用事。(元年師史簋甲,《銘圖》05331,西周中期);敬夙夜用事,勿廢朕命。(大克鼎,《銘圖》02513,西周中期)很顯然,“敬乃夙夜”與“敬夙夜”的語法結構應是相同的。

銘文中還有“時間詞”+“夙夕/夜”一類,這一類的語法結構比較清晰,“時間詞”為狀語。如:

其日夙夕用厥馨香享祀于厥百神。(衛簋甲,《銘圖》05368,西周中期)

效不敢不萬年夙夜奔走揚公休。(效尊,《銘圖》11722,西周早期)

銘文中“日”、“萬年”都是狀語。

三、“夙”相關搭配的歷史演變

“夙”字,甲骨文已見,但未見與其他詞搭配。到了西周金文中,出現了“夙夕”、“夙夜”、“昏夙”,春秋金文,有“夙夕”、“夙夜”,戰國金文中有“夙夜”,並出現了“夙暮”。

“夙夜”,兩周金文都有用例,其他出土文獻也有用例。《清華簡(叁)·周公之琴舞》簡 3:“亂曰:‘訖(遹)我夙夜不逸,敬(儆)之,日就月將,教其光明。’”而傳世文獻中,“夙夜”更為常見。《尚書·舜典》:“夙夜惟寅,直哉惟清。”《詩經·大雅·烝民》:“既明且哲,以保其身,夙夜匪解,以事一人。”《呂氏春秋·首時》:“武王事之,夙夜不懈,亦不忘王門之辱。”

“夙夕”,只見於西周金文和春秋金文,其他出土文獻未見。傳世文獻中,我們找到的最早材料是宋·孔平仲《孔氏談苑·宋鄭公為國惜體》:"陛下所問,皆臣等夙夕謀謨之事。"《漢語大詞典》所引書證正是此句,書證嚴重滯後。而宋之後也見零散用例。這其中有一疑問,既然"夙夕"早已在西周金文出現,之後消失,而為什麼直到北宋才又出現?我們猜測,因"夙夜"的使用非常普遍,佔據了"夙夕"的位置,這樣,"夙夕"就逐漸被人棄用;抑或是漢人在抄寫古書時,將其替換為漢人更為常見的"夙夜";而到了北宋,金石學盛行,孔平仲或許看到金文上的"夙夕",受金文的影響而沿用。當然,這是一個大膽的猜測,未必合理。

"昏夙",也只見於西周金文,其他出土文獻未見。而傳世文獻中,我們找到的最早材料是宋·岳珂《桯史·李子敬》:"郡庠有櫺星門,居營幕之左,昏夙啟閉之不時,軍士以為病。"其原因是否與"夙夕"相同,我們不得而知。

"夙暮",金文中只一見於戰國金文,屬越國。其他出土文獻,還見於《睡虎地·秦律十八種》簡 184:"行傳書、受書,必書其起及到日月夙莫(暮),以輒相報殹(也)。"也僅此一例。而傳世文獻,我們所目及,未見書證。個中緣由,現在還不清楚。

附記:文章寫作得到喻遂生師的悉心指導,謹致謝忱!

"息"字、息國和息夫人

劉風華①

摘　要:"息"、息國和息夫人,都是有歷史、有故事的字眼。本文分别從三個方面——"息"的字形演變,考古所見先秦時期息國文字材料,傳世文獻中所見息夫人的記載與分析,試圖對河南古國"息"略窺一二。

一、"息"字的本形與本義

"息"是一個有歷史、有故事的字。請看"息"字的字形發展演變簡圖:

商代　　周代　　戰國　　小篆　　隸書

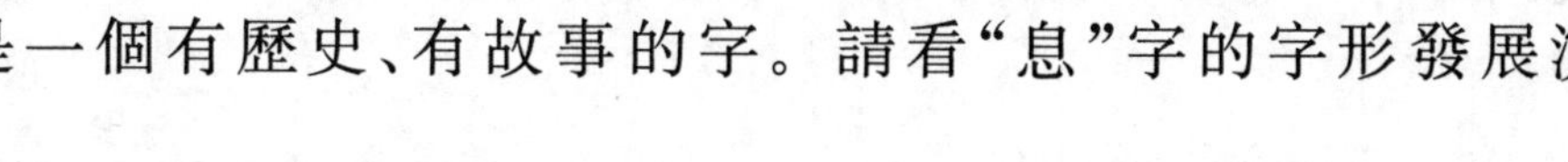

《甲骨文合集》2354 臼、3449　息父丁鼎微父乙簋　侯馬盟書睡虎地秦簡　《説文解字》　熹平石經

周金文中"息"下部表示氣流的"八"形筆畫被改造成爲"小"字形,也就是在"八"形中部羨加了一個短竪筆。被改造之後,下部的"小"形筆畫與同時代金文"心"寫法有了共同之處(如克鼎的ψ)。也就是説,甲

①劉風華,鄭州大學　副教授　河南鄭州　450001。

骨文中"息"下部構件"八"形本來是左右結構,改造后變成同"心"一樣的左中右結構,這爲它下一步的發展演變打下了基礎。

戰國時代,"息"下方的"小"形構件發生了訛變,也就是發展演變過程中發生了錯誤,下方的"小"字形訛變爲"心"。爲何寫作"心"而非其他?

可能的原因是:在漢字形聲化發展大趨勢下,古人把"小"形變形音化爲"心",作爲它的聲旁①。

"息"字本義爲鼻子呼入、呼出氣體,指的是人呼吸氣息。它的用法分爲兩個大的方面:一是"呼吸"的本義及各種引申義,如氣息、嘆息、滋息、子息、利息、止息、休息、平息等;二是假借爲地名、古國家名"息";三是假借爲表示贅肉的"瘜"。

"息"本義向正反兩個方面延伸:

一是由"鼻息"正向衍生出氣息、嘆息、生息、子息、利息等意義。"子息"是比喻人類自身的繁衍像呼吸一樣綿延不息,"利息"是比喻錢生錢,好像人類繁衍子孫後代一樣,數量不斷增大。

二是反向引申,呼吸一進一出,一正一反,"息"引申出止息、停息、平息、消息等含義;"消息"本義是止息、停息,引申爲新聞、信息、訊息等含義。

二、先秦出土文獻中的息國

上文"息"字假借爲地名,指的是今河南信陽息縣。"息"是中國歷史上少有的襲用過3000多年的古地名。商代、周代、春秋戰國、東漢等時期的歷史文化遺跡均有遺留,如商代甲骨卜辭中有"息伯",周代、春

①黄德寬主編《古文字譜系疏證》,3129頁,商務印書館,2007年。

秋戰國時期有息侯，東漢馬援被封爲"新息侯"等。我們着重講述商代、周代、春秋三代有關史實。

(一)甲骨卜辭中的"息"

有關息國的歷史，文獻記載從《左傳》開始，春秋之前似缺乏文獻記録。甲骨卜辭、商周青銅器銘文、文物考古發掘則一定程度上填補了這一空白。

甲骨卜辭中"息"字見有多次，内容如下：

(1)戊申，婦息示二屯。永。(《合集》[①]2354 臼)

(2)壬子，□媳示。争。(《合集》2737 臼)

(3)□子……何……息白……(《合集》3449)

(4)乙亥卜：息白(伯)引。十一月。(《合集》20086)

第(1)(2)例屬於甲骨記事刻辭中的骨臼記事刻辭，其文例通常很穩定，用以説明商王朝甲骨的來源、數量、簽收史官等情况。

根據第(1)辭可將第(2)辭擬補爲："壬子，婦息示。争。"其中的干支"戊申"和"壬子"用表日期，"示"若干"屯"指的是某人檢視若干對甲骨；其中的"屯"字，或認爲是"成對"的意思，也有的認爲是"一包"，今從前一説；辭尾末字"永"和"争"爲人名，是貞人的署名。

第(1)辭的意思是，戊申這天，婦息檢視了兩對牛胛骨。貞人永簽收。第(2)例的意思是，壬子這天，婦息檢視甲骨。貞人争簽收。"媳"字是甲骨文中表示某方國女性的特别寫法，表示來自"息"國的王婦。此類字又如媿、嬕、㛪、好、姿、孅、媟、好等，表示來自食、⺷、步、才、竹、龔、枼、子方國或該地的王婦。

第(3)(4)辭均有"息伯"，不過後者内容完整，"息伯"二字之後還有一個重要的字"引"。"息伯"指息方的伯長，"引"爲其私名。"息伯引"簡稱"引"，甲骨卜辭中見有數次：

① 本文所稱《合集》爲《甲骨文合集》之簡稱。

(1)王占曰:其隹(惟)丁引𢦏。(《合集》5637反)

(2)貞:乎比引。(《合集》)4811+7687+7699

(3)丁巳卜,賓貞:乎(呼)引宓它夸弗桑,若。(《合集》4813)

(4)貞:引不其隻(獲)……(《合集》4812)

(5)丙□卜,□貞:□叀(惠)引乎(呼)田(畋)。(《合集》5658正)

(6)丙寅卜,古貞:叀引令取豖宁(賈)。(《合集》3099)

上述6例中,第(1)例爲占辭,表示商王對占卜的判斷。此辭的意思是,商王對占卜判斷道:"應是丁日,息伯引擊潰敵人。""𢦏"字常用在戰爭類卜辭中,表示打敗敵軍。

第(2)例中"比"通常表示携手出擊、聯手出行。此辭意思是,貞問道:是否呼令息伯引是否一同出行。

第(3)例文意不能全曉,不過"引"之後的"宓"字通常用來表示安撫軍隊、方國。此辭有可能是命令息伯引外出安撫外族人馬。

第(4)例是殘辭,卜問息伯引是否或抓獲某物。甲骨卜辭中的"獲"可以説動物也可以説人物。

第(5)例主要内容還齊全,其中的"田"可表示田獵、狩獵,也可以表示耕田。此辭大概的意思是,丙某日貞人古占卜,問是否命令息伯引出獵或出耕。

第(6)例中"豖"是地名,此辭的意思是,丙寅這天,貞人古占卜,問道:是否命令息伯引帶回豖地商賈。

從上述内容可以看出,商代,息方伯在商王身邊參與商王的軍事、田獵、商業等方面的活動。結合上文婦息檢示甲骨的内容,可知,爲商王服務的,與"息"有關的,除了息伯,還有來自息國的女子,後者嫁到王室成爲王妃的人,服務於商王的占卜活動。

(二)西周、春秋時期的息國銅器

20世紀70年代末,河南羅山縣蟒張公社天湖大隊後李生産隊在水利施工中,發現一處商代晚期文化遺址。1979年—1980年,兩次考古發掘也爲我們提供了商代息國墓地相關信息。該墓地是屬於一個家族的共同墓地，其墓地的墓葬形制、器物特徵、紋飾圖樣等，都與安陽殷墟的晚商文化相類似，應屬於殷墟第二、三、四期。絶對年代約當武丁開始到商紂王，延續了 200 多年。兩次發掘共出土商代青銅器 215 件、玉器 68 件、陶器 42 件、石器 2 件、木漆器 9 件，其中包含"息"字銘文的青銅器有 23 件，表明商代息國應在羅山一帶①。

目前所見的有關周代、春秋戰國時期息國的青銅器數量不是很多②：

(1)逘父乙簋：公史(使)逘事又(佑)息，用乍(作)父乙寶障(尊)彝。

(2)息伯卣：隹(唯)王八月。息白(伯)易(賜)貝于姜。用乍(作)父乙寶障(尊)彝。

(3)父辛盤：息陕仲僕作父辛寶障(尊)彝。

(4)鄎子鼎：鄎子萛夷爲其行器，其永壽用之。

(5)鄎子行盆：鄎子行自作食盆，永寶用之。

從器形、紋飾、文字風格等方面來看，上述五具青銅器中，前三者時代較早，爲西周初期遺物。後二者爲春秋時期息國貴族所鑄。

上述第 1 器銘文大意是，"公"(地位約當周公、召公)派人逘(按：此字從刀，似當隸定爲遡)"佑"息，(息因而)鑄造了紀念父乙的珍貴祭器。"佑"字約當職位較高的人引薦地位較低者去覲見天子、諸侯或公伯。

第 2 器銘文大意是，周天子某年八月，王姜賞賜給息伯一些貝。息伯用以鑄造了紀念父乙的珍貴祭器。

從上述兩器來看，息伯與周王室還是有較爲密切的關係的。

第 4、5 器中"鄎"字是"息"字的形聲化字形，即爲"息"字增加了表示城邑的"阝"旁，使之成爲專有的地名字，不過其所指地理位置與"息"

①信陽地區文管會、羅山縣文化館《河南羅山縣蟒張商代墓地第一次發掘簡報》，《考古》1981 年第 2 期；信陽地區文管會、羅山縣文化館《羅山縣蟒張後李商周墓地第二次發掘簡報》，《中原文物》1981 年第 4 期。

②徐少華《息國銅器及其歷史地理分析》，《江漢考古》1992 年第 2 期。

是相同的。《説文解字》、《玉篇》均有此字。

第5器爲鄎子所鑄,1975年發現於湖北隨州漬陽鄉鰱魚嘴村,現藏湖北省博物館。漬陽位於湖北省的北部,河南信陽羅山縣的西南方向。"此盆與曾、楚等器並出,可能與楚滅息後器物易主有關。"也就是説,隨着國家的滅亡,息國珍貴的器物作爲戰利品被戰勝者携回自己的家國,寶器易主。這可能與息國的滅亡和息夫人的流離失所遭遇有一定關係。

三、息夫人的故事

息夫人的故事,有不同的版本,大體可稱爲史學版、傳奇版:

(一)史學版的息夫人

息夫人的故事見於史學典籍《左傳》、《史記》,《吕氏春秋》内容相類。

1.《左傳·莊公十年》:

蔡哀侯娶於陳,息侯亦娶焉。息嬀將歸,過蔡。蔡侯曰:"吾姨也。"止而見之,弗賓。息侯聞之,怒,使謂楚文王曰:"伐我,吾求救於蔡而伐之。"楚子從之。秋,九月,楚敗蔡師於莘,以蔡侯獻舞歸。

《左傳·莊公十四年》:

蔡哀侯爲莘故,繩息嬀以語楚子。楚子如息,以食入享,遂滅息。以息嬀歸,生堵敖及成王焉。未言。楚子問之。對曰:"吾一婦人,而事二夫,縱弗能死,其又奚言?"楚子以蔡侯滅息,遂伐蔡。秋,七月,楚入蔡。

第一段的意思是:

蔡哀侯在陳國娶妻,息侯也在陳國娶妻。息嬀出嫁時路過蔡國(一説省親返程)。蔡侯説:“她是我妻子的姊妹(俗稱小姨子)。”把息嬀留下來見面,蔡侯很不禮貌。息侯聽到這件事,大怒,派人對楚文王説:“請您假裝來攻打我國,我向蔡國求援,您就可以趁機攻打蔡國。”楚文王同意了。秋季九月,楚國在莘地擊敗蔡軍,俘虜了蔡侯獻舞,把他帶回楚國。

第二段的意思是:

蔡哀侯由於莘地戰役被俘,在楚文王面前大贊息嬀。楚文王於是到息國,設宴招待息侯而加以襲殺,滅了息國。楚文王把息嬀帶回楚國,生了堵敖和成王。息嬀始終不曾主動説過話,楚文王問她原因,她回答説:“我一個女人,嫁了兩次人,即使不能死,還有什麽話可説?”楚文王由於蔡侯的緣故才滅亡了息國,於是再進攻蔡國。秋季,七月,楚軍進入蔡國。

第二段後面還有一段話:

君子曰:“《商書》所謂‘惡之易也,如火之燎于原,不可嚮邇,其猶可撲滅’者,其如蔡哀侯乎!”

意思是説:

君子説:“《商書》所説,‘惡的蔓延,如同大火在草原上燃燒,不可以靠近,難道還可以撲滅?’恐怕説的就是蔡哀侯吧!”

暗指蔡哀侯因爲舉止不端,種下禍根,不僅導致息夫人國破家亡,也導致自身淪爲楚囚,辱死异鄉。

2.《史記·管蔡世家》:

哀侯十一年,初,哀侯娶陳,息侯亦娶陳。息夫人將歸,過蔡,蔡侯不敬。息侯怒,請楚文王:“來伐我,我求救於蔡,蔡必來,楚因擊之,可以有功。”楚文王從之,虜蔡哀侯以歸。哀侯留九歲,死於楚。

《左傳》、《史記》相關記載小有不同:

(1)《左傳》比《史記》多一句蔡侯的臺詞,蔡侯曰:“吾姨也。”這句話赤裸裸地透漏出説話人的淺薄與輕浮,令人鄙視。也爲兩國後來的爾虞我詐、兩敗俱傷埋下了伏筆。

(2)《史記》中息侯的話比《左傳》中多了幾個虚詞,“來伐我,我求救於蔡,蔡必來,楚因擊之,可以有功。”這三個起承轉合的詞,“必”,“因”,“可以”,刻畫出息侯的鼠目寸光、自以爲是。

(3)《左傳》比《史記》多了一段,用以交代息夫人的下落:息夫人被楚文王帶回楚國,爲他生了堵敖和楚成王兩個孩子,但從不主動對楚文王説話。被問及不説話的原因,息夫人答道:“吾一婦人,而事二夫,縱弗能死,其又奚言?”意思是説,我一個女人,伺候了兩個丈夫,即使不能死去,還能講什麽話?

2000多年來,這句話仁者見仁,智者見智,引發了各種不同的解釋。

(二)傳奇版的息夫人

西漢劉向所作的《列女傳・息君夫人》對息夫人的結局有不同的解釋:

夫人者,息君之夫人也。楚伐息,破之。虜其君,使守門。將妻其夫人,而納之於宫。楚王出游,夫人遂出見息君,謂之曰:“人生要一死而已,何至自苦!妾無須臾而忘君也,終不以身更貳醮。生離於地上,豈如死歸於地下哉!”乃作詩曰:“轂則异室,死則同穴。謂予不信,有如皦日。”息君止之,夫人不聽,遂自殺,息君亦自殺,同日俱死。楚王賢其夫人,守節有義,乃以諸侯之禮合而葬之。

息夫人不願做楚王的王后,趁楚王外出,私會息侯,勸息侯“轂則异室,死則同穴”。兩人同日而死,楚王深受感動,以諸侯之禮儀合葬了他們。

其實,“轂則异室,死則同穴”,來自《詩經・王風・大車》:

大車檻檻,毳衣如菼。豈不爾思,畏子不敢。

大車哼哼,毳衣如璊。豈不爾思,畏子不奔。

轂則异室,死則同穴。謂予不信,有如皦日。

這首詩的意思是:

大車坎坎走過去，男子穿着嫩緑色毛衣。豈不把你内心想？怕你想愛没膽量。

大車緩緩向遠方，他把紅色衣服穿身上。豈不深深思念你？怕你不敢私奔去。

雖然活着難相愛，我們死後一定同穴埋。説了恐怕你不信，烈日可表我熱忱。

這首詩共三章，第一、第二章格式一致，描寫女子的愛人穿着緑色或紅色的衣服乘車向遠方，寫女子對戀人的思念和對男子的哀怨；第三章抒發自己的熱烈和决絶情感。

因爲《列女傳》中息夫人死前曾吟誦過這首詩中的“轂則异室，死則同穴”，因而有人説這首詩是息夫人所寫，表達的是息侯成爲楚俘之後，夫妻二人無法相見的那種悲哀和息夫人對愛情的熱烈、忠貞。

其實這首詩不可能是息嬀所作，可能是西漢劉向强加到息嬀身上去的。第一，這首詩是“王風”，即流行於周王畿地區，而息嬀當時身處楚地，二者有空間距離。第二，息嬀的故事發生在春秋初期，《詩經》纂輯在春秋末代，二者有時間間隔。第三，詩歌中的男子服色鮮明，悠然出行，與剛愎自用的息侯被俘充作楚國守門人的形象不符。

《列女傳》故事成爲後世民間傳説進一步對息夫人故事加工改造的基礎，民間還演繹出“息嬀挂燈勸息侯”的故事：

息嬀初嫁息侯。息侯沉溺於息嬀的美貌，花天酒地，夜夜笙歌，變着法子地討息嬀的歡心。息嬀非常憂慮，就命人熄掉宫中所有燈火，用螢火把息侯誘引到庭院中，放出螢火蟲，諍言相勸：“百姓如螢火，君明乃隨之。”息侯一時警醒。可知息嬀是個有政治頭腦、有民本思想的賢良女子。

傳説息嬀貌美如灼灼桃花，明媚照人，故稱“桃花夫人”。湖北漢陽有“桃花夫人廟”，就是紀念息夫人的。漢唐以來數不盡的文人墨客去廟里憑吊，留下來數不盡的詩詞格律。如唐代詩人王維的《息夫人》：

莫以今時寵,能忘舊日恩。

看花滿眼泪,不共楚王言。

又如唐代詩人宋之問的《息夫人》:

可憐楚破息,腸斷息夫人。

仍爲泉下骨,不作楚王嬪。

楚王寵莫盛,息君情更親。

情親怨生别,一朝俱殺身。

又如清代詩人鄧漢儀的《題息夫人廟》:

楚宫慵掃眉黛新,只自無言對暮春。

千古艱難惟一死,傷心豈獨息夫人?

這些詩歌傳達出來的是息夫人作爲楚王妃嬪内心對"泉下"息君的深切思念,對楚王"今時寵"的哀怨,對自己"無言對暮春"處境的哀痛;傳達出作者對這個身如浮萍轉、一朝俱殺身的女子苦難命運的同情。

也有另一類主體的詩歌,如唐代詩人杜牧有《題桃花夫人廟》:

細腰宫裹露桃新,脉脉無言幾度春。

至竟息亡緣底事?可憐金谷墜樓人。

又如唐詩人汪遵《題息夫人廟》:

家國淪亡身獨存,玉容還受楚王恩

銜冤只合甘先死,何待花間不肯言。

又如清代詩人洪亮吉《題息夫人廟》:

空將妾貌比桃妍,石上桃花色可憐。

何似望夫山上石,不回頭已一千年。

在這些詩人看來,石崇的愛妾緑珠才是女子持節守貞的榜樣。緑珠在將要被强權奪走時,縱身從樓上墜亡,以報答石崇的知遇之恩。在詩人們看來,聳立千年的望夫石,更像息嬀的耻辱柱,家破國亡,何忍獨存?"銜冤只合甘先死,何待花間不肯言",在這些人看來,僅僅"不肯言"是不足以成爲一個貞烈女子的、是不完美的,只有一死才能明志,才符合道義。

(三)還原真實的息嬀

《左傳·莊公二十九年》中還有息夫人的其他故事。

楚令尹子元欲蠱文夫人,爲館於其宫側,而振萬焉。夫人聞之,泣曰:"先君以是舞也習戎備也。今令尹不尋諸仇讎,而於未亡人之側,不亦异乎!"御人以告子元。子元曰:"婦人不忘襲讎,我反忘之!"

意思是説,楚令尹子元想引誘楚文王的遺孀文夫人,就在她的宫旁建了房舍,在那裹大跳萬舞。文夫人聽到了,流着泪説:"先君讓人跳萬舞這種舞蹈,是用來演習戰備的。現在令尹不把它用於仇敵而用在一個寡婦身上,不令人奇怪嗎?"侍者告訴了子元。子元説:"女人都不能忘記襲擊仇敵,我反倒忘了。"

這裹的"文夫人"就是楚文王的遺孀息嬀。令尹子元想要挑逗寡嫂,却被回絶。從文夫人對"先君"的評價來看,文夫人對楚文王並無惡感,甚至有深入的瞭解,深深的尊敬與愛戴。

讓我們來回顧下傳世文獻中的楚文王:

《淮南子·説山訓》:

文王污膺,鮑申傴背,以成楚國之治。

意思是説,楚文王"污膺"即鷄胸;鮑申即保申,是楚文王的師傅,"傴背"即駝背。這兩個都有生理殘疾的人,却成就了楚國的興盛。

《左傳·僖公七年》:

初,申侯,申出也,有寵於楚文王。文王將死,與之璧,使行,曰:"唯我知女。女專利而不厭,予取予求,不女疵瑕也。後之人將求多於女,女必不免。我死,女必速行,無適小國,將不女容焉。"既葬,出奔鄭,又有寵於厲公。子文聞其死也,曰:"古人有言曰:'知臣莫若君',弗可改也已。"

意思是説,當初,申氏所生的申侯,受到楚文王的寵信。文王將要死的時候,把璧玉給他,讓他離開,説:"只有我瞭解你,你壟斷財貨而永不滿足,從我這裏取,從我這裏求,我不怪罪你。但後來的人將會向你索取大量財貨,你必然不能免罪。我死之後,你一定趕快離開楚國。但你不要到小國去,那裏的人會容不下你。"楚文王下葬之後,申侯逃到鄭國,受到鄭厲公的寵信。後來,子文聽到他的死訊,感嘆道:"古人有這樣一句話:'没有人比君主更瞭解自己的臣子。'這句話太對了,簡直不可更改啊!"

《吕氏春秋·長見篇》:

荆文王曰:"莧嘻數犯我以義,違我以禮,與處則不安,曠之則不穀得焉,不以吾身爵之,後世有聖人,將以非不穀。"於是爵之五大夫。"申侯伯善持養吾意,吾所欲則先我爲之,與處則安,曠之而不穀喪焉,不以吾身遠之,後世有聖人,將以非不穀。"於是送而行之。申侯伯如鄭,阿鄭君之心,先爲其所欲,三年而知鄭國之政也,五月而鄭人殺之。是後世之聖人,使文王爲善於上世也。

意思是:

莧嘻多次堅持正義而冒犯我,因堅持禮儀而違抗我,我同他在一起就感到不安,遠離他我就感到自在。要是我不親自授予他爵位,後代出現了聖人,會因此責怪我。楚文王於是給了他五大夫的爵位。楚文王又説:"申侯善於迎合我的心意,我所想到的,他早趕在前面辦理了,我同他在一起就覺得自在,遠離他我就覺得心有所失。要是我不遠離他,後代出了聖人,會因此責怪我。於是就把申侯伯打發走了。申侯伯跑到鄭國,迎合鄭國國君的心意,預先就辦好鄭伯所想辦的事。三年後掌握鄭國的政事。魯僖公七年五月,鄭國人殺死申侯伯。這是後代的聖人使楚文王在上代就做善事。

上述《左傳》和《吕氏春秋》有大概相同的記載。"忠言逆耳利於行,良藥苦口利於病",楚文王喜歡聽奉承的話,申侯很善於逢迎,所以楚文王就很喜愛他。但好在楚文王能够反思自己,善待諍臣,遠離小人,不失爲一個頭腦清醒、清明理性的君王。

《史記・楚世家》：

文王二年，伐申過鄧，鄧人曰“楚王易取”，鄧侯不許也。六年，伐蔡，虜蔡哀侯以歸，已而釋之。楚强，陵江漢間小國，小國皆畏之。十一年，齊桓公始霸，楚亦始大。十二年，伐鄧，滅之。十三年，卒，子熊囏立，是爲莊敖。

意思是説，文王即位的第二年，帶兵討伐申國，路過鄧國，鄧國人説“楚王很容易抓獲”。鄧侯不答應。文王六年，討伐蔡國，抓獲了蔡哀侯帶回楚國，不久又釋放了他。楚國强大起來，欺凌長江、漢水流域的小國家，這些小國家都害怕楚國。文王十一年，齊桓公稱霸，楚國也開始强大起來。十二年，攻滅鄧國。十三年，死去，其子熊囏即位，這就是莊敖(也就是《左傳》所説的堵敖)。

從這段話來看，楚文王在位時間共十三年，文王六年伐蔡，滅息在蔡侯入楚之後，那息嬀與之共同生活的時間最多不過七年。

這七年，也正是楚文王在國際、國内政治舞臺上大顯身手、大建其功的歲月。

文王繼續其父楚武王基業，對内任人唯賢，疏遠佞臣，懲治盜賊，嚴守法制，是少有的明君；對外叱咤風雲，東征西討，匡併諸邦，一舉收服周邊三十多個小國家，使楚成爲能與齊桓抗衡的南方霸主。當時，他是一位深受荆人愛戴的賢明君主；國際舞臺上，是威震四方的鐵腕霸主。

雖然容貌上他並非昂藏大丈夫，但不凡的韜略，過人的智謀，不凡的政績，寬廣的心胸，氣吞山河的氣勢，剛中帶柔的個性，賦予了楚文王非凡的人格魅力和吸引力。

我們能因爲息嬀爲文王生了兩個孩子而指責她嗎？

春秋時期直到宋代，並無“一女不侍二夫”這樣的道德準則。歷史上離婚再嫁的女人比比皆是，孔子孔聖人的兒媳改嫁他並無异詞；魯國聲伯先後兩次改嫁自己的已有婚約的妹妹；漢丞相陳平的妻子嫁陳平之前曾五次守寡；東漢曹操命令他的妃嬪在他死後全部改嫁；唐代太平公主和楊貴妃都曾改嫁過;甚至東漢蔡文姬、宋代李清照,如此質本潔來還潔去的文人雅士,也都曾經改嫁。如此等等,不一而足。

只是到了宋明,理學家才開始把婦女守節問題拔高到極致,封建統治階級推波助瀾,使貞潔觀成爲束縛婦女精神自由的極大的精神枷鎖,對廣大婦女的身心造成了的極大的摧殘,導演了一出又一出的人間悲劇。女性貞節制度是男權專制社會下不平等的産物,是男子束縛和壓迫女性的野蠻殘忍手段。

戰争是殘忍的,它制造了息嬀、息侯的愛情悲劇。我們也應該替息夫人慶幸,她遇到楚文王,她邂逅了一位奇男子,成就了一段跨越時空的傳奇般的愛情。我們也替息夫人惋惜,她與楚文王尚未來得及暢游愛河,她就又一次變成了受人欺凌的嫠婦。丈夫撒手人寰,小叔子行爲不端,兩愛子相互殘殺,她只能眼睁睁地看着自己的夢在無邊的黑夜裏里漸行漸遠。

是“失”還是“先”

——馬王堆醫書釋讀一則

張顯成①

摘 要:《馬王堆漢墓帛書〔肆〕》和《長沙馬王堆漢墓簡帛集成》均釋馬王堆房中書《天下至道談》末章的第一簡第六字爲“失”。“失”與“先”的篆隸字形很相近,單從字形上是很難確認該字的釋讀的。從上下文意和整個房中書的內容可知,該字當釋“先”,該字所在句“不先女人”意指:“不在女性產生欲望之前(行房)。”

長沙馬王堆漢墓房中書的問世使人們見到了佚亡一兩千年的房中文獻的面貌,故此文獻具有十分重大的價值。但由於沒有傳世文獻以資對照,十分難以釋讀。下面僅就馬王堆房中書其中一種《天下至道談》末章的第一簡第六字的釋讀予以討論。

該字原《馬王堆漢墓帛書〔肆〕》(文物出版社 1985 年版,以下簡稱“《帛書肆》”)和新近出版的《長沙馬王堆漢墓簡帛集成》(中華書局 2014 年版,以下簡稱“《集成》”)均釋爲“失”,所在簡號分别爲簡 62、簡 51。該字所在一段文字《帛書肆》和《集成》的釋文基本相同,只有個别

①張顯成,西南大學漢語言文獻研究所/西南大學出土文獻綜合研究中心 教授 重慶北碚 400715。基金項目:國家社科基金 2011 年度項目(11XZS001);2012 年度國家社科基金重大項目(12&ZD115)。

文字不同。以下將該字所在一段文字的《集成》釋文引如下(簡號斜線前爲《集成》號,後爲《帛書肆》號;注語爲本文所加):

> 人＝(人人)①有善者,不失女＝人＝(女人,女人)有之,善者獨能,毋予②毋治③,毋作毋疑,必徐以久,必微以持,如巳(已)④不巳(已),女$_{51/62}$乃大台(怡)。侯(喉)息,下咸土(吐)陰光陽;椯(喘)息,氣上相薄,自宇(舒)張;絫(纍)滾(哀)者,尻彼疾而瞳(動)封$_{52/63}$紀;疢(吹)者,鹽(銜)甘甚而養(癢)乃始;齘(齧)者,身振寒,置巳(已)而久。是以雄杜(牡)屬爲陽＝(陽,陽)者外也$_{53/64}$。唯(雌)牝屬爲陰＝(陰,陰)者內也。凡牡之屬靡(摩)表,凡牝之屬靡(摩)裏,此謂陰陽之數,牝牡之里(理),爲之$_{54/65}$弗得,過在數巳(已)。娚(嬲)樂之要,務在屖(遲)久。句(苟)能遲久,女乃大喜,親之弟兄,愛之父母。凡能$_{55/66}$此道者,命曰天士$_{56/67}$。

從圖版可知,此段文字簡文完整,整理者所排簡序正確,第一枚簡(51/62)天頭有墨點,説明該簡爲本段首簡(詳圖版)。第一個重文號(人＝)爲衍文,蓋沿下文"女＝人＝"而衍。此點學界的認識是統一的。

上引"不失女人"之"失",釋讀不當,當釋"先"。理由如次:

若單從字形上來看,是很難辨明該字是"先"還是"失"的,因二字先秦金文的形體就很相近了,到了秦漢簡帛中,除了"先"的末筆有時寫得較長而略向右上挑外,其它就更是幾乎沒有什麽區别了。上引該字簡文的字形如下:

---

①"人＝",爲抄寫者誤加重文號。

②予,通"豫",樂也,喜也。

③治,通"怠",懈怠。

④"巳(已)"之釋文不當,當直接釋"已",因是手寫文獻,不能根據末筆封口的狀況來斷定原字是"已"還是"己"(就像不能根據末筆的長短來斷定簡帛中的"七"和"十"一樣,只能根據文意來釋讀),自然没必要釋爲"巳(已)"類形式,《集成》中此類情况甚多。

（摹文） 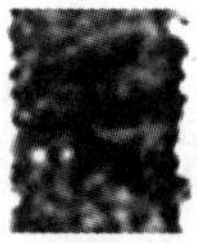（圖版字）

若只看此字形，是很難確定它是“先”還是“失”，甚至可能釋爲“天”。現僅將陳松長《馬王堆簡帛文字編》中“先”與“失”二字所收字形全部列如下以進行比較（爲便於查閱，篇名、行弟號簡號及辭例悉依原書）：

先（頁 362—361）	失（頁 482—483）
 陰甲 129：親邦治家益先王行	 刑丙 025：亦毋失也
 老甲 096：先後之相隋（隨）	 二 002：而不失本刑（形）
 老甲 069：不敢爲天下先	 春 054：夫子失德以亡
 養 192：走疾欲善先者	 經 024：臣失冊（處）
 029：先取市土濡請（清）者	 戰 271：失計韓傰（倗）
 戰 309：戴先生見	 氣 B082：君失其邦不反（返）
 遣 3：書到先質	 十 106：毋失吾恒刑
 談 033：先戲兩樂	 昜 008：忠身失量

先(頁 362－361)	失(頁 482－483)
 談 012:而獨先死	 二 005:大人安失(佚)矣而不朝
 問 050:必先吐陳	 經 001:引得失以繩
 二 002:則魚蛟先後之	 出 034:曰失下失大凶
 易 031:何先生之又(有)	 經 024:主失立(位)

以上是同批簡帛"先"與"失"的對比,以下再對比其他秦漢簡此二字的形體:

先	失
 《周家臺秦簡》136:～貍一瓦垣	 《周家臺秦簡》245:日～(昳)時
 《武威漢簡·特牲》13:～入	 《周家臺秦簡》219:必後～之
 《武威漢簡·有司》13:～入門右	 《龍崗秦簡》牘正:～者已坐以論
 《尹灣漢簡》YM6D1 正:～馬中庶子	 《龍崗秦簡》136:町～三分

先	失
《尹灣漢簡》YM6D2 反：～馬中庶子十四人	《龍崗秦簡》137：～臧
《居延漢簡》38.27：～以證不言請	《龍崗秦簡》143：～之如（*）
《居延漢簡》87.10：以食～登強武	《武威漢簡·儀禮甲·服傳》31：～地之君也
《居延漢簡》202.10：當以父～令戶律從	《居延漢簡》78.44：～當曲卒（*）
《居延新簡》EPF22·288：～以證不言請	《居延漢簡》278.7A：虜即西北去毋所～亡
《居延新簡》EPF22·1：～以證財物故不	《居延漢簡》76.7：驗軍～候
《居延新簡》EPF22·21：～以證財物	《居延漢簡》71.5：～期不
《敦煌漢簡》159：於使君～知	《居延新簡》EPF22·318：吏格鬭～亡
《敦煌漢簡》2324A：～取給	《居延新簡》EPF22·319：吏格鬭～亡

先	失
《敦煌漢簡》125:伏法爲衆～	《居延新簡》EPF22·776A:～不知
《額濟納漢簡》2000ES7SF2:9:令於～教	《敦煌漢簡》2057:毋～職
《額濟納漢簡》99ES18SH1:1:～治	《敦煌漢簡》49:期於不～利
《張家山漢簡·奏讞書》49:～自告	《張家山漢簡·奏讞書》143:庳爲攸令～聞(*)
《張家山漢簡·奏讞書》153:～後以別	《張家山漢簡·二年律令》396:過～戲而殺人
《張家山漢簡·二年律令》144:能～覺智	《張家山漢簡·二年律令》269:諸有期會而～期
《張家山漢簡·二年律令》167:若～自告	《張家山漢簡·二年律令》95:其非故也而～
《張家山漢簡·脈書》9:左右血～出	《張家山漢簡·二年律令》107:若論而～之
《張家山漢簡·脈書》51:則肉～死	《張家山漢簡·奏讞書》120:論～之

先	失
《武威醫簡》58：取賁豬肪三斤～前	《張家山漢簡・二年律令》4：其～火延燔之
《武威醫簡》27：氣脈不通～	《武威醫簡》84 甲：四曰精～
《武威醫簡》8：以方寸匕～餔飯米	《阜陽漢簡・周易》32：王用三驅～前禽
《武威醫簡》76：～餔食吞二丸	《阜陽漢簡・周易》74：～
《武威醫簡》81：～餔飯酒飲	《孔家坡漢簡・日書》160 貳：日～(昳)吉
《武威醫簡》82 甲一乙：～餔食	《孔家坡漢簡・日書》161 貳：日～(昳)凶(＊)
《阜陽漢簡・周易》60：～號	《孔家坡漢簡・日書》167 貳：日～(昳)吉(＊)
《阜陽漢簡・周易》321：～吉後兇	《孔家坡漢簡・日書》170 貳：日～(昳)吉

先	失
《阜陽漢簡·周易》702:～	《孔家坡漢簡·日書》329:日出毋～(*)
《孔家坡漢簡·日書》135壹:～道朔日始	《孔家坡漢簡·日書》330:會庚辰死～韋廄(*)
《孔家坡漢簡·日書》299:爲所～室以建日	《孔家坡漢簡·日書》329:丙子夜半死～不出(*)

所以,通過以上比較可知,若想單從字形上是無法辨認出《天下至道談》中的此字是"先"還是"失"的。既然如此,對竹簡文意的理解自然就是非常重要的了,即我們應當從上下文意來斷定此字的釋讀。從文意上看,"不失女人"無法講通,《天下至道談》是一部房中書,講的是房中養生,縱觀整個馬王堆房中文獻,甚至現在能見到的其他房中文獻,都是講如何通過男女交接達到養生目的,根本不存在有無女人的問題。且上引一段文字"不失女人"的下文,説的是"女人有之,善者獨能,毋予(豫)毋治(怠),毋作毋疑,必徐以久,必微以持,如已不已,女乃大怡"。接着就是講女人在交接過程中的"喉息"、"喘息"、"纍哀"(不斷哀叫)、"吹"(吐氣)、"齧"(咬牙)等各種生理反應,故若釋爲"不失女人"則更是文意前後不相接。也就是説,這裡是講善於房中養生、善於把握房中交合時間的"善者",會做到"女人有之"方纔交合,即在女性性衝動已充分調動起來之後方纔交合,故爲"不先女人"。釋爲"不失女人",則與原意相去甚遠,文意無法理解,更不合其養生主題。

簡文"人有善者,不先女人,女人有之,善者獨能,毋予(豫)毋治(怠),毋作毋疑,必徐以久,必微以持,如已不已,女乃大台(怡)"意爲:

> 善於房中養生者，是不會在女性產生欲望之前行房的，女性有了欲望，此時，只有善者纔能恰到好地對待處理，他們既不欣喜，也不懈怠，既不猝暴交合，也不遲疑不前，交合必徐緩而長久，似停非停，如是，女性乃大悦。

故釋此字爲“先”文從字順，自然證明釋“先”是正確的。

先，小篆作，《說文・先部》：“从兒（古人字），从之。”失，小篆作，《說文・手部》：“从手，乙聲。”二字的小篆本來是有較明顯區別的。但是在隸變過程中，其字形區別就小得多了。如果統觀細察上引秦漢簡帛文字則可知，秦漢簡帛中，“先”的末筆大都寫得比第三筆撇長，而“失”的末筆則大都寫得比第三筆撇短。細察上引簡文字形可知，違反此規律的是少數（上引辭例後標有“（*）”者屬違反此規律）。

現在回頭再看此字的原字形，就會發現此字的末筆寫得比第三筆撇明顯長得多，這也說明書者心中寫得是“先”而不是“失”。

實際上，很早以前學界釋此字爲“先”了，如：

拙著《簡帛文獻學通論》一書曾講道，對簡帛“進行深入整理研究時，有時如果不去重新審視整理報告的文字釋讀”，“就不可能深入研究下去”，舉的一個例子就是上引《天下至道談》原整理報告的“不失女人”當改釋“不先女人”。①

湖南省博物館、湖南省文物考古研究所《長沙馬王堆二、三號漢墓・第一卷田野考古發掘報告》也改釋原整理報告《帛書肆》的“不失女人”爲“不先女人”。②

可惜，以上釋讀成果後出的《集成》未能吸收。

綜上，《帛書肆》《集成》釋此字爲“失”失之，當釋“先”爲是。

---

①張顯成《簡帛文獻學通論》，中華書局，2004 年，頁 460－461。

②湖南省博物館、湖南省文物考古研究所《長沙馬王堆二、三號漢墓・第一卷田野考古發掘報告》，文物出版社，2004 年，頁 86。

論北大漢簡中六國古文形體及用字習慣遺跡

——以《老子》爲中心

李紅薇①

摘　要:秦"書同文"在一定程度上改變了戰國時"文字異形"的狀況。漢承秦制,西漢前期的文字大體承襲了秦系文字的字形結構、用字習慣,但六國文字的影響在短時間內不可能完全消失。周波先生曾全面收集整理已發現的秦、西漢前期的文字材料,並詳細考察了這段時期的漢字用字情況。已公佈的西漢中期的北大漢簡仍有少量簡文的形體、用字與秦文字不合,而保留了六國古文的寫法、用字習慣。本文吸收前人研究成果的基礎上,通過北大漢簡與戰國秦漢其他相關簡文材料的排比,對北大漢簡《老子》等篇所保留的六國古文遺跡進行梳理,這也有助於加深我們對這批漢簡材料的整體認識。

關鍵字:北大漢簡《老子》;六國古文;形體遺跡;用字習慣

2009年初,北京大學獲得一批海外回歸的西漢中期竹簡(以下稱"北大漢簡"),後交由北京大學出土文獻研究所進行整理。② 目前,這批材料的研究成果僅出版了《北京大學藏西漢竹書〔貳〕》(以下稱"北大漢

---

①李紅薇,吉林大學古籍研究所、出土文獻與中國古代文明研究協同創新中心　博士生　長春　130012。

②北京大學出土文獻研究所:《北京大學藏西漢竹書概說》,《文物》2011年第6期,第53頁;北京大學出土文獻研究所:工作簡報,2009年10月,總第1期。

簡《老子》”)，①我們在研讀相關材料時發現北大漢簡《老子》等在字形、用字上，一方面絕大多數承襲秦文字；②另一方面仍有少量簡文的形體、用字與秦文字不合，而保留了六國古文的寫法、用字習慣。本文結合周波等學者的研究成果，就一些問題提出個人的粗淺想法，懇請方家不吝批評指正。

一、已公佈的北大漢簡保留六國古文形體

1.北大漢簡《老子》“玉”字作：

北大老子10・03 不欲祿＝[祿祿]{琭琭}如～

北大老子94・22 是以聖人被褐而懷～

北大老子143・18 金～盈室

秦漢文字材料中“玉”字，排比如下：

睡答一四〇	馬帛・老甲75	銀雀山二・2113正	北大老子94・22	北大反淫3883・18	武威85b	西陲簡51・13	史晨碑

玉，甲骨文作“”(合6016)，本象繫一串玉，金文作“”(番生簋，《集成》4326)與“王”字相近，但三横畫的距離等同，而“王”字中間的横畫偏上，還是有細微差别的。③ 戰國文字、漢印、西陲簡有時在“玉”形上

①2015年9月23日《北京大學藏西漢竹書》第壹、叁、伍册在上海首發。

②筆者曾參照周波：《戰國時代各系文字間的用字差異現象研究》中“各系文字間用字差異逐詞考察”、“秦、西漢前期用字對照表”等部分的研究成果，對已公佈的北大漢簡進行了粗略統計，其中有160餘例簡文的用字情況與秦系文字相合，而與其他六國文字多少有别。

③李學勤主編：《字源》，天津古籍出版社；遼寧人民出版社2012年版，第15頁。

加點以區别於“王”字。① 戰國楚系文字“玉”作“”(新蔡·甲三 4)、“”(上博七·君乙 1)、“”(清華二·繫年 43)、“”(清華二·繫年 5)、“”(清華三·説命下 7),齊系文字作“”(璽彙 0897),三晉文字作“”(魚鼎匕)。已公佈的北大漢簡“玉”字有兩種寫法:北大漢簡《反淫》中“玉”作“”,上承秦系文字寫法;而北大漢簡《老子》中“玉”凡 3 見,均作“”,中間豎筆有墨點作區别符號(與新蔡簡“”形體相同),筆者疑北大漢簡“”類字保留了六國古文(特别是楚系、齊系文字)中“玉”字形體特點。較北大特點簡晚的武威簡、西陲簡“玉”字加點的位置不定,史晨碑“”這類字形爲後世隸書所繼承。

2.已公佈的北大漢簡《荊決》“卜”字作:

北大荊決 2427·18 所～毋{無}方

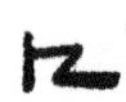北大荊決 2427·32 卅＝[三十]筭以～

秦漢文字材料中“卜”字的字形,排比如下:

睡答一九四	嶽麓簡 1650	張家山·二年律令 474	北大荊決 2427·18	居延舊 311·30	朝侯小子殘碑

從上表可看出,僅北大漢簡《荊決》中的“”、“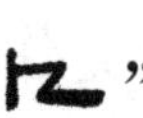”寫法較爲特殊,這種兆枝作彎曲狀的字形,與戰國楚系文字“卜”的寫法相似,楚系文字作“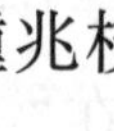”(上博四·柬 1)、“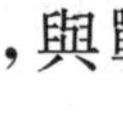”(清華·金縢 1),三晉文字作“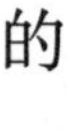”(侯馬三　三:一)、“”(貨系 462)、“”(珍秦戰 18)②,齊系文字作“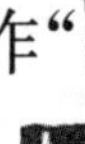”(璽

①季旭昇:《説文新證》,福建人民出版社 2010 年版,第 45 頁。

②湯志彪:《三晉文字編》,作家出版社 2013 年版,第 468 頁。

彙 1265)、“”(貨系 2563)、“”(貨系 2508)①,燕系文字作“”(先秦編 573 燕明刀背文)②,秦系文字作“”(秦陶一六一)、“”(睡乙一二六)、“”(嶽簡 1650)③,秦漢時期“卜”字一般均作“”④。綜上,已公佈的北大漢簡《荊決》中“卜”字與一般秦系寫法不同,從字形上看,最接近楚系文字寫法。且從已發現的秦漢簡帛材料看,僅北大漢簡此處 2 例“卜”字寫法特別,這保留了戰國楚系文字字形的影響。⑤

以上北大漢簡“玉”、“卜”兩例,寫法與秦文字明顯不同,這可能是因爲北大漢簡的書手在抄寫時受到了具有六國文字因素底本的影響。

二、北大漢簡《老子》保留六國古文用字習慣

1. **北大漢簡《老子》簡 25“天下無道,戎馬產於鄗{郊}”中的“鄗”作“”。**

按:整理者認爲“‘鄗’爲‘郊’之異體”,⑥“鄗”應讀作“郊”。帛書《老子》甲、乙均作“郊”(馬帛·老甲 19、馬帛·老乙 183 上),“鄗”屬溪紐宵部,“郊”屬見紐宵部,二者音近可通,且古“高”聲系字和“交”聲系字常可通用,金文《德方鼎》(集成 2661)“延武祼自”之“”這類字,

①孫剛:《齊文字編》,福建人民出版社 2010 年版,第 77 頁。

②王愛民:《燕文字編》,吉林大學碩士學位論文(導師:馮勝君),2010 年,第 55 頁。

③袁仲一:《秦文字類編》,陝西人民教育出版社 1993 年版,第 199 頁;方勇:《秦簡牘文字編》,福建人民出版社 2012 年版,第 95 頁。

④漢語大字典字形組編:《秦漢魏晉篆隸字形表》,四川辭書出版社 1985 年版,第 220 頁。

⑤陳侃理:《北京大學藏西漢竹書及其書法價值》,《書法叢刊》,2011 年第 4 期,第 39 頁。

⑥北京大學出土文獻研究所編,韓巍編撰:《北京大學藏西漢竹書〔貳〕》,上海古籍出版社 2012 年版,第 127 頁。

曾一度被誤讀爲“鎬”,李學勤先生改讀爲“郊”。① 戰國楚簡“郊”或作“蒿”、或作“鄗”,如:(上博二·容成 53),辭例作“武王素甲以陳於殷蒿{郊}”;(清華一·金滕 13),辭例作“王乃出逆公至鄗{郊}”。② 李春桃先生曾指出傳抄古文“”(四 2·8 老)、“”(蔡)即“鄗”字,古文亦借“鄗”爲“郊”。③ 綜上,筆者疑北大漢簡此處借“鄗”爲“郊”可能與六國古文(特别是楚文字)的用字習慣有關。

2. 北大漢簡《老子》簡 161“廣{曠}虖其如浴{谷}”中的“浴”作“”,讀爲“谷”。

按:周波曾就現有材料總結認爲:“秦文字用‘谷’表示溪谷之{谷}”,“楚文字用“浴”表示{谷}”。④ 北大漢簡《老子》僅此 1 例借“浴”爲“谷”,另外 8 例承襲秦文字,用“谷”表示{谷}。⑤ 帛書本、漢簡本《老子》此處借“浴” 爲“谷”,可能保留了楚系文字的用字習慣。

3. 北大漢簡《老子》借“唯”爲“雖”凡 3 例,如下:

老 69·16 ～有共{拱}之璧以先四{駟}馬

老 194·20 ～智必大迷

老 209·06 樸～小

按:周波曾就現有材料進行整理,他認爲秦文字多用“雖”表示連

①李學勤:《釋“郊”》,《文史》第 36 輯,1992 年。

②季旭昇主編:《清華大學藏戰國竹簡(壹)讀本》,藝文印書館 2013 年版,第 180—181 頁。

③李春桃:《傳抄古文綜合研究》,長春:吉林大學博士學位論文(導師:吳振武),2012 年,第 496 頁。

④周波:《戰國時代各系文字間的用字差異現象研究》,上海:復旦大學博士學位論文(導師:裘錫圭),2008 年,第 149 頁。

⑤李紅薇:《北京大學藏西漢竹書集釋及字表》(下編),長春:吉林大學碩士學位論文(導師:吳振武),2015 年,第 201—202 頁。

詞,中山國文字用"隹",楚文字用"唯",①漢初馬帛書、銀雀山亦有用"唯"爲"雖"的現象,與秦文字用字習慣不合。② 北大漢簡《老子》不見"雖"字,表示{雖}的簡文,均借"唯"作,可能是受楚文字用字習慣的影響。

4. **北大漢簡《老子》中"恙"凡 3 見:**

老 115・10 受國之不~

老 204・05 不~之器也

老 205・14 不~之器也

按:此 3 例"恙"均應讀作"祥"。"睡虎地秦簡多用'羊'表示{祥},馬王堆帛書除用'羊'外,也用'祥'","楚文字用'羊'、'羕'、'恙'表示{祥}"。③ 漢簡本《老子》借"恙"爲"祥",可能保留了楚文字的用字習慣,可參清華簡《尹至》簡 3"顕(夏)又{有}恙{祥}";《皇門》簡 8"弗畏不恙{祥}"。但值得注意的是,漢簡本《老子》同篇還有 1 例借"詳"(老 50・06 益生曰~)爲"祥"的情況。

5. **北大漢簡《老子》借"蜀"爲"獨"凡 2 例,如下:**

老 173・15 而我~遺{匱}

老 174・01 我~若昏(昏)

按:此 2 例"蜀"均應讀作"獨"。"秦文字用'獨'表示單獨、唯獨之{獨}","楚文字用'蜀'表示單獨、唯獨之{獨}"。④ 漢簡本《老子》另有 4 例承襲秦文字,用"獨"表示{獨}。⑤ 漢簡本《老子》借"蜀"爲"獨",可能

①周波:《戰國時代各系文字間的用字差異現象研究》,上海:復旦大學博士學位論文(導師:裘錫圭),2008 年,第 162—163 頁。

②同上,第 248 頁。

③同上,第 28—29 頁。

④同上,第 136 頁。

⑤李紅薇:《北京大學藏西漢竹書集釋及字表》(下編),長春:吉林大學碩士學位論文(導師:吳振武),2015 年,第 181 頁。

保留了楚文字的用字習慣。參見清華簡《皇門》簡 10“余蜀{獨}備{服}才{在}寎(寢)”。

6. 北大漢簡《老子》借“發”爲“伐”凡 3 例,如下:

老 180 · 14 不自～故有功

老 185 · 16 自～者無功

老 202 · 18 果而毋～

按:潘永鋒認爲,郭店簡《忠信之道》“化物而不發(伐)”,銀雀山漢簡《守法守令等十三篇 · 兵令》“全功發(伐)之得”中用“發”爲“伐”,漢簡本《老子》借“發”作“伐”,與郭店簡、銀雀山漢簡用字習慣相同,都是楚系文字用字方法的遺跡。①

7. 北大漢簡《老子》簡 163“至{致}虛,極;積正,督{篤}”中“至”作“”,讀爲“致”。

按:“秦文字用‘致’表示招致、送致之{致}”,“楚文字用‘至’表示致意、送致、招致之{致}”。② 漢簡本《老子》另有 4 例承襲秦文字,用“致”表示{致}。③ 此處借“至”爲“致”,可能保留了楚系文字的用字習慣。參見清華簡《尹誥》簡 4“乃至{致}衆於白{亳}审{中}邑”。

8. 北大漢簡《老子》簡 196“恒德不貣{忒}”中“貣”作“”,應讀爲“忒”,即含有變更、差錯之意。④

按:“貣”,又見於金文《蔡侯紐鐘》(218):“不愆不”,“”隸定作

①潘永鋒:《漢簡本〈老子〉楚系文字用字方法遺跡三則》,復旦大學出土文獻與古文字研究中心網,http://www.gwz.fudan.edu.cn/SrcShow.asp? Src_ID=2198,2013 年 12 月 24 日。

②周波:《戰國時代各系文字間的用字差異現象研究》,上海:復旦大學博士學位論文(導師:裘錫圭),2008 年,第 81—82 頁。

③李紅薇:《北京大學藏西漢竹書集釋及字表》(下編),長春:吉林大學碩士學位論文(導師:吳振武),2015 年,第 181 頁。

④宗福邦等主編:《故訓匯纂》商務印書館,2007 年,第 772 頁。

“貮”，讀爲“忒”；《競孫旟也鬲》（吳鎮烽《圖像集成》03036）：①“吉晨（辰）不”之“”，亦讀爲“忒”。周波曾就現有材料整理認爲：“馬王堆帛書、銀雀山漢簡用‘貸’、‘代’表示差忒之{忒}，當反映了秦文字的習慣。楚文字多用‘弋’來表示差忒之{忒}……越王者旨於睗鐘（1.144）：‘夙暮不貣（忒）’，蔡侯紐鐘（1.210）、蔡侯鎛（1.221）：‘不愆不貣（忒）’，均用‘貣’來表示{忒}。”②筆者疑北大漢簡此處借“貮”爲“忒”，也可能是受到楚系（特别是越國、蔡國）文字用字習慣的影響。又見於《尚書 · 洪範》：“卜五占用二衍忒。”《史記 · 宋微子世家》作：“卜五占之用二衍貣”。③

9. 北大漢簡《老子》簡 159“故强爲之頌{容}曰”中“頌”作“𩒨”，用“頌”表示“容”。

按：郭店本《老子》此處亦作“頌”，帛書、傳世本作“容”。韓巍先生認爲“‘容’寫作‘頌’應該是戰國時期流行的書寫習慣。”④潘永鋒同意韓巍的看法，他參照周波的考證結果，通過對 4 種出土本《老子》的異文對讀，又據《說文》“頌，皃也”，進一步說明：“《老子》此句無論是作‘容’，抑或作‘頌’，亦當爲‘容貌’之義”。⑤ “頌”是容貌之“容”的本字。⑥ 參見清華簡《繫年》簡 101“噩（許）公旅於頌（容）城”。

10. 北大漢簡《老子》簡 127“天下皆智（智）{知}美之爲美，亞{惡}已”中“亞”作“䢩”，應讀爲“惡”。

按：已公佈的北大漢簡除此例借“亞”爲“惡”外，還有 9 例承襲秦文

①該鬲 2005 年 5 月出土於河南上蔡縣郭莊 1 號春秋楚墓，屬於春秋晚期。參吳鎮烽：《商周青銅器銘文暨圖像集成》第 6 冊，上海古籍出版社 2012 年版，第 489 頁。

②周波：《戰國時代各系文字間的用字差異現象研究》，上海：復旦大學博士學位論文（導師：裘錫圭），2008 年，第 141 頁。

③轉引自王輝：《古文字通假字典》，中華書局 2008 年版，233 頁；亦可參高亨：《古字通假會典》，齊魯書社 1989 年版，第 412 頁。

④韓巍：《西漢竹書〈老子〉的文本特徵和學術價值》，北京大學出土文獻研究所：《北京大學藏西漢竹書〔貳〕》，上海古籍出版社 2012 年版，第 217 頁。

⑤潘永鋒：《漢簡本〈老子〉楚系文字用字方法遺跡三則》，復旦大學出土文獻與古文字研究中心網，http://www.gwz.fudan.edu.cn/SrcShow.asp? Src_ID=2198，2013 年 12 月 24 日。

⑥裘錫圭：《文字學概要》（修訂本），商務印書館 2013 年版，第 228 頁。

字用“惡”表示{惡}。① 戰國秦漢簡帛文字材料中，用“亞”表示{惡}的情況並不少見，②漢簡本《老子》中“惡”凡 6 見，僅 1 例借“亞”爲“惡”，同篇簡文用字情況如此不同，故有學者認爲其受楚文字用字習慣的影響。③

值得一說的是，北大漢簡“”(老 127 · 09)及“”(老 99 · 22)等所含的“亞”形均有一橫畫“—”填補其中間的空白位置，而“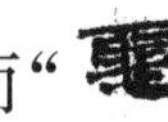”(老 171 · 15)、“”(老 186 · 06)、“”(老 204 · 11)等所含的“亞”旁中間作“”，這與《說文》小篆“”、“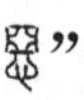”形體不合，而與楚系文字“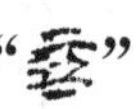”(包山 162)、“”(上博 · 性 34)、“”(上博 · 性 3)；秦系文字“”(詛楚文)等這類形體相似，筆者疑北大漢簡“”、“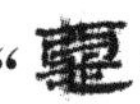”、“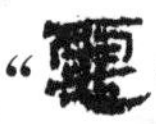”可能受到楚系文字寫法的影響。

通過以上十餘例簡文的整理，可以發現六國文字用字習慣不僅影響秦、西漢前期的文字使用，直至漢武帝後期的北大漢簡也多多少少受六國文字形體、用字習慣的影響。由於北大漢簡《老子》文獻傳抄中的特殊地位，書手在輾轉傳抄的過程中可能更多的受到其所參照底本的影響，而使得字形略顯古樸、保守。北大漢簡《老子》實際上可能更多的反映的是西漢前期甚至更早的漢字書寫使用情況。

附記：拙文初稿寫於 2014 年冬，先後蒙吳振武師、馬曉穩師兄二位先生審閱，指出不少問題，謹致謝忱。文中疏誤之處，由本人負責。

---

①李紅薇：《北京大學藏西漢竹書集釋及字表》(下編)，長春：吉林大學碩士學位論文(導師：吳振武)，2015 年，第 194—195 頁。

②參白於藍：《戰國秦漢簡帛古書通假字彙纂》，福建人民出版社 2012 年版，第 262—265 頁。

③周波：《戰國時代各系文字間的用字差異現象研究》，上海：復旦大學博士學位論文(導師：裘錫圭)，2008 年，第 142—143 頁。潘永鋒：《漢簡本〈老子〉楚系文字用字方法遺跡三則》，復旦大學出土文獻與古文字研究中心網，http://www.gwz.fudan.edu.cn/SrcShow.asp? Src_ID=2198，2013 年 12 月 24 日。

河西漢簡研讀劄記五則①

樂游(劉釗)②

摘　要:河西走廊地區出土的居延、肩水金關、敦煌等漢簡是目前所見漢簡中比較大宗的材料,其研究史也已經有比較豐厚的積累。但是就簡牘釋文而言,還有一些問題值得進一步加以校訂和探討。以期取得更加準確的釋文,使簡牘的史料價值得到更好的發揮。本篇含讀簡劄記五則:第一則對居延新簡一枚詔書行下文中的泉陵侯國名做出了釋讀,並與其他相關出土材料加以聯繫探討字形的演變;第二則改釋居延舊簡"延光"為"臣光",是上奏文書的用語結構;第三則疑懸泉詔書釋文"屬曹"實"屢遣"之誤;第四則訂正了肩水金關漢簡"謁善"其實是表客舍義的"謁舍"的誤釋;第五則對馬圈灣漢簡的兩枚殘簡做出一點補充,並討論了"就程"一詞的解釋問題。

河西走廊地區出土的居延、肩水金關、敦煌等漢簡是已發表漢簡材料中的大宗,經過學者的努力,已取得了豐富的研究成果。但是簡牘釋文方面,還有一些問題值得進一步探討。我們不揣譾陋,謹擇劄記五則,以求教於方家。

---

①本文寫作受到國家社科基金重大項目"簡牘學大辭典"(項目號:14ZDB027)資助。

②樂游(劉釗),吉林大學古籍研究所、出土文獻與中國古代文明研究協同創新中心　講師　吉林長春　130012。

一、釋居延新簡 EPT48：56 中的“泉陵”

居延新簡 EPT48：56 出土於破城子甲渠侯官遺址塢内,[①]為單面書寫“兩行”形制的簡牘。簡文為草書,從内容應當是某詔書的行下文部分。這裡先依照我們的理解,將簡文分行釋寫於下：

五月戊辰,丞相光下少府、大鴻臚、京兆尹、泉陵相,承書從事,下當用者。京兆尹以

道次傳,別書相報,不報者,重追之。書到言。EPT48：56

丞相光即孔光,據《漢書·百官公卿表》:孔光於成帝綏和二年(前 7 年)三月至哀帝建平二年(前 5 年)四月擔任丞相,其後在哀帝元壽元年(前 2 年)七月再度擔任丞相,至元壽二年(前 1 年)五月改稱大司徒。李均明先生將此簡歸入哀帝時期,並謂:“此例所見當為元壽二年以前物,上限不早於漢成帝末之綏和二年三月。”[②]但如果仔細檢核孔光任期内的月朔干支,可發現該簡可以進行更明確的斷代。因為在此期間只有綏和二年(前 7 年)有“五月戊辰”,故此簡應為該年中某詔書之行下文無疑。簡文中明確寫作“少府”二字,應是指九卿之一的少府。漢代詔書行下文數見“小府”一詞,作為從丞相或太守處接收詔書的機構之一,其中丞相所下的小府,學者或認為即九卿之一的少府。該簡從官文書用字習慣上也可以作為詔書行下文中常見的“小府”並非九卿中“少府”的一條旁證。

①甘肅省文物考古研究所甘肅省博物館、中國文物研究所、中國社會科學院歷史研究所:《居延新簡——甲渠候官》下冊,中華書局 1994 年版,第 111 頁。

②李均明:《居延漢簡編年—居延編》,新文豐出版公司 2004 年版,第 131—132 頁。

“京兆尹”後三字，原有諸家釋文皆釋作“定□相”。[1] 我們細審原簡圖版，“相”字之釋當無疑問，應為某王國或侯國之相。其前二字在原簡照片與我們所見的紅外圖版中分別作如下之形[2]：

（原簡照片）

（紅外圖版）

對比可見，此二字書寫草化較嚴重，且紅外圖版中的字跡也不甚清晰。我們綜考漢簡字形，並參照史籍記載，認為此二字應釋為“泉陵”，西北漢簡所見“泉”字或作如下諸形：

(255 · 40) (10 · 27)

(EPT52 : 38) (484 · 20)

與簡文中之字實為同構，由此觀之，第一字釋“泉”應無問題。第二字左半從“阜（阝）”旁是無可疑議的，右半形體草化程度很高，字跡也比較模糊。考慮到漢代地名的命名習慣及與史籍中的地名相對照，此字應釋為“陵”字。《漢書 · 地理志》零陵郡有泉陵侯國，恰與“泉陵相”相對應，漢簡所見其他一些“陵”字草書形體如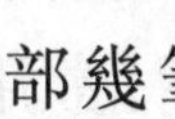（114 · 21）、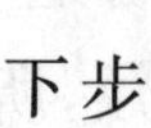（尹灣29）、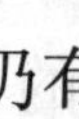（73EJT1 : 150）等，其筆畫特徵如上部幾筆的穿插及下步的捺筆仍有可類比之處。

《漢書 · 地理志》中零陵郡的“泉陵侯國”，在同書《王子侯表》中作“眾陵”，王先謙等已謂眾為誤字。[3] 1992 年湖南永州鷂子嶺一號漢墓

---

①甘肅省文物考古研究所、甘肅省博物館、文化部古文獻研究室、中國社會科學院歷史研究所：《居延新簡——甲渠候官與第四燧》，文物出版社 1990 年版，第 135 頁；甘肅省文物考古研究所甘肅省博物館、中國文物研究所、中國社會科學院歷史研究所：《居延新簡——甲渠候官》上冊，中華書局 1994 年版，第 57 頁；中國簡牘集成編委會《中國簡牘集成》第九冊，敦煌文藝出版社 2001 年版，第 299 頁；馬怡、張榮強《居延新簡釋校》，天津古籍出版社 2013 年版，第 205 頁。

②紅外圖版承張德芳先生惠示，謹致謝忱。

③王先謙：《漢書補注》，中華書局 1983 年版，第 192 頁。

(92YM1)中出土的一件圓柄座底朱書有“泉陵家官第三,河平二年八月工張山彭兄繕”十八字銘文①,以出土實物證明了《地理志》與王先謙之説。皇象《急就章》之“眾”字作、漢簡中或作(敦 254)形,與簡 EPT48∶56 中這類草書輪廓較近。又《秦漢南北朝官印徵存》著録一方“泉陵令印”②:

趙平安先生已指出該印的“泉”字與漢代通常寫法的泉、眾二字相比較,其上部像泉,下部像眾。③ 是故從當時篆書與草書的寫法來看,都比較容易在轉寫過程中發生訛混。前文既已論證居延新簡 EPT48∶56 所屬詔書下達於綏和五年,當時的泉陵侯據《王子侯表》應是宣帝黄龍元年(前 49 年)即嗣位的頃侯劉慶,即前舉永州鷂子嶺一號漢墓的墓主。史載此人曾為討好王莽,在平帝元始五年(5 年)上書稱“宜令安漢公行天子事,如周公”,是王莽順利居攝的推動者,《漢書 · 王莽傳中》亦謂“居攝之萌,出於泉陵侯劉慶”等數人。

漢代詔書下達序列大致可以分為兩類,一類是廣泛向全國範圍各郡國普遍下達的詔書,漢簡中所見著名的元康五年詔書等大量詔書皆屬此類,所謂詔告天下,常用“丞相某下某將軍、中二千石、二千石、郡太守、諸侯相”一類格式。但也有一些詔書是下給有限的具體對象的,即典型的“下當用者”。其下達路徑多種多樣,我們在另文中曾有所討論。④ 該簡所屬詔書即屬此類,且傳達跨度較大,直接從長安的丞相府

①湖南省文物考古研究所、永州市芝山區文物管理所:《湖南永州市鷂子嶺二號西漢墓》,《考古》2001 年第 4 期。

②羅福頤主編、故宫研究室璽印組編:《秦漢南北朝官印徵存》,文物出版社 1987 年版,第 53 頁。

③趙平安:《秦漢印章與古籍校讀》,載《出土文獻》第三輯,中西書局 2012 年版,第 231 頁,又收入氏著《秦西漢印章研究》,上海古籍出版社 2012 年版,第 167 頁。

④劉釗:《漢簡所見官文書研究》,吉林大學 2015 年博士學位論文。

抄錄一份下達到縣級的泉陵侯相處。由此可知詔書的內容應涉及泉陵侯,侯相是直接的"當用者",故才會有此情況。下行的序列中有大鴻臚,與大鴻臚有主管諸侯事務的職掌有關,漢代凡諸侯的嗣位、奪爵、削位、朝覲、弔唁、誄謚等事務皆由大鴻臚負責。① "以道次傳"即按郵路路段依次傳遞,序列中有京兆尹則應和京兆尹是從長安到泉陵侯國的第一站不無關係。至於還要專門下行少府的原因,也許已亡佚的詔書本文內容是對泉陵侯的某種賞賜或處罰,故而牽涉到少府所管理的天子的財物,可惜依據現有材料無從確知。

二、釋居延舊簡 261·15 中的"臣光"

居延舊簡 261·15 在《中國簡牘集成》中釋文如下②:

☐
☐□粟□☐
☐卌七人,人六升大。☐ 261·15A
☐夫延光昧死言:
☐今具為□☐ 261·15B

此前的《居延漢簡釋文合校》等諸家釋文及任攀先生在釋字方面對此皆無疑議。③

從簡文內容來推斷,該簡之 A 面與 B 面內容與格式相差較遠,應非同一文書,可能是不同時間所書。"延光"之延字,因簡牘殘損而較模

①安作璋、熊鐵基:《秦漢官制史稿》,齊魯書社 2007 年版,第 159—166 頁;高葉華:《秦漢大鴻臚官職考略》,《河南理工大學學報(社會科學版)》,2007 年第 2 期;安梅梅:《秦漢的典屬國與大鴻臚》,《青海師專學報》,2008 年第 5 期。

②中國簡牘集成編委會《中國簡牘集成》第七冊,敦煌文藝出版社 2001 年版,第 127 頁。

③謝桂華、李均明、朱國炤:《居延漢簡釋文合校》,文物出版社 1987 年版,第 433 頁;任攀:《居延漢簡釋文校訂及相關問題研究》,復旦大學 2012 年碩士學位論文。

糊,今細審圖版,作如下之形:

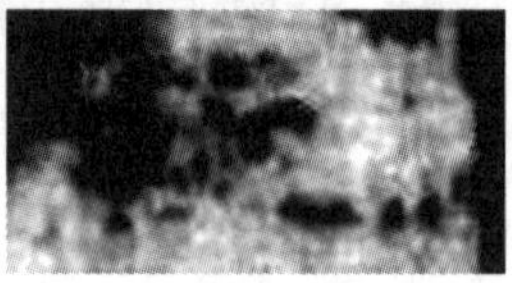

從形體上看不應釋"延",而更可能應釋為"臣"。"昧死言"是漢代奏疏的格式,這種格式下,上奏者人名前例先加身份稱謂再加"臣"字。若此字為"延",格式中不可缺少的"臣"字即無存在空間,不合常例,且與"夫"無法連讀。又居延新簡 EPT50:190 簡文謂:

⍁御史大夫臣光昧死言臣光前⍁　　　　EPT50:190

與此簡正可相對照,則居延舊簡 261·15 中的上奏者,很可能同為成帝時的御史大夫孔光。

三、釋懸泉詔書中的"屨遭"

張俊民先生曾在《懸泉漢簡與班固〈漢書〉所引詔書文字的異同》一文中公佈了數枚懸泉置遺址所出詔書殘簡的釋文,其中編號ⅡT0216②:844 的一枚,文中釋文如下[①]:

屬曹□□又為以邊竟(境)不安,師旅在外,賦斂轉輸,元元數冤曲□⍁

以益眾。夫上下救民之道,而繩以深刑,朕甚痛之。□所云乎如⍁

懸ⅡT0216②:844

原文所引釋文未加標點,我們為了方便理解而添加。原簡為紅柳木,殘長 15.9 釐米,寬 1.3 釐米,書寫於"三棱觚"上。實則這種形制可

① 張俊民:《懸泉漢簡與班固〈漢書〉所引詔書文字的異同》,《文獻》,2013 年第 2 期。

視為“起脊兩行”。張先生指出簡文與《漢書·元帝紀》所載的永光四年(前40年)二月詔書用語相近：

四年春二月，詔曰：“朕承至尊之重，不能燭理百姓，婁遭凶咎。加以邊竟不安，師旅在外，賦斂轉輸，元元騷動，窮困亡聊，犯法抵罪。夫上失其道而繩下以深刑，朕甚痛之。其赦天下，所貸貧民勿收責。”

則簡文應是永光四年二月詔書的殘文。“邊竟”二字舊釋“遠意”張文已更正之，相關字形在隸書中還是有比較明確的區別的，在草書中則較容易混淆，由此誤釋可推斷簡文很可能草書意味較重。因此，另外我們頗疑“屬曹”是“屢曹(遭)”的形近誤釋，上引《漢書》永光四年詔書之“婁遭”，顏注：“婁，讀曰屢。”漢簡中所見草書的屢字或作如下形體：

 72·27　 E.P.T59：61

屬字草書中則有(231·74)、(122·1)、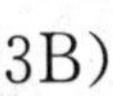(EPT53·33B)等形體，單從輪廓來看有相似之處，在草化嚴重或原簡不夠清晰的情況下，是有誤釋可能的。待日後原簡圖版發表，宜可知其詳。

四、釋金關漢簡 73EJT21：114 中的“謁舍”

肩水金關漢簡中編號73EJT21：114的簡牘是某官文書的行下文，《肩水金關漢簡(貳)》整理者所作釋文如下①：

移書到，明白扁書鄉官亭里市里謁善，令吏民皆知之督遣部吏……捕部界中□得𣪠歸二千石以下反□□□重事＝當奏聞毋忽如律令茂陵第八郭候破胡等購錢□□　73EJT21：114

①甘肅簡牘保護研究中心、甘肅省文物考古研究所、甘肅省博物館、中國文化遺產研究院古文獻研究室、中國社會科學院簡帛研究中心：《肩水金關漢簡(貳)》中冊，中西書局2012年版，第44頁。

該釋文中“謁善”之“善”所釋不確,其字上部筆畫有所殘損,作如下形體:

西北漢簡中所見的草寫“善”字一般有如下諸形:

敦 486

68 · 81

10 · 14

73EJT2:55A

505 · 37A

EPT65 · 31

凡此諸形皆與該字在形體、筆勢上難以相合。“舍”字則有下列形體:

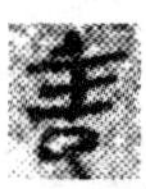
EPT56 · 113

EPF25 · 21

478 · 40

在形體上無疑更加相合。而且我們細審 73EJT21:114 的紅外圖版,可知凡是如該字上部中間這種背景色偏白的部分,基本上都是簡面殘損所致,故增加了釋“舍”的可能性。又額濟納漢簡 2000ES7S:4 謂[1]:

> 十一月壬戌張掖大守融、守部司馬横行長史事、守部司馬焉行丞事下部都尉,承書從事,下當用者。書到,明白大扁書鄉亭市里門外謁舍顯見處,令百姓盡知之,如詔書=(書,書)到言
>
> 2000ES7S:4A

可知從辭例來講該字也應釋為“舍”。《漢書·食貨志下》:“工匠醫巫卜祝及它方技商販賈人坐肆列里區謁舍。”顔師古注如淳曰:“謁舍,今之客舍也。”又,簡文“茂陵第八鄣候”可知在畿輔地區的茂陵,也設有鄣候,或與長安周邊的預警和對邊郡長安的烽火傳遞有一定關係。其管轄者是右輔都尉抑或其他官職,尚待更多材料論證。

---

① 魏堅:《額濟納漢簡》,廣西師範大學出版社 2005 年版,第 187 頁。

五、馬圈灣"加就程"殘簡補釋

《敦煌漢簡》中所著錄的編號619和1262的兩枚簡牘有較密切的關係,這裡先按我們理解將簡文釋寫於下:

(1)願加就(僦)程。五年,北地大守惲書言:轉☐

安定大守由書言:轉粟輸嘉平倉,以就(僦)品博募賤,無欲為☐

敦619

(2)☐粟輸渭倉,以就(僦)品賤,無欲為者,願☐敦1262

簡(1)1979年出土於馬圈灣遺址(D21),(2)則是1986年在馬圈灣東北1.8公里外的鹽池灣烽燧遺址(斯坦因編號T12a,甘肅文物考古研究所編號D22,西漢名廣漢燧,新莽改廣新燧)採集到的。二者形制、字跡也皆不同,當然不可能拼合或編聯。但是所涉的事類則相同,用語結構亦同,後者雖短,但也可以對前者有所補充。是故,二者很有可能是同一件文書的不同抄本。

簡(1)以工整的隸書分兩行書寫。從所涉事件和頂端低兩格書寫來看,應當屬於詔書中的臣下上奏部分。安定太守之名,《敦煌漢簡》釋"甴"①,其餘諸家皆釋"由",可從。張德芳先生謂"就程"為"運輸糧食的路程。""就品","即具體運糧的就費規定"。② 其說似未盡準確,若以此理解,據漢簡用語習慣,應作"就錢"、"就值"之類。就應當讀為僦,即雇傭,漢簡常有此例。③ 且從下文"博募賤"所以沒有願意受雇者來看,理解為雇傭運糧者更加合乎文義。就程之"程"也似不應理解為路程,而應與漢簡郵書記錄類簡牘中常見之"中程"、"不及程"之"程"相類比。

---

①甘肅省文物考古研究所:《敦煌漢簡》下冊,中華書局1991年版,第243頁。

②張德芳:《敦煌馬圈灣漢簡集釋》,甘肅文化出版社2013年版,第539頁。

③沈剛:《居延漢簡語詞彙釋》,科學出版社2008年版,第252頁。

彼"郵程"此"就程"都應理解為關於完成某一任務時單位時間內完成速度的標準要求。這種用法的"程"或與漢高帝時命"蕭何次律令,韓信申軍法,張蒼為章程"之程有一定關係。故簡文中也有所謂加"就程",即原有的雇傭運輸的數量、速度等有一定的規定。簡文中所提到的屬於特殊情況,故建議在原有基礎上增損,以適應當時的形式。簡(2)之最末一字殘損,《敦煌漢簡》釋文補為"願",何雙全則闕疑,《中國簡牘集成》釋"原",白軍鵬亦持闕疑態度。[①] 該字殘畫作形,依殘畫和前一枚簡的辭例,補為"願"應該是沒有問題的。又如本簡第一字"粟"也很不清晰,《敦煌漢簡》一書釋出該字和最後的"願"字,恐怕也都不乏注意到辭例對應的緣故。

至於此二簡所涉詔書的時代,目前似乎尚難確論。簡文中的"安定太守由"確實很容易讓人聯想到西漢名臣、經學家蕭望之的八子之一的蕭由,據《漢書·蕭望之傳》所附《蕭由傳》載:

> 由字子驕,為丞相西曹,衛將軍掾,遷謁者,使匈奴副校尉。後舉賢良,為定陶令,遷太原都尉,安定太守,治郡有聲,多稱薦者。初,哀帝為定陶王時,由為定陶令,失王指。頃之,制書免由為庶人。

蕭由因任定陶令時得罪哀帝,故哀帝初即位即被從安定太守任上罷免官職,而此時其已經"治郡有聲",應不是剛剛赴任。則其任職為安定太守的時間應在成帝末年的永始(共4年)、元延(共4年)、綏和(1年多)年間。嚴耕望《兩漢太守刺史表》將其始任時間置於永始到元延二年號之間,應當是差不多的。[②] 既然如此,那麼簡文中的"五年"就成為了問題。簡文中諸太守上書所言之事應是在同一大事件背景下的,時

①甘肅省文物考古研究所:《敦煌漢簡》下册,中華書局1991年版,第267頁;何雙全:《敦煌新出簡牘輯錄》,載《雙玉蘭堂文集》,蘭臺出版社2001年版,第342頁;中國簡牘集成編委會編:《中國簡牘集成》第三册,敦煌文藝出版社2001年版,第187頁;白軍鵬:《"敦煌漢簡"整理與研究》,吉林大學2014年博士論文,第485頁。

②嚴耕望:《兩漢太守刺史表》,商務印書館1948年版,第76、79頁。

代當相去不甚遠。但是漢成帝時期年號規律為四年一改,①不見有"某某五年"的情況,整個西漢中後期,常規情況下,只有昭帝、元帝在位的時期有"某某五年",雖然較邊遠的地區因為接到改元詔令晚,時常出現年號超出實際的現象,但一方面該簡應屬於中央某官員對奏疏的總結,不應出現這種情況,另一方面北地、安定距長安實際上也不算遠。是故,該簡中安定太守為蕭由的可能性,恐怕是比較渺茫的了。這應當也是值得研究者注意,避免附會的。簡文中言及轉輸穀物之事,與元帝時期自然災害較嚴重,糧食物質等轉輸勞頓之事頗多的歷史背景相合。

①漢代武帝後期開始行用年號,西漢皇帝改元的年限是有規律的,這些數字與當時的觀念可能也是有一定關係的,其中一些詳情可參看辛德勇:《建元與改元——西漢新莽年號研究》,中華書局 2013 年版。

"雁"、"癕"及相關諸字考辨

丁軍偉①

摘　要:通過對出土先秦文獻梳理,以往學者釋為"雁"的字當釋為"癕",讀為"應"或"膺"。出土及傳世先秦文獻表示"大鳫"之義者均用"鳫"字,"雁"乃後起字,當是秦漢之人借用"癕"形而造之字。

戰國竹簡中常見、等相關字形,整理者及相關研究者或釋為"雁"讀為"應"或"膺";或釋為"癕"②讀為"應"或"膺"。相關字書對此字隸定亦無統一③,讓後學者不知所從。筆者通過對出土先秦、秦漢文獻中、及相關文字進行梳理後,我們認為此字應當釋為"癕",在出土先秦資料中讀為"應"或"膺"。為了闡明這一觀點,茲大致按照出土文獻所屬時代先後對"癕"與所謂的"雁"字、及與此有關諸字發展演變做一梳理,不當之處,祈請方家賜教。

①丁軍偉,四川大學歷史文化學院　博士研究生　四川成都　610065。

②此字學者或寫作癕、𤸰,此乃一字也。癕,《說文》云"从隹,瘖省聲。"膺,《說文》云:"从肉,癕聲。""廣"、"疒"二形古文字中常相訛混,本文為方便,除引文保持原貌不做處理外,其餘均作癕。

③如滕壬生把此形歸於"雁"字下,見滕壬生:《楚系簡帛文字編》(增訂本),湖北教育出版社,2008年,頁368;黃德寬把此形歸於"癕"或"雇"字下,見黃德寬主編:《古文字譜系疏證》,商務印書館,2007年,頁328、1317;何琳儀把此形歸於"鳫"字下,見何琳儀:《戰國古文字典:戰國古文聲系》,中華書局,1998年,頁978。其他字書亦有上述情況,不再一一指出。

一、商代甲骨文

甲骨文有如下二字：

1. (《合集》18338)

2. (《合集》18338)

此字學者多釋為"痽",讀為"膺"。膺,《說文》云:"匈也。从肉,痽聲。"對此字構形,劉釗先生指出:"甲骨文痽字作'''',應釋為'痽'字,即'膺'字初文。字是在鳥形胸部用一指事符號表示'胸'這一概念。"[①]黃德寬先生亦有類似觀點[②],二位先生所言甚是。

二、兩周金文

金文此字主要有以下寫法：

1. (應)監作寶尊彝。(應監甗·《集成》883)

2. ……(應)侯見工遺王於周。……(應侯見工鐘·《集成》107)

3. 鄧公作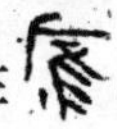(應)嫚媵簋,其永寶用。(鄧公簋·《集成》3775)

4. 韐伯慶易錫焂戒簟弼、巤(膺)、虎裘、豹裘。……(焂戒鼎·《近出》347)

①劉釗:《古文字構形學》,福建人民出版社,2006年,頁82。

②黃德寬主編:《古文字譜系疏證》,商務印書館,2007年,頁328。

5. ……馬四匹、鋚勒、金㬝、金(膺)、朱旂二鈴……(毛公鼎・《集成》2841)

6. 皇天厭厥德,配我有周,(膺)受大命,率褱懷不廷方。(毛公鼎・《集成》2841)

7. 王若曰:"逨,丕顯文武,(膺)受大命,敷有佑四方。(卌二年逨鼎乙・《新收》745)

8. 王若曰:乖伯,朕丕顯且祖文、武,(膺)受大命,乃祖克弼先王。(乖伯簋・《集成》4331)

9. 王若曰:師克,丕顯文武,(膺)受大命,敷佑四方。(師克盨蓋・《集成》4468)

根據在銘文中的用法,我們可以把上面九例分為三組:1—3 三例一組;4—5 二例一組;6—9 四例一組。

1—3 在銘文中讀為"應"。此字為在"雁"字初文的基礎上增加"人"旁,黄德寬先生對此字的發展演變有精闢的見解,其指出:"《説文》'膺,胷也。从肉,雁聲。'西周金文習增人旁以為聲符,人旁或譌作形。春秋、戰國文字承襲西周金文,戰國文字或移指事符號於人臂作形,或變形作,或省作、,小篆將右向人形改作左向人形,又加繁化部件作疒,遂有'瘖省聲'之誤解。"①"應"《説文》:"當也。从心,雁聲。"②"雁(雁)"古音影紐蒸部,"應"古音亦為影紐蒸部,故二字可相通。古書中亦有二字相通之例,如《詩經・魯頌・閟宫》:"戎狄是膺。"《史記・建元以來侯者年表》引"膺"作"應";《孟子・滕文公上》:"戎狄是膺。"《音義》:"膺丁本作應。"③

"應"為國名,後世以國為氏。鄭樵《通志・氏族略》"以國為氏"下

①黄德寬主編:《古文字譜系疏證》,商務印書館,2007 年,頁 329—220。

②許慎:《説文解字》,中華書局,2013 年,頁 216。

③高亨纂,董治安整理:《古字通假會典》,齊魯出版社,1989 年,頁 31。

云:應氏,侯爵,武王第四子。[①] 應國位於今河南平頂山市,其國後滅與楚,20 世紀 80 年代以來此處出土大量應國銅器,為研究應國歷史提供了重要資料。[②]

4—5 在銘文中讀為"膺"。膺,《說文》:"肙也。从肉,𤸰聲。"[③]黃德寬先生已指出"𤸰"為"膺"字初文,此字與甲骨文一脈相承,後世與該字下加意符"肉",以表此字本義。此字在文中指馬的胸帶。《詩·秦風·小戎》"蒙伐有苑,虎韔鏤膺。"毛傳:"膺,馬帶也。"[④]"金膺"指"飾金的馬大帶"。[⑤]

6—9 在銘文中讀為"膺",義為承受。"膺受"古書常見連用,如《尚書·君陳》:"惟予一人膺受多福。"孔傳:"惟我一人亦當受其多福。"[⑥]

三、戰國"𤸰"字

(一)簡帛

1. ……周(應)訟付舉之關人周瑤、周敓,胃(謂)葬於其土。瑤、敓與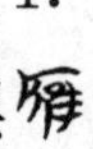(應)成。……(包山·文書 91)

2. ……甲申,喜君之人奠(鄭)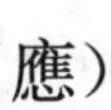(應)……。(包山·文書 165)

3. ……小人信囗下蔡關里人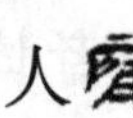(應)女返、東邗里人場賈、荑里人競不割(害)囗殺舍(余)睪於競不割之官。……(包山·文書 121)

①鄭樵:《通志》,中華書局,1995 年,頁 50。

②河南省文物考古研究所、平頂山市文物管理局:《平頂山應國墓地》,大象出版社,2012 年。

③許慎:《說文解字》,中華書局,2013 年,頁 82。

④阮元校刻:《十三經註疏》,中華書局,1980 年,頁 307。

⑤景紅艷:《西周賞賜制度研究》,陝西師範大學歷史學院博士論文,2006 年,頁 106。

⑥阮元校刻:《十三經註疏》,中華書局,1980 年,頁 237。

4. ……𠄌執(應)女返,加公臧申、里公利臤返𠄌,言胃(謂):女返既走於前,𠄌弗及。(包山·文書122)

5. ……(應)女返、場賈、競不割(害)皆既盟。(包山·文書123)

6. 王徙於鄩郢之歲八月丁巳之日,(應)愴以大央為坪囗。(葛陵·甲一3)

7. 〔王徙〕於鄩郢之歲八月丁巳之日,(應)寅以小央為囗。(葛陵·甲二22、23、24)

8. ……向昏(純)厥德,(膺)受大命。(清華簡(五)·封許之命2)

9. ……羅纓,鉤(膺),纂弁,匿(柅)。贈爾廌(薦)彝。(清華簡(五)·封許之命6)

10. 囗(膺),以瘁(胖)痕(脹)囗。(葛陵·乙二11)

11. 囗坪夜君不瘻(懌),伓(背)、(膺)(葛陵·乙二37)膚疾,以(胖)瘬(脹)、心囗(葛陵·乙二5)①

12. 囗貞既伓(背)、(膺)疾以囗。(葛陵·乙三51)

13. 囗貞既伓(背)、(膺)疾以囗。(葛陵·乙三22)

14. 而動,敚囗乎其(膺),延陵季子僑而弗受。延陵季子,其天民也乎?(上博(五)·弟子問1)

15. 奚古(故)少(小)暲(上博(七)·凡甲11)

1—2兩例依文義來說乃人名,學者均釋為"雁",無異議。② 字學者釋為"雁",我們認為此字當釋為"癃",讀為"應"。原因有二:一、楚簡中表示"大雁"之"雁"的字均作"鳶"(下文有論),且秦、漢璽印中常見"公孫應"、"任應"等姓名印,簡文此處為人名,故此處可讀為"應";二、我們認為""字形左部"人"乃"彡"形訛變。楚簡中亦有此種情況,如

①此例綴合見陳偉等著:《楚地出土戰國簡冊[十四種]》,經濟科學出版社,2009年,頁410。

②湖北省荊沙鐵路考古隊:《包山楚簡》,文物出版社,1991年,頁23、29;陳偉等著:《楚地出土戰國簡冊[十四種]》,經濟科學出版社,2009年,頁37、78。

"攸"楚簡常見作"",中間為,但是上博簡此字卻有作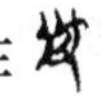(上博(二)·容成氏 40)、(上博(二)·容成氏 36)形者,其中部所從""已變得與"人"同。

3—7 五例當讀為姓氏之"應"。其中 3—5 三例整理者釋為"雇"①;白於藍、陳偉等先生釋為"雁"②李守奎先生釋為"𤼵",讀為姓氏之"應"。③ 第 6 例整理者漏釋④,何琳儀先生補釋為"雁"。⑤ 陳偉等釋為"雁",讀為"應"。⑥ 第 7 例整理者與陳偉等諸位先生釋為"雁",讀為"應"。⑦ 由上可以看出學者把此字釋為"𤼵"或"雁",但均讀為"應"。我們認為此字當從李守奎先生所釋,此字為"膺"字初文,"膺"、"應"同屬影紐蒸部,故可相通,"雁"疑紐元部,出土戰國文字中未見影紐蒸部與疑紐元部相通之例。⑧

第 8 例讀為"膺",義為"承受、接受"。金文中習見"膺受大命"之語,《尚書·畢命》:"予小子永膺多福。"孔傳:"我小子亦長受其多福。"⑨《文選·班固〈東都賦〉》:"天子受四海之圖籍,膺萬國之貢珍。"李善注:"膺,猶受也。"⑩

第 9 例亦讀為"膺","鉤膺"二字整理者指出:"見《詩·崧高》,毛傳

---

①湖北省荊沙鐵路考古隊:《包山楚簡》,文物出版社,1991 年,頁 25。

②白於藍:《包山楚簡文字編》,吉林大學古籍所碩士論文,1995 年,頁 48;陳偉等著:《楚地出土戰國簡冊[十四種]》,經濟科學出版社,2009 年,頁 53。

③李守奎:《包山楚簡 120—123 號簡補釋》,復旦大學出土文獻與古文字研究中心編:《出土文獻與傳世典籍的詮釋:紀念譚樸森先生逝世兩週年國際學術研討會論文集》,上海古籍出版社,2010 年,頁 210—212。

④河南省文物考古研究所編著:《新蔡葛陵楚墓》,大象出版社,2003 年,頁 187。

⑤何琳儀:《新蔡竹簡選釋》,《安徽大學學報(哲學社會科學版)》2004 年第 3 期。

⑥陳偉等著:《楚地出土戰國簡冊[十四種]》,經濟科學出版社,2009 年,頁 411。

⑦河南省文物考古研究所編著:《新蔡葛陵楚墓》,大象出版社,2003 年,頁 188;陳偉等著:《楚地出土戰國簡冊[十四種]》,經濟科學出版社,2009 年,頁 411。

⑧陳鴻:《戰國文字諧聲系統與古音研究》,福建師範大學文學院博士論文,2005 年,頁 85、88。

⑨阮元校刻:《十三經註疏》,中華書局,1980 年,頁 245。

⑩蕭統編,李善注:《文選》,中華書局,1977 年,頁 33。

云:'鉤膺,樊纓也。'由簡文看實係兩物。"①我們認為其說可從。"鉤膺",清代學者馬瑞辰早已指出當指二物,其指出:

《周官·巾車》:"玉路,錫樊纓。金路,鉤樊纓。"樊纓爲五路所同,而言"錫"言"鉤"各異,則鉤與樊纓不得爲一。蓋錫當面,最上;鉤當頷,次之;樊纓當胷,又次之。據《正義》釋《傳》"故曰'鉤樊纓也'",是知《傳》原作"鉤纓,鉤樊纓也",今本脱去下鉤字耳。②

10—13 四例讀為"膺",指胸。此四例"膺"字整理者均釋為"雁",讀為"膺"。③ "伓"字亦見於上博簡《子羔》,馬承源先生讀為"背",論證充分,其說可信④。李守奎先生通過對比天星觀、包山楚簡相關辭例,指出:"'肧痽'顯係人體器官或人體部位,讀為背、膺,文通字順,義即背部和胸部已經染疾。"⑤

第 14 例,"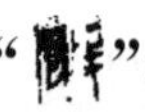"字整理者釋爲"所",李守奎先生釋為"痽"。⑥ 陳劍先生亦釋此字為"痽",其指出:"'痽'字原釋為'所'。……簡文有幾個字詞未能準確釋讀,據'浴(俗)'和'痽(膺)'猜想,當與吳人'斷髮文身'、'祝髮文身'之俗有關。"⑦何有祖⑧、范常喜二位先生亦同意陳先生的意見。但是范先生指出:

所,原簡文作:,陳劍先生改隸作"痽",讀作"膺"。楚簡文中"雁"字多作:

---

①李學勤主編:《清華大學藏戰國竹簡(五)(下冊)》,中西書局,2015 年,頁 121。

②馬瑞辰:《毛詩傳箋通釋》,中華書局,1989 年,頁 550。

③河南省文物考古研究所編著:《新蔡葛陵楚墓》,大象出版社,2003 年,頁 203、204、205。

④馬承源主編:《上海博物館藏戰國楚竹書(二)》,上海古籍出版社 2002 年,頁 194。

⑤李守奎:讀〈上海博物館藏戰國楚竹書(二)雜識〉,《上海博物館藏藏戰國楚竹書研究續編》,上海書店出版社,2004 年,頁 480。

⑥李守奎、曲冰、孫偉龍編著:《上海博物館藏戰國楚竹書(1—5)文字編》,作家出版社,2007 年,頁 197。

⑦陳劍:談談《上博(五)》的竹簡分篇、拼合與編聯問題,簡帛網 http://www.bsm.org.cn/show_article.php? id=204,2006—2—19。

⑧何有祖:上博五《弟子問》試讀三則,簡帛網 http://www.bsm.org.cn/show_article.php? id=209,2006—2—20。

(包 91)(包 91)

比較可知,簡文中所謂的"所"即"雁"字,陳劍先生的隸定是正確的。"雁"是古代一種用爲大夫的贄禮,也用作徵召、婚聘、晋謁的禮物。如:《周禮·春官·大宗伯》:"卿執羔,大夫執雁。"鄭玄注:"雁,取其候時而行。"《白虎通·文質》:"卿大夫贄,古以麑鹿,今以羔雁。"《後漢書·陳紀傳》:"父子並著高名,時號三君。每宰府辟召,常同時旌命,羔鴈成群。"所以簡文中的"雁"可如字讀,是古代贄禮之一種,這樣理解也同後面簡文所云"延陵季子僑而弗受"相照應。①

我們認為范先生將與包山簡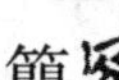視為一字是正確的,但是將其釋為"雁"是值得商榷的。我們認為此字即"䧹",由於此字前有殘文,該字的用法有待研究。筆者認為從下文"僑而弗受"來看,此當與史書記載季札讓國,歸隱山野有關,或當如陳先生讀為"膺",義為承受、接受。

第 15 例整理者釋為"雁",讀為"應"。徐在國先生釋為"䧹",懷疑當讀為"而"。② 蘇建洲認為此字所從非"隹",而是《凡物流形》甲 4、乙 4 釋為"封"的字,在文中讀為"方"。③ 至於此字當讀為何字,有待進一步研究。

(二)璽印

1. (周應)(璽彙 1192)

2. 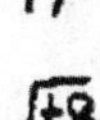(王應)(璽彙 580)

此二字黄德寬先生釋為"䧹"④。季旭升先生雖亦釋此字為"䧹",但是其指出:"這兩個字形是否䧹(鷹)字,是可以討論的。這兩個字在古

①范常喜:《上博五·弟子問》1、2 號簡殘字補説,簡帛網 http://www.bsm.org.cn/show_article.php? id=349,2006—5—21。

②徐在國:《上博楚簡文字聲系》,安徽大學出版社,2013 年,頁 651。

③蘇建洲:《上博楚竹書七》考釋六題,《出土文獻與古文字研究》(第三輯),頁 239。

④黄德寬主編:《古文字譜系疏證》,商務印書館,2007 年,頁 328。

璽中都當人名用,也有可能不是䧹(鷹)字,而是雁字。”[①]第一字與“䧹”字金文、楚簡寫法一脈相承,第二字寫法與常見寫法不同,其實此字這種寫法是有來源的,春秋晚期齊國銅器叔夷鐘(集成 274)中“膺”作“”,與此寫法相同,季旭升先生認為第二例璽印屬於齊璽,與齊國銅器銘文正合。

由上我們看出“䧹”字由甲骨文至金文、戰國楚簡各個階段的字形差距不是很大,在金文、戰國楚簡中“䧹”常讀為“應”、“膺”。此字在金文中尚未見分化,至戰國楚簡中此字已經開始逐漸分化出“應”、“膺”二字,為更好說明二字的分化情況,下面我們分別梳理戰國至秦漢時期二字演變軌跡。

一、“應”字

(一)戰國楚簡

1. ……周之人(應),𨥫人余為……(包山·文書 174)

此“應”字从“心”,與《說文》:“應,當也。从心,䧹聲。”所言相合。由出土資料可知此字原用“䧹”表示,意符“心”乃後加。“應”下加意符“心”,成為常制,依出土資料來看,當始於戰國晚期秦簡。

目前來看,此字於楚簡僅見於包山二號墓竹簡,整理者根據二號墓出土器物及文字資料認為此墓當介於公元前 323—公元前 292 年之間[②],王紅星先生於《包山楚墓》一書序言中指出此墓下葬於公元前 316 年楚曆六月二十五日。徐少華先生認為包山楚墓的絕對紀年應是楚懷王二十六年(公元前 303)三月中的某一天[③]。大致來說此墓時代當為

①季旭升:《說文新證》,福建人民出版社,2010 年,頁 291。

②包山墓地竹簡整理小組:《包山 2 號墓竹簡概述》,《文物》1988 年 5 期。

③徐少華:《包山 2 號楚墓的年代及有關問題》,《江漢考古》1989 年 4 期。

公元前300年左右。此字里耶秦簡、睡虎地秦簡均有出現，睡虎地秦簡墓葬年代發掘報告指出為秦始皇三十年(公元前217年)。[①] 里耶秦簡的墓葬年代，整理者指出為秦始皇統一中國稱始皇帝後的秦朝時期[②]。據此我們推測此字當在戰國末期至秦朝時期寫法固定，目前出土的秦漢簡牘、璽印中"應"字均如此做亦可證。

(二)秦簡牘、璽印

1. 盜百，即端盜駕(加)十錢，問告者可(何)論？當貲一盾。貲一盾(應)律，雖然，廷行事以不……(睡虎地·法律答問38)

2. 有眾蟲襲人入室，是野火僞為蟲。以人火(應)之，則已矣。(睡虎地·日甲35背叁)

3. 歲不計甚不(應)律書到嗇夫。(里耶(壹)·8—508)

4. (應璽)　　5、(公孫應)[③]

(三)漢簡牘、璽印

1. 其(應)必不敬矣。(馬王堆帛書·戰國縱橫家書163)

2. 以死以(應)之。(馬王堆帛書·繆和29)

3. (雁)行者，所以觸廁(側)(應)口也。(銀雀山漢簡·孫臏兵法281)

4. 用此者，所以(應)卒(猝)窘處隘塞死地之中也。(銀雀山漢簡·孫臏兵法294)

5. 戰國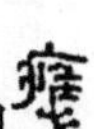(應)敵……口固守。(銀雀山漢簡·守法守令第十三768)

①孝感地區第二期亦工亦農文物考古訓練班:《湖北雲夢睡虎地十一號秦墓發掘簡報》,《文物》1976年第6期。

②湖南省文物考古研究所編著:《里耶秦簡發掘報告》,嶽麓書社,2006年,頁234。

③所錄秦印文字均採自許雄志:《秦印文字彙編》,河南美術出版社,2001年,頁209。

6. 恩辭不與候書相(應)(居延新簡 · EPF22:30)

7. (應門府印)　8. (應寶之印)　9. (孟應)

10. (竇寶印)　11. (任應)　12. (司馬應)

13. (賈應)①

由上列資料,我們可以看出,出土秦漢資料中"應"字寫法乃承戰國文字而來,秦漢"應"字雖然寫法尚未完全統一,但是與後世"應"字區別已不是很大。

二、"膺"字

(一)楚簡

1. (膺)疾、痵(肨)痮(脹)、心□。(葛陵 · 乙三 035)

2. 伓(背)、(膺)疾,以痵(肨)痮(脹)、心□(葛陵 · 甲一 13)

3. 以陵尹懌之大保(寶)家為君貞:伓(背)、(膺)疾,以𤵸(肨)瘬(脹)、心悥(悶)。既為貞,而敓(說)亓(其)祱(祟),自夏。(葛陵 · 甲三 219)

(二)漢簡、印

1. (馬王堆 · 相馬經 51 上)

2. ②

此字於"膺"字初文下加"肉",為疊加意符。此字在楚簡、漢簡中義

①文中 7 例漢印均採自羅福頤:《漢印文字徵》,文物出版社,1987 年,頁 410。
②羅福頤編:《漢印文字徵》,文物出版社,1987 年,頁 162。

均為"胸"。漢印中此字或為人名用字。

由上可以看出此字戰國時期上部从"厂",至漢簡、璽印文字中此字上部又訛變成"广"、"疒"。雖然目前尚未見到秦簡牘、璽印文字中此字,但是我們據漢簡牘、璽印文字中此字寫法推測其上部訛變軌跡與"應"當相同。

戰國文字中有一字从"𤻚"从"邑"的字,由於與我們所論"𤻚"字形有關,為了深入探討"𤻚"字及相關問題,我們亦對此字作一說明。該字在楚簡中主要出現在以下語境之中:

1. ……辛亥,(宛)人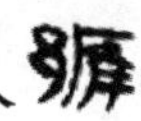(應)丙。……(包山·文書 183)

2. 陽君之人宋午,王西州里公命謐,(應)族里公黃固。……(包山·文書 191)

3. (應)畬(會)占之曰:吉,至九月𢡃雀(爵)立(位)。凡此簌也,既盡迻。(包山·文書 204)

4. 遥(迻)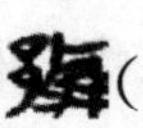(應)會之祱(說),賽禱宮厌(後)土,一羖。(包山·文書 214)

5. 王徙於鄩郢之歲,八月丁巳之日,(應)寅以大央囗。(葛陵·甲三 258)

6. ……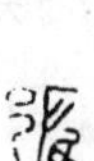(應)鐘之變宮,割(姑)洗之徵角,坪皇之羽……(曾侯乙鐘·《集成》289)

7. ……(應)音之宮,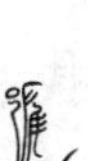(應)音之才(在)楚爲獸鐘,其才(在)周爲(應)音。(曾侯乙鐘·《集成》291)

8. 而屯(純)不困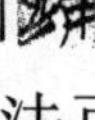。(上博(九)·卜 2)

以上八例根據用法可分為三組:1—5 一組;6—7 一組;8 一組。1—5 各例學者均讀為姓氏之"應",我們認為此說可從。葛陵簡中"應寅"凡四見(甲三 178,甲三 208,甲三 258,甲三 22、23、24),其中三例均從"邑",一例不從"邑",故此四字為一字無疑,均如學者所言讀為"應"。

6、7兩例為律名。饒宗頤、曾憲通先生認為“應音”當為“應鐘”之誤。① 裘錫圭、李家浩先生指出:“鐘銘中律名有‘䧹音’和‘䧹鐘’。‘䧹音’之‘䧹’,上層二組3號鐘作‘譍’。‘䧹’从‘邑’‘雁’聲,當是應國之‘應’的專字。‘譍’从‘音’‘雁’聲,當是為律名而造的專字。”②《周禮·春官·大司樂》:“乃奏大蔟,歌應鐘,舞咸池,以祭地示。”鄭玄注:“大蔟陽聲第二。應鐘為之合。”③銘文“應鐘”與此相合,故此字讀為“應”不容置疑。

第8例後四字整理者疑讀為“純不困膺”,並釋“膺”為胸部,指首以下,肸以上。④

此字與戰國文字中“痽”字讀法相同,讀為“應”或“膺”,此亦可說明我們把“痽”讀為“應”、“膺”是正確的。

通過對“痽”字及相關字形的梳理,我們認為楚簡中“”字均當釋為“痽”,讀為“應”或“膺”。此字由甲骨文、金文演變而來,在甲骨文、金文、楚簡中讀為“應”或“膺”均文從字順。此字不能釋“雁”還可由以下兩方面證之:一、先秦古書,如十三經中未見“雁”字,此字均作“鳫”,凡45見;⑤二、目前所見在出土文獻中明確表示“大鳫”之“鳫”者見於戰國竹簡、璽印,其作“”、“”等形,从鳥,彥省聲(彥、鳫均為疑紐元部,故“彥”可作“鳫”字聲符。)秦漢簡牘中此字亦作“鳫”,从鳥,只不過“彥”字已訛變為“疒”形。

為了更好地說明非“雁”字,下面我們把楚簡及秦漢簡中表示“鳫”字及與此相關文辭羅列如下,以便進一步說明這一問題。

1. ……方、(鳫)首一,二十擔,方口(九店·4)

①饒宗頤、曾憲通:《楚地出土文獻三種研究》,中華書局,1993年,頁28。

②湖北省博物館編:《曾侯乙墓》,文物出版社,1989年,頁557。

③阮元校刻:《十三經注疏》,中華書局,1980年,頁788—789。

④馬承源主編:《上海博物館藏戰國楚竹書(九)》,上海古籍出版社,2012年,頁210。

⑤李波、李曉光、富金壁主編:《十三經新索引》,中國廣播電視出版社,2003年,頁1743。

2. 牛生而倀(長),(鴈)生而戟(伸),亓(其)眚(性)。(郭店 · 性自命出 7)

3. 魏客鼙(鼛)皇、郙客望困䒉之宊宫敍(鴈)肉𡨦旦法之,無以歸之。(包山 · 文書 145)

4. 申(陳)於陸陊,則(鴈)飛(上博(九) · 陳公治兵 19)

第 1 例整理者把""字與下面"首"釋為""認為是"大首"合文,並指出"此處'方'字之下當漏寫一數字。也有可能'方大首一'應當讀為'方、大首一',指'方'、'大首'各一。"①李零先生指出:"'顏',原釋'大首',似是一从產从首加重文號的字,這裡暫以'顏'代之。"②陳偉等先生釋此為"产(鴈)首"③。此字右下方有合文符號,學者認為此是二字的合文,其說可從,我們認為此當如陳偉等先生所言釋為"鴈首"二字合文。此墓 5 號簡有與此文同者,其作,我們可以看出此字上部乃"文",是"彥"字之省,非"大","彥"、"鴈"均疑紐寒部,古音可通,故此二字可釋爲"鴈首"。此種寫法亦見於上海博物館藏大市量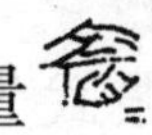(《古文字研究》(22 輯)第 129 頁),新蔡葛陵楚簡作(甲三 202+205),學者早已指出此均爲"鴈首"。

關於"方、鴈首一"怎麼理解,唐友波先生指出:"九店簡衡量换算中𢉖一、削同見之;楚量記器名者𢉖一、笅(郢大府量)、削(燕客量)並見,據測量知其分别爲四分斗量、二分斗量及一斗量的稱名(詳下)。結合起來分析,以上的稱名可以更準確地稱之爲楚量中區别不同大小量器的

①湖北省文物考古研究所,北京大學中文系編:《九店楚墓》,中華書局,1999 年,頁 60。

②李零:《讀九店楚簡》,《考古學報》1999 年第 2 期。

③陳偉等著:楚地出土戰國簡冊[十四種],經濟科學出版社,2009 年,頁 302。

專名。"[①]董珊先生指出楚簡及楚量器銘中"⿸广音"爲量器名,其容 500 毫升。[②] 二位先生所言甚是,董珊先生認為楚量器名"⿱亠⿵冂灬首"非本義,其本義有待討論。

第 2 例"鴈"字,黃德寬、徐在國二位先生所釋,作者並據此認為包山簡 145 號之字、戰國幣文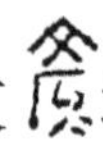均為"鴈",其言不可易。[③]

第 3 例""何琳儀先生釋為"顏"。[④] 白於藍先生釋為"鴈"。[⑤] 我們認為白於藍先生所言甚是。簡文中"敘鴈"當讀為"舒鴈"。舒,《說文》:"伸也。从舍,从予,予亦聲。一曰:舒,緩也。[⑥]"敘,《說文》:"次弟也。从攴,余聲。"[⑦]予、余古音同在喻紐魚部,且古文字資料多有二字相通之例,如上博簡《弟子問》11 號簡:宰我昏(問)君子,曰:"余(予),女(汝)能慎始與冬(終),斯善矣,為君子乎?"故此處"敘"可讀為"舒",《禮記·內則》:"舒鴈翠,鵠鴞胖。"鄭玄注:"舒鴈,鵝也。"[⑧]

目前"鴈"還見於貨幣文字與璽印文字,幣文作(《貨系》2476)[⑨]裘錫圭先生釋為"鴈",[⑩]已為學界普遍接受。印文作""(《璽彙》3525),整理者缺釋,吳振武先生釋為"鴈",[⑪]其說可從。印文上部與楚簡、貨幣文字從"彥"不同,我們認為此種變化當係由楚簡、貨幣文字訛變所致,

①唐友波:《大市量淺析》,《古文字研究》(第二十二輯),中華書局,2003,頁 131。

②董珊:《楚簡簿記與楚國量制研究》,《考古學報》2010 年第 2 期。

③黃德寬、徐在國:《郭店楚簡文字考釋》;吉林大學古籍整理研究所編:《吉林大學古籍整理研究所建所十五週年紀念文集》,吉林大學出版社,1998 年,頁 110。

④何琳儀:《包山楚簡選釋》,《江漢考古》1993 第 4 期。

⑤白於藍:《包山楚簡零拾》,《簡帛研究》(第二輯),法律出版社,1996 年,頁 42。

⑥許慎:《說文解字》,中華書局,2013 年,頁 78。

⑦許慎:《說文解字》,中華書局,2013 年,頁 64。

⑧阮元校刻:《十三經注疏》,中華書局,1980 年,頁 1466。

⑨馬飛海主編:《中國歷代貨幣大系(先秦貨幣)》,上海人民出版社,1988 年,頁 585。

⑩裘錫圭:《戰國貨幣考(十二篇)》,《古文字論集》,中華書局,1992 年,頁 434—435。

⑪吳振武:《〈古璽文編〉校訂》,人民美術出版社,2010 年,頁 371。

秦漢之際此字又進一步訛為"广"或"疒",如出土秦漢文字資料中"鴈"字作以下寫法：

一、秦簡中"鴈"字

1. 廿八年遷陵田車計府(鴈)門泰守府。(里耶(壹)·8—410)

2. □六人付田官一人牧(鴈)豫。(里耶(壹)·8—444)

3. 畜(鴈)死亡課。(里耶(壹)·8—495)

二、漢簡、銅器銘文中"鴈"

(一)漢簡

1. 秦怫以委施(透迤),便罷以(鴈)行,險厄以雜管,還退以蓬錯。(銀雀山漢簡·孫臏兵法 409)

2. 田忌問孫子曰:"錐行者何也? (鴈)行者何也? 篡(選)卒力士者何也? 勁弩趨發者何也?"(銀雀山漢簡·孫臏兵法 280)

3. 孫子曰:"錐行者,所以衝堅毀兑(鋭)也。(鴈)行者,所以觸廁(側)(應)口[也]。(銀雀山漢簡·孫臏兵法 281)

4. 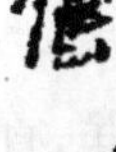(鴈)巾羹一鼎。(馬王堆帛書·一號墓遣策 20)

5. (鴈)笴。(馬王堆帛書·牌三)

6. 雲如(鴈)相隋(隨)。(馬王堆帛書·《刑德》甲本 27)

7. 雲如(鴈)相隋(隨)。(馬王堆帛書·《刑德》乙本 79)

8. 下大夫相見以(鴈)飭之,以布維之,以索如執雉。(武威·士相見之禮(甲本)8)

(二)漢代銅器銘文①

1. (建昭雁足鐙一)　2. (中宮雁足鐙)

3. (綏和雁足鐙)　4. (吉雁洗)

由上可知戰國、秦漢文字中表示"大鴈"之義者均作从鳥、彥省聲之形、等,其後"鴈"字所从聲符"彥"訛變為"厂",至秦漢時期進一步訛變為"广"或"疒"。《説文》"鴈"字小篆作""許慎認爲此字从鳥、人,厂聲;徐鉉認爲从人、从厂義無所取,當从雁省聲。② 皆據訛變字形解説,不確。

通過對出土文字資料中"雁"、"鴈"及相關文字全面梳理後發現此二字淵源有自,不相雜廁。綜上所論,我們主要有以下幾點看法:

1. "應"、"膺"當為"雁"字分化。其初文作"",於鳥胸部加指事符號,以表"胸脯"之本意。雁,《説文》:"鳥也。"當為其引申義。

應,《説文》:"當也。从心,雁聲。"膺,《説文》:"胷也。从肉,雁聲。"雁,《説文》:"鳥也。从隹,瘖省聲。或从人,人亦聲。鷹,籀文雁从鳥。"許慎《説文》認為"應"、"膺"均从"雁"聲,不誤。其實此二字當均从"雁"字分化而來,西周金文二者同形可證,至戰國時期二者在"雁"字基礎上分別增加意符"心"、"肉",仍以"雁"為聲符。至此,二者逐漸完成分化,

①下文三例均採自徐正考:《漢代銅器銘文文字編》,吉林大學出版社,2005 年,頁 82。

②許慎:《説文解字》,中華書局,2013 年,頁 75。

但由於二者聲符相同，故古代文獻中常有二者相通之例，如銀雀山漢簡《孫臏兵法》354 號簡："何以知弓奴(弩)之為埶(勢)也？發於肩(應，文中讀為膺)之間，殺人百步之外。"

2. 雁，《說文》云："雁，鳥也。从隹，从人，厂聲。讀若鴈。"①此字乃後起之字，出土甲骨、金文無見，先秦、秦漢文獻中亦少見此字(目前"雁"僅見於《居延漢簡》，另"鴈"亦於《居延漢簡》有見。)可證。楚簡中有字作，學者多釋為"雁"，我們認為此說不確。

3. 楚簡中形之字之所以被釋為"雁"字，當係學者理所當然的認為此字形中夕乃"人"字之訛變，我們認為此種說法恰好本末倒置。我們知道甲骨文中"𤿏"字於鳥之脯部加指事符號以表示膺義所在，金文在此字基礎上增加聲符人旁，②並將形指事符號省作。戰國文字在此基礎上進一步訛變，聲符"人"訛變為"厂"或"人""厂"雜柔體，指事符號則演變為"丿"或"夕"、"彡"。③ 其後秦漢文字中此字聲符則訛變為"广"或"疒"，指事符號則或省去或演變為" "、" "、"人"、" "，至此"𤿏"字已訛變為後世之"雁"，由上分析我們可以看出"雁"字所从之"人"

①許慎：《說文解字》，中華書局，2013 年，頁 71。

②劉釗、黃德寬二位先生均認為金文中"人"旁為聲符，徐在國先生則認為金文中此字當分析為"从隹，(膺之初文)聲"。詳見劉釗：《古文字構形學》，福建人民出版社，2006 年，頁 82；黃德寬主編：《古文字譜系疏證》，商務印書館，2009 年，頁 329—220；徐在國：《上博楚簡文字聲系》(1—8)，安徽大學出版社，2013 年，頁 651。

③此字在金文中指事符號作" "，無見作其他形者，而戰國早期、中期楚簡文字中此字指事符號卻作"夕"，戰國晚期至秦漢時期此字指事符號" "於秦漢文字中重現，且有中部斷開作形者，無作"夕"形者。我們懷疑這種寫法當與地域有關，西周金文與戰國晚期至秦漢時期指事符號相同，這種寫法當是秦系文字直接繼承兩周金文，而作"夕"形者均為楚簡，此字寫法當為楚系文字寫法。類似情況還有"攸"字，"攸"字金文作(師酉簋)、(頌鼎)、(頌簋)；楚簡作(郭・老乙 16)、(上博(一)・性 19)；秦文字作(嶧山碑)；漢簡作(馬王堆・繆和 41)，金文與秦漢文字寫法相合，卻與楚簡文字不合，此亦可證明王國維先生所言"戰國時秦用籀文六國用古文"之說是正確的。

應為指事符號“丨”形之訛變。

最後,結合上文,就“雁”、“䧹”二字的關係我們談一下自己的看法。李守奎先生曾就此做過探討,其指出:“《說文》的‘䧹’、‘𪆉’即‘鷹隼’之‘鷹’,為出土的先秦文字材料所未見。碑刻與典籍中的‘鷹’皆从雁。《說文》當有‘从从(筆者按此字當為作者誤衍)人,人亦聲’的‘或體’,今本脫其篆,當即‘雁’或‘⿰亻雁’,‘鷹’當即在‘雁’讀為鴈後,添加形旁鳥的後起字。‘雁’字《說文》‘讀若鴈’,與‘鴈’異部同字。‘鷹’字別作‘䧹’。古文字中‘大雁’之‘雁’作‘鴈’,从鳥。彥省聲。‘雁’或‘⿰亻雁’二形在楚簡中屢見,字形作和,當即‘鷹’之本字,亦即《說文》的‘䧹’字。”①李先生認為“鷹”當即在‘雁’讀為鴈後,添加形旁鳥的後起字,我們認為此說可商。𪆉,《說文》認為是“䧹”字籀文,目前出土先秦文字資料中有字作“(清華簡(三)·說命下 9)”,整理者隸定作“⿱䧹土”讀為“鷹”,其說甚是,由此看來,“鷹”和“應”、“膺”一樣均為在“䧹”字基礎上添加形符而成字後起字,這一分化過程當發生於戰國時期。

季旭升先生《說文新證》“䧹”字下收有“”,其指出:“西漢馬王堆文字‘隹’形改作‘鳥’形,其餘的部件訛變成‘疒’形,《說文》以為‘瘖省聲’,實不可據。”②我們認為此字非“鷹”,馬王堆遣策簡中此字作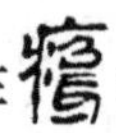(馬王堆·遣策 20)、(馬王堆·遣策 74)、(馬王堆·遣策 310)等形,上文所舉秦漢簡牘中“鴈”字,與此字寫法相同,故此字當釋為“鴈”。

前文已經指出,“䧹”字戰國時期逐步分化為“應”、“膺”、“鷹”三字,

---

①李守奎:讀上海博物館藏戰國楚竹書(二)雜識,《上海博物館藏戰國楚竹書研究續編》,上海書店出版社,2004,頁 479—480。

②季旭升:《說文新證》,福建人民出版社,2010 年,頁 291。

我們認為由於此字似"雁",故秦漢之際學者不識此字遂誤認此字為"雁"。① 其後由於"雁"、"鴈"音義形相近,後世遂常相混用。② 根據出土資料及傳世文獻,我們推測"雁"字當形成與在秦漢之際,這一點可由出土文獻與先秦文獻少見"雁"字為證。

附註:本文寫成之後呈請牛清波、郭凱師兄、彭裕商師審閱,並於2015年10月在西南大學漢語言文獻所召開的第五屆出土文獻與比較文字學全國博士生論壇上宣讀,得到了諸多師友的指正,謹此向他們表示謝意。

引書簡稱表

甲骨文合集	合集
殷周金文集成	集成
近出殷周金文集錄	近出
新收殷周青銅器銘文暨器影彙編	新收
包山楚簡	包山
新蔡葛陵楚墓	葛陵
清華大學藏戰國竹簡	清華簡
上海博物館藏戰國楚竹書	上博
古璽彙編	璽彙
睡虎地秦簡	睡虎地
里耶秦簡	里耶

①《居延漢簡(甲乙編)》(乙圖版壹壹陸 · 160.19)"雁"作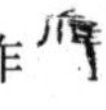,此字與漢簡中"應"字作""、"""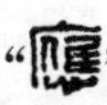"上部所从相同,亦可證明。

②《居延漢簡(甲乙編)》(乙圖版貳柒叁 518.10)"鴈"字作"",居延漢簡中"雁"、"鴈"共現,根據此二字演變規律,我們認為段玉裁《說文解字注》"雁"字下指出此二字有別,當可信。

馬王堆漢墓帛書	馬王堆帛書
銀雀山漢墓竹簡	銀雀山漢簡
九店楚簡	九店
郭店楚墓竹簡	郭店
中國歷代貨幣大系	貨系
武威漢簡	武威
肩水金關漢簡	肩關

《郭店楚墓竹簡·語叢一》釋讀五則

王志勇①

摘　要:《郭店出墓竹簡楚·語叢一》簡1"宔"字,學界多認可裘錫圭先生的觀點,讀爲"亡(無)",我們認爲,此字有可能讀爲"仿"。簡6及他簡所見"𦘔"字,研究者或讀爲"盡",或讀爲"進"。我們認爲應均讀"盡",訓爲"極致"。簡24"生德"二字前應有缺文,我們認爲應該補一"道"字。簡32"善里(理?)而句(後)樂生"句中的"里"字,我們認爲有可能訓爲"居住"。簡49"卯"字,各家訓釋多有不同,我們認爲當理解爲"分别"。

郭店楚簡自發佈以來,受到學者們的廣泛關注,研究成果十分豐富。相對於其他篇目而言,《語叢》形制特殊,簡文多不能聯綴成篇,内容上較難把握,因而學者們較少措意,許多問題尚待解决。關於《語叢》的研究著作,有李零的《郭店楚簡校讀記》,陳偉的《郭店楚簡别釋》,劉釗的《郭店楚簡校釋》等,還有一些學者發表單篇論文進行討論,解决了不少疑難問題。但就目前的情况看,還是有許多問題需要解决。《語叢一》是四篇中篇幅較大的一篇,且内容比較複雜,遺留問題較多。筆者不揣譾陋,僅就一些簡文的釋讀提出一些新的意見,敬祈方家批評指正。

①王志勇,南京師範大學文學院　博士研究生　南京　210097。

一、凡勿(物)𧺊(由)室生。1 (1—4)

裘錫圭云:"此語又見一〇四號簡,'室'作'望',字在此疑當讀爲'亡(無)'。"①李零等均贊同裘錫圭的意見。劉釗並疑此句近似於《老子》的"天下萬物生於有,有生於無"。②

"望"字又見以下諸簡:

凡勿(物)𨙵(由)望生。104(語叢一)(104—3)

室(望)生於敬,恥生於𢡺(望)3。(語叢二)(3—1 3—8)

瞿生於眚(性),監生於瞿,32 望生於監。33(語叢二)(33—1)

案:"勿"上古音明母物部,與"物"同音,又下文有簡文云"天生百勿(物)",是以讀"勿"爲"物"應無異議。《説文》云:"物,萬物也。"《大廣益會玉篇》"物"字條下云:"凡生天地之間皆謂物也;事也;類也。"③"物"即指天地萬物,引申之亦可指"萬事"。

"室"原篆作""。簡 104 與此簡文句相同,然"由"作"𨙵","望"作"",與本簡相比較,可以認爲是繁簡之别。"望"字又見《語叢二》簡 33,亦作""。《語叢二》簡 3 有""、""整理者亦均視爲"望",但從字形上看,這兩個字與《語叢一》的"望"有一定區别,何琳儀釋爲"競",我們依從何先生的意見,故在此不作討論。《語叢二》簡 32、33 云:"瞿生於眚(性),監生於瞿,望生於監。"此處"望"似乎不能讀爲"無"。由此我們認爲"物由望生"之"望"亦不宜作"無"解。"望"字古有"怨"、"視"、"月圓"等義,"室"見《玉篇》,云"誣也,今作罔"。諸義在此均無法講通。

---

①荆門市博物館:《郭店楚墓竹簡》,文物出版社 1998 年版,第 200 頁。

②劉釗:《郭店楚簡校釋》,福建人民出版社 2005 年版,第 198 頁。

③顧野王:《大廣益會玉篇》,中華書局 1987 年版,第 109 頁。

包山簡145有"𡈼"字,作人名。上博一《孔子詩論》簡22有"𡈼"(望)字,云"洵有情,而無望,吾善之"。語出《詩經·陳風·宛丘》"洵有情兮,而無望兮",鄭玄箋云:"此君信有淫荒之情,其威儀無可觀望而則傚。"是訓"望"爲"觀望",引申有"則傚"之義。《禮記·表記》:"是故君子以義度人,則難爲人;以人望人,則賢者可知已矣。"鄭注云:"……當以時人相比方耳。"愚以爲簡1"凡物由望生"之"望",或可據此訓爲"仿效"。從上古音來看,"仿"幫母陽部,"望"明母陽部,聲母同屬唇音,韻部相同,亦有通假可能。句可解爲"萬事皆由效仿而生"。

二、又(有)𨓏〈地〉又(有)型(形)又(有)𦘔,而句(後)6又(有)厚。7(𦘔6—6)

"𦘔",李零讀爲"盡"。[1] 劉釗讀爲"類",認爲"有類"謂"有種類"。馬王堆帛書《老子》乙本卷前古佚書《十六經·正亂》:"天地立名,□□自生,以隨天刑。天刑不悖,逆順有類。"……"有厚"之"厚"即《莊子·雜篇·天下》"無厚,不可積也,其大千里"中之"厚"。[2]

"𦘔"字又見以下諸簡:

又(有)勿(物)又(有)容,又(有)𦘔又(有)厚,14(語叢一)

婁不𦘔也。90(語叢一)

𢈽(義),悳(德)之𦘔也。24(語叢三)

或𨒥(由)其闢(避?),或由其不42𦘔(進?),或𨒥(由)其可。43(語叢三)

𦘔(進?)飤(食)之𧗿(道),此飤(食)乍安56(語叢三)

行𦘔此雙(友)矣。62(語叢三)

唯𢝋14之而弗亞(惡),必𦘔(盡)其古(故)。𦘔(盡)之而悏

---

[1] 李零:《郭店楚簡校讀記》,載《道家文化研究》第十七輯,三聯書店1999年版,第532頁。

[2] 劉釗:《郭店楚簡〈語叢一〉箋釋》,載《古文字考釋叢稿》,嶽麓書社2005年版,第247頁。

(疑),必[illegible]鎔鎔 15 其巻。(語叢四)

案:“[illegible]”字整理者隸定爲“𦘒”,在具體各簡中或讀爲“盡”,或擬讀爲“進”。“𦘒”字見包山簡 197、204、209、226、234,整理者多釋爲“盡”。又見《新蔡葛陵楚簡》甲二 10、25、甲三 160、282。清華簡《金縢》簡 13 有“𦘒”字,讀爲“盡”。原文云“二公命邦人𦘒(盡)復築之……”,讀“盡”是。又見上博一《性情論》簡 36,上博二《從政·甲》簡 14,上博七《君人者何必安哉·甲》簡 6、《君人者何必安哉·乙》簡 6;上博八《志書乃言》簡 7;上述“𦘒”字多數可讀爲“盡”。

《説文·聿部》有“𦘒”字,云“聿飾也。从聿从彡。俗語以書好爲𦘒”。《玉篇》云:“𦘒,飾也。”如訓“𦘒”爲“飾”,個别簡文也可以得到合理解釋。但不能講通大多數簡文。所以,我們認爲“𦘒”還是讀爲“盡”比較合理。《説文》云:“盡,器中空也。”《小爾雅》“止也”。《玉篇》“終也”。《廣韻》“竭也”。《集韻》“悉也”。上述義項皆有“到達一個極端”的意思,《類篇》云:“盡,極也”,其義更爲明確,可以作爲釋讀簡文的依據。簡文“有地有形有𦘒,而後有厚”,意思大概爲“有土地,有形狀,有極致(長度),然後有厚度”。《語叢一》簡 90“數不盡也”,可以理解爲“數是没有盡頭的”;《語叢三》簡 24“義,德之盡也”可以理解爲“義,是道德的極致”。

三、……生悳(德),悳(德)生豊(禮),豊(禮)生樂,遜(由)樂 24 智(知)型。25

簡 24、25 均是完整簡,據文意簡 24 前應補至少一字。涂宗流、劉祖信於“生德”前補“仁”字。① 李零於簡 24 前補“性生仁,仁生忠,忠生信,

①涂宗流、劉祖信:《郭店楚簡先秦儒家佚書校釋》,臺北萬卷樓圖書有限公司 2001 年版,第 271 頁。

信”。①

裘錫圭認爲:“此句‘型’字究竟應讀爲‘形’抑讀爲‘刑’,待考。”②這是一種極爲嚴謹的態度。李零、劉釗均將“型”讀爲“刑”。從句意上看,讀爲“刑”似乎更容易理解。

劉釗舉出幾條涉及“德、禮、樂、刑”的書證,如《説苑·政理》:“治國有二機,刑德是也……”《禮記·曲禮上》:“道德仁義,非禮不成”……《禮記·王制》有“考禮正刑一德”之語……《禮記·樂記》:“禮樂刑政,其極一也。”又“禮樂刑政,四達而不悖。則王道備矣。”並認爲簡文“由樂知刑”就是這個意思。③ 在另一篇論文中他又舉出幾條:《説苑·修文》:“人之善惡非牲(性)也……故禮以定其意,樂以和其性,政以一其行,刑以防其奸。”……《申鑒·政體》:“刑斯斷,樂不舉。”……並指出:“‘由樂知刑’與郭店楚簡《尊德義》的‘由禮知樂,由樂知哀’的‘由樂知哀’亦近,‘刑’也就是“哀’。”④

陳偉武指出《大戴禮記·四代》中有“陽德出禮,禮出刑……”之句,從而認爲“型”當讀“刑”。⑤

從劉、陳所舉書證來看,將“型”讀爲“刑”是比較合適的。但二先生未討論“生德”前將補何字,所舉書證也没提供相關綫索。李零補“性生仁,仁生忠,忠生信,信”八字,正好爲一簡字數,考慮比較全面,但没有作出説明。

案:《禮記·祭義》:“仁者,仁此者也。禮者,禮此者也……樂自順此生,刑自反此作。”《樂記》:“審樂以知政。”可以作爲讀“型”爲“刑”的補證。關於此處闕文,我們擬補一“道”字,至於“道”字前會是什麼文字,我們暫時無法推測。由道生德,於文獻有徵:《管子·四時》:“道生天地,德出賢人,道生德,德生正。”又《太平經》:問曰:“萬民何以盡爲仁

---

①李零:《郭店楚簡校讀記》(增訂本),北京大學出版社2002年版,第159頁。

②荆門市博物館:《郭店楚墓竹簡》,文物出版社1998年版,第200頁。

③劉釗:《郭店楚簡校釋》,福建人民出版社2005年版,第187頁。

④劉釗:《郭店楚簡〈語叢一〉箋釋》,載《古文字考釋叢稿》,嶽麓書社2005年版,第261頁。

⑤陳偉武:《試論簡帛文獻中的格言資料》,《簡帛》第四輯,上海古籍出版社2009年,第271頁。

哉?”“然,天道乃生德,德乃生仁。”又《老子》云:“失道而後德。”從《語叢》内容上看,“人之道也,或由中出,或由外入”、“仁生於仁,義生於道”、“《易》所以會天道人道也”等等,都把“道”看作一“終極”性的概念,所以於此處補“道”有一定的合理性。至於“道”前面的其他文字,尚不好推測。

四、善里(理?)而句(後)樂生。32

此簡的理解有兩種主要意見。劉釗讀“里”爲“理”,云:《大戴禮記·千乘》:“有闔而不通,有煩而不治,則民不樂生,不利衣食。”《漢書·董仲舒傳》:“窮急愁苦而上不救,則民不樂生。”如此簡文是説爲上者善於治理則民眾熱愛生活。① 是將“樂”理解爲動詞“願意”。陳偉亦讀“里”爲“理”。云:“《性自命出》有‘里其情而出入之’,講述聖人對‘樂’的整理,亦用到‘里(理)’。”②是將“樂”視爲“禮樂”之“樂”。二人都將“里”讀爲“理”,無異議,劉釗將“理”理解爲“治理”,陳偉則理解爲“整理”。

案:《樂記》云:“樂者,通倫理也。”是“樂”、“理”並稱又一證據。又案:《説文》云:“里,居也。”此簡“里”或訓爲“居住”之“居”。《論語》云“里仁爲美”,可爲之佐證。《語叢一》簡 54“賢者能里之”,《語叢三》簡 17“天型成,人與物斯里”之“里”當均釋爲“居”。“善里而後樂生”,意即安居而後樂生。

---

①劉釗:《郭店楚簡〈語叢一〉箋釋》,載《古文字考釋叢稿》,嶽麓書社 2005 年版,第 262 頁。

②陳偉:《楚地出土戰國簡册(十四種)》,經濟科學出版社 2009 年版,第 245、248 頁。

五、凡勿(物)48又(有)𧖴又(有)卯，又(有)終又(有)絧(始)。49([illegible] 49—2)

李零讀“𧖴”爲“本”。① 何琳儀云：“‘又(有)𧖴(本)又(有)化。’參《楚辭・天問》‘何本何化。’”②陳偉武認爲“𧖴”表根本之義，“根”之異體字。“卯”讀爲“末”。③ 李天虹讀“卯”爲“標”，訓爲“末”。引《管子・霸言》“大本而小標”爲例。④ 劉釗讀“𧖴”爲“本”。簡文理解爲“凡是物體都有本源有演化，有開始有結束。”⑤廖名春認爲《語叢一》簡49的“卯”字應讀爲“酉”，其餘諸“卯”字則當讀爲“猷”。“酉”訓爲“終”，“猷”訓爲“謀”。⑥

案：《大廣益會玉篇》(p119)有“𧖴”字，訓爲“古文蠹”。然字在此似不能釋爲“蠹”，眾家多讀爲“本”，我們亦從此説。《汗簡　古文四聲韻》“本”字作“[illegible]”，與此簡本字形近。“卯”當讀本字，訓爲“分別”。“有本有卯”，亦即“有本源，有派生”之意。

“有終有始”文意顯豁。《五行》簡18“有與始，有與終也”。《禮記・大學》云：“物有本末，事有終始，知所先後，則近道矣。”《法言》云：“有生者必有死，有始者必有終，自然之道也。”《孔子家語・本命解》云：“故命者，性之始也，死者，生之終也，有始則必有終矣。”《論衡・道虛》云：“夫有始者必有終，有終者必有死。”此數條均與此簡文意相近。

---

①李零：《郭店楚簡校讀記》，載《道家文化研究》第十七輯，三聯書店1999年版，第533頁。

②何琳儀：《郭店楚簡選釋》，《簡帛研究二〇〇一》(上)，廣西師範大學出版社2001年，第167頁。

③陳偉武：《郭店楚簡識小録》，《華學》第4輯，紫禁城出版社2000年，第77～78頁。

④李天虹：《郭店楚簡文字雜釋》，載《郭店楚簡國際學術研討會論文集》，湖北人民出版社2000年版，第98頁。

⑤劉釗：《郭店楚簡校釋》，福建人民出版社2005年版，第191～192頁。

⑥廖名春：《郭店簡〈語叢〉諸篇“卯”字試釋》，《文史》2011年第2輯，第251頁。

清華簡《金縢》與周公居東問題新探①

申超②

摘　要:對於"周公居東"具體何指,目前有避居待罪說、東征管蔡說、周公奔楚說等等觀點,數千年來學者爭論不已,難以得到妥善解決。清華簡《金縢》的發現,使"周公居東"的問題得以重新審視,為這一問題的解決提供了可能。在前人研究成果的基礎上,通過結合傳世本、簡本《金縢》及其他傳世文獻,分析二公與周公的關係,認為東征管蔡說、周公奔楚說兩種觀點還存在諸多問題,避居待罪說較為合理。周公居東有深刻的歷史背景,武王生前曾有意傳位周公,被周公所拒絕。管蔡此時只是散佈流言,尚未叛亂,周公欲說無辭,以退為進是最好的選擇,有利於政局的穩固。另外,二公是周公的潛在支持者,這為周公重新回朝秉政創造了機會。

伴隨清華簡《金縢》的公佈,學者已經展開熱烈的討論,如李學勤先生《清華簡九篇綜述》③、劉國忠先生《從清華簡〈金縢〉看傳世本〈金縢〉的文本問題》④、廖名春先生《清華簡〈金縢〉篇補釋》⑤、黃懷信先生《清

---

①本文得到中央高校基本科研業務費專項資金資助。

②申超,西安交通大學歷史文化研究所講師、歷史學博士、哲學博士後　西安　710049。

③李學勤:《清華簡九篇綜述》,《文物》2010 年第 5 期。

④劉國忠:《從清華簡〈金縢〉看傳世本〈金縢〉的文本問題》,《清華大學學報》(哲學社會科學版)2011 年第 4 期。

⑤廖名春:《清華簡〈金縢〉篇補釋》,《清華大學學報》(哲學社會科學版)2011 年第 4 期。

華簡〈金縢〉校讀》[①]、彭裕商先生《〈尚書 · 金縢〉新研》[②]、杜勇先生《從清華簡〈金縢〉看周公與〈鴟鴞〉的關係》[③]等等。《金縢》涉及周公居東的問題,歷來是千百年來很多學者所關注的熱點,可謂成果豐碩。在前人成果的基礎上,筆者不避淺陋,嘗試對此問題再做一些探討,以求對周公居東的研究有所助益。

傳世本《金縢》中記載:"武王既喪,管叔及其群弟,乃流言於國,曰:'公將不利於孺子。'周公乃告二公曰:'我之弗辟,我無以告我先王'。周公居東二年,則罪人斯得。於後公乃為詩以遺王,名之曰《鴟鴞》,王亦未敢誚公"[④]。簡本作"就後武王力陟,成王猶幼在位,管叔及其群兄弟乃流言於邦曰:'公將不利於孺子。'周公乃告二公曰:'我之□□□□無以復見於先王。'周公宅東三年,禍人乃斯得。於後周公乃遺王詩曰《鴟鴞》,王亦未逆公。"[⑤]清華簡《金縢》與傳世本有幾處記載存在明顯的分歧,如簡本記載"武王既克殷三年",今本作"既克殷二年";簡本記載"周公宅東三年",今本作"周公居東二年"。黃懷信先生認為簡本是今本的節略,簡本"武王既克殷三年"的"三"為"二"的訛誤[⑥]。陳劍先生認為簡本優於今本[⑦]。杜勇先生認為武王在位三年的說法是可信的[⑧]。彭裕商先生認為傳世本《金縢》的"二年"優於清華簡所說的"三年"[⑨]。李學勤先生曾指出清華簡與傳世本《金縢》應分屬於不同的流傳系統[⑩]。

---

①黃懷信:《清華簡〈金縢〉校讀》,《古籍整理學刊》2011 年第 3 期。

②彭裕商:《〈尚書 · 金縢〉新研》,《歷史研究》2012 年第 6 期。

③杜勇:《從清華簡〈金縢〉看周公與〈鴟鴞〉的關係》,《理論與現代化》2013 年第 3 期。

④楊筠如:《尚書覈詁》,陝西人民出版社,1959 年,頁 231—233。

⑤清華大學出土文獻研究與保護中心編,李學勤主編:《清華大學藏戰國竹簡》(壹),中西書局,2010 年,頁 158。

⑥黃懷信:《清華簡〈金縢〉校讀》,《古籍整理學刊》2011 年第 3 期。

⑦陳劍:《清華簡〈金縢〉研讀三題》,《出土文獻與古文字研究》第四輯,上海古籍出版社,2011 年。

⑧杜勇:《從清華簡〈金縢〉看周公與〈鴟鴞〉的關係》,《理論與現代化》2013 年第 3 期。

⑨彭裕商:《〈尚書 · 金縢〉新研》,《歷史研究》2012 年第 6 期。

⑩李學勤:《清華簡九篇綜述》,《文物》2010 年第 5 期。

此說甚是。現在判斷二者優劣的條件還不夠充分,不妨兩說並存。因為兩者很有可能是同出於一個祖本,只是在流傳的過程中被後人各以己意增改,所以出現歧異。簡本與今本代表兩種不同的說法,哪一種更接近史實,恐難驟下斷語。

《金縢》牽涉周公居東的大問題,自漢朝以來就沒有統一的解釋,眾家各執一詞,相互駁難。其中主要有三種不同的說法,而這三種說法又包含若干不同的小觀點,大概有十六種之多。劉國忠先生曾詳加整理,堪稱詳備①。本文只列舉其中三種有代表性的看法,其他看法詳參劉文。

第一,周公居東待罪說。以馬融、鄭玄為代表。他們將"辟"釋為"避",把"居東"理解為"避居東都",認為周公為避流言而居於東都,以釋成王之疑。鄭玄還認為"罪人"是"周公屬黨"。

第二,周公東征說。以《偽孔傳》為代表。"辟,法也。……言我不以法法三叔,則我無以成周道告我先王。"這是認為周公聞聽流言後要依法治三叔;"周公既告二公,遂東征之。二年之中,罪人斯得。"此說認為周公表示必須懲治三叔,隨後東征平定三叔之亂。《史記・魯周公世家》把辟讀為避,認為不避嫌疑而攝政,以穩固周的統治。

第三,周公奔楚說。以《史記・蒙恬列傳》為代表。不過譙周認為這一說法是基於後人的誤解,原因是秦焚書導致相關典籍的缺失,此說可從。

以上諸說各有其依據,爭論持續時間之長,令人歎為觀止。哪一種說法更合理,是研究者需要仔細思考的問題。鑒於譙周對第三種説法的批駁較為合理,因此本文只討論周公居東待罪說和東征說兩種觀點,暫不討論周公奔楚說。結合清華簡本及傳世本《金縢》,筆者以為周公居東說比較切合實際,試論如下。

---

①劉國忠:《走近清華簡》,高等教育出版社,2011年,頁96—105。

一、東征説再審視

很多學者相信《僞孔傳》的解釋，認為周公居東就是去征伐管蔡，此説固有其合理之處，但也存在一些疑點。

第一，"逆"與"誚"的解釋與東征説不合。

簡本作"於後，周公乃遺王詩，曰《鴟鴞》。王亦未逆公"。今本作"於後，公乃為詩以貽王，名之曰《鴟鴞》。王亦未敢誚公"。《史記·魯周公世家》"誚"作"訓"。《集解》引徐廣曰："訓，一作誚。"《索隱》："《尚書》作誚。誚，讓也。此作訓，字誤耳，義無所通。徐氏合定其本，何須云一作誚也！"[①] 簡本作"逆"，今本作"誚"。陳劍先生認為當從簡本，"逆"是迎的意思。[②] 黄懷信先生則認為當從今本作"誚"，意為責備[③]。兩位學者的觀點均有理有據，各有令人較為信服的史料憑據。

今按周公東征説與"逆"或"誚"都有抵牾之處：(1)如釋為"逆"，訓為迎，周公此時可能率軍駐紮於都城之外，難免有兵臨城下，擁兵自重的嫌疑。況且周公率大軍回朝，若成王閉門不納，很有可能激起變亂，進而喪失對東部地區的控制。(2)如"誚"訓為讓、責備，細審周公所遺成王詩，意在告誡成王周邦創業不易，現今處於風雨飄搖之中，形勢危急。倘是周公已誅管、蔡二叔，得勝而歸，大亂弭平，似不可再如《鴟鴞》所言"予室翹翹，風雨所漂搖，予維音嘵嘵"。鄭玄認為："時周公竟武王之喪，欲攝政行周道，致太平之功。管叔、蔡叔等流言曰：公將不利於孺子。成王不知其意，故多罪其屬黨。鴟鴞之意，殷勤於此，稚子當哀憫

---

①[漢]司馬遷撰：《史記》，中華書局，1959年，頁1519。

②陳劍：《清華簡〈金縢〉研讀三題》，《出土文獻與古文字研究》第四輯，上海古籍出版社，2011年。

③黄懷信：《清華簡〈金縢〉校讀》，《古籍整理學刊》2011年第3期。

之。此取鴟鴞子者,指稚子也。比喻諸臣之先臣,亦殷勤於此,成王亦宜哀憫之。"[①]鄭玄之說與當時歷史背景較合,有可取之處。顧頡剛、劉起釪先生認為此詩是周公恐懼流言之日,憂讒畏譏,表達其愁苦之心,希望成王醒悟而作的詩[②]。杜勇先生則認為此詩並非周公所作,但周公與此詩並非毫無關係,他以此詩獻給成王,其性質與後來的賦詩言志類似[③]。因此,不管此詩是否周公所作,周公與此詩關係密切基本得到多數學者的認可。縱觀此詩,意在促成王醒悟,召周公回朝,以保周室。

第二,"孺子"與"罪人"所指對象也與東征說有衝突。

"孺子",楊筠如先生贊同崔述之說,認為孺子乃少之親之之稱,非謂年幼[④]。按成王既已非幼童,自然不願大權旁落,適逢流言初起,豈有不疑周公之理?楊先生贊同馬、鄭讀辟為避的說法,並以"鴟鴞"喻祿父,以"我子"喻管蔡[⑤]。此說《鴟鴞》當作於居東之時甚確,不過以為"我子"是否指管蔡,還有待商榷。筆者認為"我子"與"罪人"未必是一回事:"我子"當從鄭玄之說解釋為周公屬黨;"罪人"當指散佈流言之人。

以上兩點說明將居東說為東征還有待進一步探究的空間。

二、居東說的合理性

關於居東說的合理性,前人所說多有創獲。如馬融、鄭玄將"辟"釋為"避",把"居東"理解為"避居東都",認為周公為避流言而居於東都,以釋成王之疑。蔡沈《書集傳》認為"辟"指避東以待罪;對於居東的地

①[清]阮元校刻:《十三經注疏》,中華書局 1980 年,頁 394—395。
②顧頡剛、劉起釪:《尚書校釋譯論》,中華書局,2005 年,頁 1239。
③杜勇:《從清華簡〈金縢〉看周公與〈鴟鴞〉的關係》,《理論與現代化》2013 年第 3 期。
④楊筠如:《尚書覈詁》,陝西人民出版社,1959 年,頁 232。
⑤楊筠如:《尚書覈詁》,陝西人民出版社 1959 年,頁 233。

點,主張“居國之東”,亦即國都之東;罪人指管蔡之人。牟庭認為:“居東謂居豳也。周公已告二公,遂出奔避居於豳。豳在豐鎬之東,故曰居東也。”[①]可備一說。顧頡剛、劉起釪先生認為周公因避嫌疑,離開國都,暫居東邊某地。東可指國都之東,亦可指豐鎬以東至於洛邑之地[②]。按對於居東的地點,蔡沈之説較為合理,居東當指“居國之東”,亦即國都之東。

楊筠如先生指出:“《大誥》次於《金縢》之後,亦足證《金縢》所載居東親迎之事,並在東征之前。《大傳》收之在《金縢》前,殆非也。”[③]《大誥》記周公東征管蔡之前的戰爭動員之事,《金縢》位於《大誥》之前,對正確認識周公居東的時間有提示作用。

彭裕商先生從東征的原因與主帥兩個方面論證,認為《金縢》篇的“周公居東”都不具備東征的條件,所以周公居東只能是避居於東,以待成王查明真相,也以表明並無管蔡所指責的不利於成王的想法[④]。

在前人成果的基礎之上,筆者略作兩點補正。

第一,周公居東的歷史背景。

武王生前曾有意傳位周公,被周公所拒絕。《逸周書 · 度邑》:“王曰:旦,汝惟朕達弟,予有使汝。……汝惟幼子,大有知。……乃今我兄弟相後,我筮龜其何所即?今用建庶建。叔旦恐,涕泣拱手。”[⑤]周公在武王死後本擬攝政,但管蔡流言紛至沓來,不僅成王疑慮周公有不臣之心,即使大臣也有疑周公者,面對這種情形,周公焉能不去位避嫌乎?

正如項安世所説:“孔氏謂辟者行法也,居東則東征也。信然則周公誅謗以滅口,豈所以自明於天下哉!予嘗反復本文,則鄭説為是。蓋

①牟庭:《同文尚書》,齊魯書社,1981年,頁736—750。

②顧頡剛、劉起釪:《尚書校釋譯論》,中華書局,2005年,頁1237。

③楊筠如:《尚書覈詁》,陝西人民出版社,1959年,頁237。

④彭裕商:《〈尚書 · 金縢〉新研》,《歷史研究》2012年第6期。

⑤黃懷信、張懋鎔、田旭東撰,李學勤審定:《逸周書匯校集注》,上海古籍出版社,1995年,頁505—510。

周室初基,中外未定,流言乘間而作,成王疑於上,國人疑於下,周公苟不避之,禍亂忽發,家國傾危,將無以見先王於地下矣。周公之與二公,蓋一體也,故密與二公謀之,使二公居中鎮撫國事,而身自東出避之,因以甯輯東夏。但不居中,則不利之謗自息,而亂無從生矣。故周公居東二年,外變不起而内論亦明,向者倡為流言謀作亂之人遂得主名,内外之人始知其為管叔之罪也。"①

此説道出當時危急的形勢,並注意到二公與周公的關係。何況管蔡二叔確曾為周克商做出貢獻,陳穎飛指出:"不能因二蔡成王時期的不賢而否定他們在文王時期的地位。"②彭裕商先生認為周公東征是因為奄君策劃並參與了武庚、三監的叛亂,而《金縢》所記周公居東時間在成王即位之初,管蔡流言之時。管蔡以成王受到威脅為由指責周公,則其時尚未叛亂。《金縢》中沒有提到管蔡叛變,東方奄國也未舉事。在這種情況下,周公不得無故東征③。管蔡在周取商而代之的過程中亦有功勳,在周初擁有較高政治地位,況且他們又是文王之子、武王之弟,因此《大誥》中才有人反對用兵。《書·大誥》:"爾庶邦君,越爾庶士、御事,罔不反,曰:艱大,民不靜。亦惟在王宫、邦君室,越予小子考翼,不可征。王害不違卜?"④管蔡已經叛亂,周公有通過占卜得吉兆,仍然有大臣反對周公出兵平亂。此外,管蔡此時只是散佈流言,尚未叛亂,周公欲説無辭,以退為進是最好的選擇,有利於政局的穩固。

第二,二公是周公的潛在支持者。

大儒顧炎武曾在其名著《日知録》卷二"周公居東"條中指出二公的作用:"主少國疑,周公又出居於外,而上下安寧,無腹心之患者,二公之

①轉引自劉國忠:《走近清華簡》,高等教育出版社,2011年,頁101。

②陳穎飛:《清華簡祭公與西周祭氏》,《江漢考古》2012年第1期。

③彭裕商:《〈尚書·金縢〉新研》,《歷史研究》2012年第6期。

④楊筠如:《尚書覈詁》,陝西人民出版社,1959年,頁243。

力也。""二公",整理者指出《魯世家》以為太公、召公①,可從。召公、太公在西周的政治地位較為特殊,對於穩定周王朝的統治起過重大作用。西周銅器銘文多有記召公者,如《小臣摣鼎》:"召公□匽,休於小臣摣貝五朋,用作寶尊彝。"②《大保簋》稱召公為大保:"王伐錄子耶,𢼄氒(厥)反,王降征令於大保,大保克敬亡遣,王匠太保易休餘土,用茲彝對令。"③可見召公在西周初期的政壇十分活躍,也側面反映了他的政治地位。

二公與周公都曾經為武王的病情擔憂,清華簡《金縢》:"武王既克殷三年,王不豫,有遲。二公告周公曰:'我其為王穆卜。'周公曰:'未可以慼吾先王。'"古時天子生病可由臣子祈求上天以身代之。《左傳·哀公六年》:"是歲也,有雲如衆赤鳥,夾日以飛三日。楚子使問諸周大史。周大史曰:'其當王身乎!若禜之,可移於令尹、司馬。'王曰:'除腹心之疾,而寘諸股肱,何益?不穀不有大過。天其夭諸?有罪受罰,又焉移之?'遂弗禜。"④楚國發生異象,楚王請教周太史,周太史給出的建議是通過"禜"的方式,將災禍轉嫁給大臣,楚王認為如此有違人君之道,所以拒絕了這個建議。雖然這裏楚王沒有採用這種方式為自己轉移災禍,但從側面說明當時採用這種方式的情況比較常見,否則也不會將此事記載下來作為楚王的一個善舉了。顧頡剛、劉起釪先生還舉了托雷代窩闊臺死的例子,說明《金縢》故事的真實性⑤。陳劍先生指出周公的行為屬於將疾病轉移到自身的一種巫術⑥。姚蘇傑先生曾討論過"穆卜"的含義:(1)"以身代死"當為"穆卜"的核心內容。(2)將卜祝時所用

①清華大學出土文獻研究與保護中心編,李學勤主編:《清華大學藏戰國竹簡》(壹),中西書局,2010年,頁159。

②陳夢家:《西周銅器斷代》,中華書局,2004年,頁43。

③陳夢家:《西周銅器斷代》,中華書局,2004年,頁44。

④楊伯峻:《春秋左傳注》,中華書局,1990年,頁1635—1636。

⑤顧頡剛、劉起釪:《尚書校釋譯論》,中華書局,2005年,頁1252。

⑥陳劍:《清華簡〈金縢〉研讀三題》,《出土文獻與古文字研究》第四輯,上海古籍出版社,2011年。

的策書藏於特殊的"金縢之匱",且其事秘而不宣(參與者除外),這當是穆卜應驗的必要條件。這也是周公為何先阻止二公占卜,後來自己私下進行問卜的原因。(3)穆卜的靈驗程度,同占卜者的個人才能及其與被占卜者之間的血緣關係大有關聯。(4)穆卜有一套特殊的流程①。二公本欲穆卜,恐怕並非簡單去占卜吉凶,應當也和周公以身自代的行為類似,均為祈禱周武王延壽。但周公拒絕二公的建議,而以己身代之。因為古人相信這種以身自代的方式會將王的疾病轉移到自己身上,周公使二公免去這樣的性命之憂,二公當對周公心存感激。

此外,周公之所以代二公為王祈禱,主要是因為周公是周文王的嫡系子孫,而二公則與周王室血緣關係較為疏遠。《史記·燕召公世家》:"召公奭與周同姓,姓姬氏。"《集解》:"譙周曰:周之支族,食邑於召,謂之召公。"②《左傳·僖公二十四年》:"昔周公吊二叔之不咸,故封建親戚以蕃屏周。管、蔡、郕、霍、魯、衛、毛、聃、郜、雍、曹、滕、畢、原、酆、郇,文之昭也。邘、晉、應、韓,武之穆也。凡、蔣、邢、茅、胙、祭,周公之胤也。"③文中並未提及召或燕。因此,召公當非文王之子,雖亦是姬姓,但血緣關係較為疏遠。太公則屬姜姓,均不及周公的地位。

周公認為"未可以慼吾先王",此言大有深意。"慼",整理者認為:"戚,《說文》作'慽','憂也'。今本作'戚',《史記集解》引孔安國云:'近也,未可以死近先王也';鄭玄訓為'憂',云:'未可憂怖我先王也。'鄭說較長。"④戴鈞衡云:"竊謂此言僅卜未足以動我先王也。'戚'讀若《孟子》'於我心有戚戚焉'之'戚',趙岐注:'戚戚然心有動也。'僅卜未可以感動先王,故下文特為壇墠,先冊告而後用卜耳。"此訓"戚"為打動,可

①姚蘇傑:《論〈尚書·金縢〉中的穆卜》,《安徽大學學報(哲學社會科學版)》2013年第1期。

②[漢]司馬遷撰:《史記》,中華書局,1959年,頁1549。

③楊伯峻:《春秋左傳注》,中華書局,1990年,頁420—423。

④清華大學出土文獻研究與保護中心編,李學勤主編:《清華大學藏戰國竹簡》(壹),中西書局,2010年,頁159。

從。周公之所以説"未可以慼吾先王",其實是説只有以文王嫡系子孫的性命祈禱,才可打動先王。

武王死後,流言紛紛,周公被迫去職避嫌,在政務方面想必對二公做了交待。"周公乃告二公曰:'我之□□□□無以復見於先王。'"值得注意的是周公所告的對象是召公、太公,而非成王。《荀子·解蔽》:"召公、吕望仁智且不蔽,故能持周公而名利福禄與周公齊。"①朝中事務有二公處理,周公才能放心而去。"二公及王問諸史"説明是二公引導王來問占卜之史。"是夕,天反風,禾斯起,凡大木之所拔,二公命邦人盡復築之。"可證二公此時掌管朝政的一條證據。至於"禍人乃斯得"當是二公經過調查之後,將散播流言之人擒獲。周公所作詩就是提醒成王招他回朝。周公之冤雖明,成王顯然對周公有所擔憂,且不願大權旁落,因此並未招周公回朝。災異發生之後,成王發現周公所作以身代武王死之書,終於冰釋前嫌。

結語

清華簡《金縢》的發現有利於解決周公居東的問題,周公居東是指東征管蔡説還有進一步探討的餘地,馬融、鄭玄將居東視為居東待罪較為合理,在研究這一問題時需要注意召公、太公與周公的關係,或許對解決這一難題提供有益的線索。

① 王先謙:《荀子集解》,中華書局,1988 年,頁 391。

里耶秦簡中鄉名的省稱與全稱現象
——以遷陵縣所轄三鄉爲視點①

姚磊②

摘　要:里耶秦簡中保留了豐富的鄉名資料,在這其中又以遷陵縣所轄三鄉爲主。核查發現,鄉名有省稱與全稱共存的現象。省稱有"鄉字省稱"、"鄉名省稱"、"首字省稱"等形式;全稱也有不同的使用情况,形成了固定的使用格式。同時,省稱與全稱也有雜糅使用的案例,值得我們探討。

在業已公佈的里耶秦簡中,鄉名是一個值得關注的問題。以遷陵縣所轄三鄉爲例,我們發現既有"貳春"、"啓陵"、"都"的稱謂,亦有"貳春鄉"、"啓陵鄉"、"都鄉"的表述。兩者雖然所指相同,但在行文時,却有省稱與全稱的差别。這種省稱與全稱共存的現象,值得引起我們的重視。

一、省稱現象

我們把省去"鄉"字或"鄉名",抑或僅剩鄉名一字的現象,稱爲鄉名

①本文受"中央高校基本科研業務費專項資金"(項目號:2015112010201)資助。

②姚磊,武漢大學簡帛研究中心　博士研究生　武漢　430072。

的省稱現象。經梳理，這種省稱現象可細分爲以下幾種。

第一種是並列時"鄉字省稱"。即與它鄉並列時，雙字鄉(貳春、啓陵)可省去"鄉"字。如：

▨鄉、貳春、啓陵▨ 8－49

主貳春、都鄉□□□□□吏卒、黔首及奴婢□8－389＋8－404[①]

都鄉別啓陵、貳春，皆勿留、脫。它如律令。16－6

都鄉別啓陵、貳春，皆勿留、脫。它如律令。16－5

再如，"徒作薄"或"徒薄"中雙字鄉的並列[②]，如：

卅二年十月己酉朔乙亥，司空守圂徒作簿。

……

其五人付貳春。

……

一人付啓陵。

……

四人付貳春。

……

二人付啓陵。8－145＋9－2294[③]

卅四年十二月，倉徒薄(簿)冣：

……

女卅四人付貳春，

……

①"都鄉"後二字，原釋文作"問所"。《里耶秦簡牘校釋(第一卷)》(以下簡稱爲《校釋》)認爲：看字形、文意，疑是"啓陵"。(陳偉主編，何有祖、魯家亮、凡國棟撰著《里耶秦簡牘校釋(第一卷)》，武漢大學出版社，2012年，頁142。)本文引述釋文，多參考《校釋》。

②陳偉老師認爲："這種其實也可以看作並列(廣義)。"可從。

③里耶秦簡牘校釋小組《新見里耶秦簡牘資料選校(二)》，《簡帛》第10輯，上海古籍出版社，2015年。

女六十人付啓陵 10－1170①

當"貳春"、"啓陵"與其它鄉並列時,由於"鄉"的級别很明晰,加"鄉"與否,並不影響對文書的理解。考慮書寫簡省的原因,故可以略去。②

第二種是鄉與職官連用時"鄉字省稱"。構成形式是"貳春、啓陵、都＋職官"。依據職官不同,構成又有所差别。

1.貳春/啓陵/都＋鄉守③,如:

廿九年九月壬辰朔辛亥,貳春鄉守根敢言之:牒書水火敗亡課一牒上。敢言之。8－645

廿八年五月己亥朔甲寅,都鄉守敬敢言之……8－170

卅三年七月己巳朔甲戌,都鄉守壬爰書:高里士五(伍)武自□☐ 8－1537

卅三年正月壬申朔朔日,啓陵鄉守繞敢言之,上劾一牒☐ 8－651

2.貳春/都＋鄉佐,如:

貳春鄉佐壬,今田官佐。8－580

都鄉佐襄死。☐ 8－809

都鄉佐容歸。8－2189

3.都/啓陵＋郵人,如:

三月丁丑水十一刻刻下二,都郵人□行。　　尚手。8－62 背

七月己未水十一刻刻下十,都郵人□以來。/□發。9－712 背

☐時都郵人羽行。☐Ⅳ 8－704 背＋8－706 背

---

①里耶秦簡牘校釋小組《新見里耶秦簡牘資料選校(一)》,《簡帛》第 10 輯,上海古籍出版社 2015 年。

②魯家亮老師在《里耶秦簡所見遷陵三鄉補論》("出土文獻與中國古代文明學術研討會會議"論文,北京 2015 年 6 月)一文中,曾探討三鄉並列中的排序問題,可供參看。

③"鄉守",職官名。李昭君先生認爲:"里耶秦簡又有'鄉守'之職,如此則郡、縣、鄉皆有守,似乎構成為一規整之組織系列。"(《兩漢縣令、縣長制度探微》,《中國史研究》2004 年第 1 期)。張朝陽先生認爲:"鄉守顯然是一個具體的職務名稱,而非泛稱或者代理、試守。……鄉嗇夫是名義上的一鄉之長,但不常設或者不太管事,實際上主管一鄉事務的是鄉守。"(《也從里耶簡談秦代鄉嗇夫與鄉守:論基層管理的雙頭模式》,《史林》2013 年第 1 期)。

卅二年九月丁酉日中,都郵人士五(伍)高里辰行。12－1527

卅二年正月戊寅朔甲午,啓陵鄉夫敢言之:成里典、啓陵郵人缺。除士五(伍)成里匄、成,成爲典,匄爲郵人,謁令尉以從事。敢言之。8－157

……匄爲啓陵郵人 8－157 背

4.啓陵＋乘城卒①,如:

啓陵乘城卒秭歸□里士五(伍)順行旁。　　壬手。8－1516 背

"某地任某職"的表述,里耶簡中亦常見。如:洞庭守禮、遷陵守丞固、遷陵丞遷、資中令史陽里釦等,我們可以發現,洞庭、遷陵、資中後均無再冠以"郡"、"縣"。職官前省去"郡"、"縣"、"鄉"等字,不會對職務産生誤解,故可以略去。

第三種是前後重複時"鄉名省稱"。② 即前後文有重複時,鄉名可省去。情景不同,構成又有所差别。

1.省去"啓陵鄉"、"貳春鄉",如:

廿八年啓陵鄉歜已死Ⅰ佐見已死。廿九年鄉歜、佐緩已死。卅年Ⅱ8－39

……啓陵鄉守尚、佐冣、稟人小出稟大隸妾……8－925＋8－2195

……啓陵鄉守尚、佐冣、稟【人】……8－1241

……啓陵鄉守帶、佐冣、稟人小出稟佐蒲、就七月各廿三日食……8－1550

☐啓陵鄉守增、佐盍、稟人小出稟大隸妾徒十二月食……8－1839

……貳春鄉守氐夫、佐吾出食舂、白粲□等。8－1335

……貳春鄉守氐夫、佐吾、稟人藍稟隸妾廉。8－1557

……貳春鄉守氐夫、佐壬出粟米八升食舂央芻等……8－1576

……貳春鄉守福、佐敢、稟人杕出……8－2247

①《校釋》認爲是守城卒(《校釋》,頁 330)。

②俞樾:"夫兩文相承,蒙上而省,此行文之恒也。"(《古書疑義舉例》,上海古籍出版社,2007年,頁 30、31)。

此類省稱亦常見,同地任職,表述時前後出現重複。由於前文中已經署有"啓陵鄉守某"或"貳春鄉守某","佐"自然隸屬於該鄉。故不必再寫成"啓陵鄉守某、啓陵鄉佐某"或"貳春鄉守某、貳春鄉佐某"。

2.省去"啓陵"、"都"、"貳春",如:

廿八年啓陵鄉歜已死Ⅰ佐見已死。廿九年鄉歜、佐緩已死。卅年Ⅱ8－39

廿八年啓陵鄉守歜、佐【見】。Ⅰ廿九年鄉守歜、佐緩已死。Ⅱ
8－938＋8－1144

卅五年八月丁巳朔丙戌,都鄉守☑Ⅰ

士五(伍)兔詣少内受購。·今□☑Ⅱ8－660

九月丁亥日垂入,鄉守蜀以來。瘳☑8－660背

都鄉枝不以五月斂之,不𢡟(應)律。都鄉守芇謝曰:鄉徵斂之……8－1454＋8－1629

貳春鄉枝(枳)枸志。枝(枳)枸三木。☑下廣一畝,格廣半畝,高丈二尺。去鄉七里。卅四年不實。8－455

此類省稱我們可以具體分析。8－39號簡第二行"鄉歜"省去了"啓陵";8－938＋8－1144號簡第二行"鄉守歜"省去了"啓陵";8－660背"鄉守蜀"省去了"都";8－1454＋8－1629號簡後半句中的"鄉徵斂之"省去了"都";8－455號簡後半句中的"去鄉七里"省去了"貳春"。

由於前後文意連貫,語義順承。這種省稱,並不影響文書理解,故可以略去。

此外,我們發現還有又一種省稱方式。即鄉名僅剩一字,以首字代稱鄉名。可概括爲"首字省稱"。① 如"貳春"可省稱爲"貳","啓陵"可省稱爲"啓","都鄉"可省稱爲"都"。② 里耶簡中有辭例可證,如:

---

①裘錫圭先生在《嗇夫初探》一文中,已經列舉了郡、縣、亭有以首字而省的例子。(《雲夢秦簡研究》,中華書局,1981年)。

②《校釋》在釋8－62"都郵人"時認爲都鄉可省寫作都(《校釋》,頁48);魯家亮老師在《里耶秦簡所見遷陵三鄉補論》一文中亦有論述。

遷陵丗五年貇(墾)田輿五十二頃九十五畝,稅田四頃□□

户百五十二,租六百七十七石。衛(率)之,畝一石五;

户嬰四石四斗五升,奇不衛(率)六斗。8－1519

啓田九頃十畝,租九十七石六斗。

都田十七頃五十一畝,租二百卌一石。

貳田廿六頃丗四畝,租三百丗九石三。

凡田七十頃卌二畝。·租凡九百一十。

六百七十七石。8－1519背

丗三年正月庚午朔己丑,貳鄉守吾作徒薄(簿):受司空白粲一人,病。

8－1207＋8－1255＋8－1323

☑子,貳鄉守吾作徒薄(簿):受司空白粲一人,病。

8－1742＋8－1956

貳鄉上司馬丞。/亭手。/即令走涂行。……9－1112背

☑□巳,啓鄉守恬敢言之:廷【令】☑ 8－1797

"首字省稱"應用較廣,數據統計、作徒薄、日常上書等均有涉及。應是都鄉、啓陵鄉、貳春鄉之名爲人熟知之故。8－1663簡文作:

☑【遷】陵令☑

☑【敢】告尉,三鄉☑

☑□。/七月庚辰☑ 8－1663

此簡文就直接出現了"三鄉"一詞,《校釋》認爲:"蓋指遷陵縣下的都鄉、啓陵鄉、貳春鄉。"[①]由此知"三鄉"之名頗爲時人所知,故可簡省。

①《校釋》,頁374。

二、全稱現象

第一種是與"詣"連用時,用全稱。如:

丗年□月丙申,遷陵丞昌,獄史堪【訊】。昌辤(辭)曰:上造,居平□侍廷,爲遷陵丞。□當詣貳春鄉,鄉【渠、史獲誤詣它鄉,□失】道百六十七里。即與史義論貲渠、獲各三甲,不智(知)劾云貲三甲不應律令。故皆毋它坐。它如官書。8－754＋8－1007

☐寇將詣貳春鄉,如前書。敢☐ 8－1456①

詣啓陵鄉。8－610②

在"貳春"、"啓陵"後加"鄉",應是出於文書正規的要求,亦有可能是特意强調"鄉"的等級。因爲里耶簡中若所"詣"爲"縣",是省去"縣"的。如:

獄東曹書一封,丞印,詣無陽。·九月己亥水下三刻,□□以來。5－22

☐將詣臨沅 8－57

司空曹書一封,丞印,詣零陽。七月【壬申】□□☐ 8－375

尉曹書三封,令印。其一詣銷,一丹陽,一□陵。8－453

第二種是"作徒薄"中,"月簿"、"年簿"用全稱。如:

丗年八月貳春鄉作徒薄(簿)。

城旦、鬼薪積九十人。

仗城旦積丗人。

舂、白粲積六十人。

---

①蒙陳偉老師告知,此處"寇"字可有不同斷讀,"寇進犯貳春鄉(寇與下文連讀),或令某人率部前往貳春鄉支援(寇與初文斷讀)。"

②湖南省文物考古研究所《里耶秦簡(壹)》,文物出版社,2012年,釋文,頁40。

隸妾積百一十二人。

·凡積二百九十二人。

卅人甄。

六人佐甄。

廿二人負土。

二人□瓦。8－1143＋8－1631

"月簿"與"日簿"不同,"日簿"大概就是指逐日記載而言,"月簿"、"年簿"則是每月、每年匯總。① "日簿"有書寫責任人(某守＋人名),如:

廿八年九月丙寅,貳春鄉守畸徒薄(簿)。8－1280

卅一年五月壬子朔壬戌,都鄉守是徒薄(簿)。8－2011

卅一年四月癸未朔癸卯,啓陵鄉守逐作徒薄。8－1278＋8－1757

而"月簿"、"年簿"則無書寫責任人,而是某機構名,如:

廿八年十月司空曹徒薄(簿)已盡。8－1428

廿九年盡歲田官徒薄(簿)廷。8－16

卅四年十二月,倉徒薄(簿)冣 10－1170

由於"日簿"是逐日記載,需要有具體責任人——(某守)爲數據負責,而"月簿"、"年簿"則是匯總每日信息,數據成於衆人之手,有多個責任人,自然署機構名較爲合適,故應全稱。

第三種是單個鄉數據統計時,用全稱。② 如:

1.户口統計:

廿七年,遷陵貳春鄉積户⌀亡者二人。衜(率)之,萬五千三户而□8－927

卅五年遷陵貳春鄉積户二萬一千三百⌀Ⅰ毋將陽闌亡乏户。⌀Ⅱ8－1716

①陳偉《里耶秦簡所見秦代行政與算術》,簡帛網 http://www.bsm.org.cn/,2014－02－04。

②里耶 8－1519 號簡也是數據統計,並出現首字省稱。然其爲三鄉並存進行數據統計,與單個鄉數據統計不同。懷疑 8－1519 是遷陵縣進行的三鄉數據匯總。

卅四年,啓陵鄉見户、當出户賦者志:……8－518

2.牲畜統計:

貳春鄉畜員:

牝彘一。

豮一。

豭一。

牝犬一。

牡犬一。

雌雞五。

雄雞一。10－4

都鄉畜志☐

牡彘一。☐

牡豕四。☐8－2491

3.枝枸統計:

貳春鄉枝(枳)枸志。枝(枳)枸三木。☐下廣一畝,格廣半畝,高丈二尺。去鄉七里。卅四年不實。8－455①

4.漆統計:

卅七年遷陵庫工用計,受其貳春鄉鬃☐

桼(漆)三升,升歙(飲)水十一升,乾重八。☐9－1138

數據統計貴在正規精準,並備核查、上報。"貳春鄉"、"啓陵鄉"、"都鄉"之稱較"貳春"、"啓陵"、"都"正式,並能明示等級爲"鄉",因爲"縣"統計時,是省去"縣"的。如:

卅二年,遷陵積户五萬五千五卅四。8－552

第四種是與"黔首"連用時,"都鄉"全稱,啓陵、貳春亦有全稱可能。

都鄉黔首毋不平苦者。8－1796

都鄉黔首毋濮人、楊人、臾人。☐9－2307

都鄉黔首毋良藥、芳草□☐9－1308

①高一致學兄認爲此簡可能是有關奇异的記錄。

啓陵鄉廿七年黔首將☐Ⅰ8－223

第五種是“檢”上普遍用全稱。整理者把“大多數下端削尖。長八至二三厘米”的簡稱爲“檢”,①經核查,“檢”上普遍用全稱。② 如下圖:

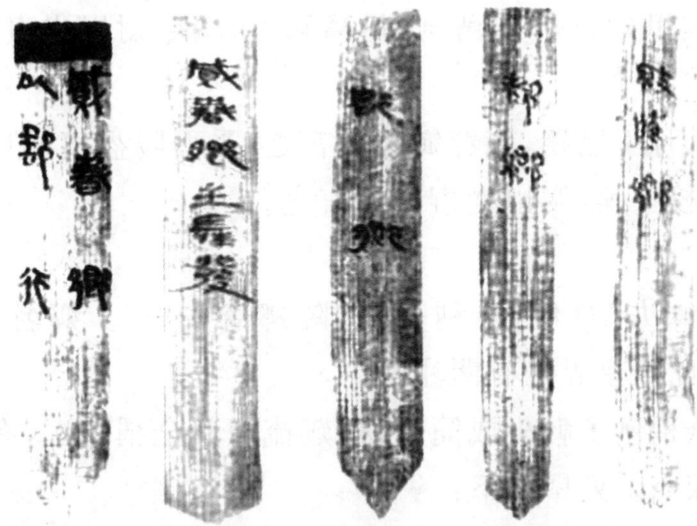

8-1147　　8-1548　　8-842　　8-1359　　8-250

貳春鄉Ⅰ以郵行。Ⅱ8－1147

貳春鄉主驀發。8－1548

都鄉。8－842

都鄉。8－1359

啓陵鄉。8－250

此類簡疑是發往各鄉的“文書檢”,用於封緘文書③。全稱較爲正式,也可能是本應如此,故應全稱。

第六種是後跟人名時,用全稱。如:

---

①湖南省文物考古研究所《里耶秦簡(壹)》,文物出版社,2012 年,頁 2。

②蒙魯家亮老師告知,8－1725“貳春”,8－1273“卅五年都”應注意。經核查,8－1725 有殘斷,不能判斷爲“檢”;8－1273 號簡從簡文“卅五年都”看,非“檢”,雷海龍兄認爲:“該簡有被削去部分文字的可能。”從目前公佈資料而言,“檢”上用“全稱”較爲普遍。

③李均明《秦漢簡牘文書分類輯解》,文物出版社,2009 年,頁 444。

廿六年五月卒巳朔庚子,啓陵鄉應敢言之……16—9①

廿八年七月戊戌朔辛酉,啓陵鄉趙敢言之:令曰二月壹上人臣治(笞)者名。·問之,毋當令者。敢言之。8—767

卅二年正月戊寅朔甲午,啓陵鄉夫敢言之:成里典、啓陵郵人缺。除士五(伍)成里匄、成,成爲典,匄爲郵人,謁令尉以從事。敢言之。8—157

卅五年八月丁巳朔,貳春鄉茲敢言之:受酉陽盈夷鄉户隸計大女子一人,今上其校一牒,謁以從事。敢言之。

8—1565

以"啓陵鄉夫"爲例,全稱是"啓陵鄉嗇夫夫"。鄉名全稱,省去了"嗇夫"官名,此類學界已有關注。②

有一些全稱例子較少或簡殘,很難梳理其全稱情況,有待資料的進一步公佈去探究。列舉如下:

六月都鄉不上乙丑作徒【薄(簿)】□☐ 8—1425

☐居都鄉☐ 8—2379

倉守擇受啓陵鄉 8—1078

☐陵鄉成里户人士五(伍)成隸☐ 8—1813

啓陵鄉未有枼(牒)16—9

☐□【貳春鄉】□□□□□【貳春鄉】☐ 8—1456

☐貳春鄉要常Ⅰ

☐鄉樛、佐笞得Ⅱ 8—1943③

①張春龍:《里耶秦簡中戶籍和人口管理記錄》,簡帛網,http://www.bsm.org.cn/,2009—11—16。

②參看裘錫圭先生《嗇夫初探》(《雲夢秦簡研究》,中華書局,1981 年),李學勤先生《〈奏讞書〉與秦漢銘文中的職官省稱》(《中國古代法律文獻研究》第 1 輯,巴蜀書社,1999 年),劉樂賢先生《里耶秦簡和孔家坡漢簡中的職官省稱》(《文物》2007 年第 9 期),陳偉先生《里耶秦簡中公文傳遞記錄的初步分析》(簡帛網 http://www.bsm.org.cn/,2008—05—20)。

③笞,伊强先生認爲當是"笱"字。(《〈里耶秦簡牘校釋(第一卷)〉》補正(3)》,簡帛網 http://www.bsm.org.cn/,2013—12—05。

☐【啓】陵鄉聽☐Ⅱ8－421

☐貳春鄉治□☐8－661背

三、餘論

文書行文本有格式，然而在書寫時，省稱與全稱有雜糅使用的現象。如：

卅年十月辛卯朔乙未，貳春鄉守綽敢告司空主，主令鬼薪軫、小城旦乾人爲貳春鄉捕鳥及羽。羽皆已備，今已以甲午屬司空佐田，可定簿。敢告主。8－1515

廿八年七月戊戌朔乙巳，啓陵鄉趙敢言之：令令啓陵捕獻鳥，得明渠雌一。以鳥及書屬尉史文，令輸。文不肎（肯）受，即發鳥送書，削去其名，以予小史適。適弗敢受。即詈適。已有（又）道船中出操枏〈楫〉以走趙，奊訽詈趙。謁上獄治，當論論。敢言之。令史上見其詈趙。8－1562

兩簡文書内容有相似處，8－1515是"捕鳥及羽"，8－1562是"捕獻鳥"。然而我們發現，8－1515是"貳春鄉"，爲全稱書寫；而8－1562却是"啓陵"，是省稱書寫。究其原因，還可進一步探尋。①

如：

☐□以郵行。十月丙子食時過□□

☐□臨沅□□一月甲□夕過□□郵。　　8－1432

☐　十一月丙申旦過都郵。

☐十一月癸卯旦過酉陽□郵。　　8－1432背

書一封，酉陽丞印，詣遷陵，以郵行。

---

①關於8－1562出現的省稱，高一致學兄認爲要與"令令啓陵捕獻鳥"結合分析，可能是轉引"令"的内容時，爲書寫方便，故而省稱。

廿八年二月癸酉,水十一刻刻下五,起酉陽廷。

二月丙子,水下九刻,過啓陵鄉。12—1799

兩簡文内容相似,8—1432 背是"過都",是省稱書寫;而 12—1799 是"過啓陵鄉",爲全稱書寫。

還有一些簡,由於簡殘等原因,還很難斷定省稱、全稱。如:

卅四年後九月壬辰朔壬寅,司空☐Ⅰ

載粟,謁告啓陵☐Ⅱ8—73

☐狐告啓陵☐Ⅰ8—421

兩簡都是"告+啓陵"的構成形式,格式一致,但是"啓陵"後一字兩簡均殘,省稱、全稱與否不得而知。

又如:

☐到貳【春】☐ 8—2405

☐襲夷山到與谿到爰淺到襲鼓山到貳Ⅰ

☐邑旁邑邑Ⅱ8—753

兩簡都是"到+貳"的構成形式,格式一致,但是"貳"後一字兩簡均殘,8—2405 號簡所殘字,《里耶》《校釋》認爲是"春"字;8—753 號簡所殘字,《里耶》《校釋》均無補入。省稱與否不得而知。

總之,里耶秦簡鄉名中出現省稱、全稱的現象,是有一定格式可循的。大體而言,省稱多是書寫方便之故,全稱多是文書行文正規的要求。然而這個現象比較複雜,許多問題還有待探尋,希冀後續資料的發佈,能爲鄉名的省稱與全稱提供更多實證資料。

漢代告地書集注①

李明曉②

摘　要:告地書是漢代時期特有的一種喪葬文書,又稱"告墓牘"、"告地策(冊)"等,主要內容是死者家屬或死者申請將戶籍遷移到地府的報告,它由地方官員向上級官員呈報,再轉交給地府官員備案,其文書送達對象一般為地下世界虛擬的官吏。本文對出土的9種漢代告地書材料進行集注,以期為漢代法律史研究提供一份重要的參考資料。

關於告地書的性質,學者有不同的看法。魯西奇先生(2014:61)指出東漢時期的鎮墓文、買地券與西漢告地策是一脈相承的③。黃盛璋先生(1996)認為雲夢龍崗六號秦墓出土木牘屬於告地書④。但劉國勝先生(1997:67)則認為是法庭判決書⑤,且多數學者認為此為法律文書⑥。

---

①本文寫作得到國家社科基金項目"出土先秦兩漢法律文獻整理與研究"(12XZS006)及中央高校基本科研業務費專項資金項目"出土魏晉法律文獻校注"(SWU1509405)的資助。

②李明曉,西南大學漢語言文獻研究所/出土文獻綜合研究中心　文學博士　重慶北碚400715。

③《中國古代買地券研究》,廈門大學出版社,2014年。

④《雲夢龍崗六號秦墓木牘與告地策》,《中國文物報》1996年7月14日第3版。

⑤劉國勝:《雲夢龍崗簡牘考釋補正及其相關問題的探討》,《江漢考古》1997年第1期頁62—69。

⑥可參張文瀚:《告地策研究述評》,《中國史研究動態》2013年第1期頁5—12。

據此,最早的告地書可能還是西漢以後出現。告地書的行文格式一般由以下七個部分組成:1. 起首有具體的時間記載。2. 都有專門的官員負責呈報。3. 都有"敢言之"之類的文書用語。4. 都有"地下丞"之類的報告對象。5. 報告的內容大都是名籍和隨葬的侍從、奴婢和車馬、器物清單。6. 都有"受數"、"書到爲報"、"受數毋報"的公文用語。7. 最後有文書書寫者的署款。目前出土的漢代"告地書"主要有江蘇邗江胡場5號漢墓、湖南長沙馬王堆3號漢墓、湖北鳳凰山168號漢墓及10號漢墓、江陵高臺18號漢墓、謝家橋1號漢墓、毛家園1號漢墓、隨州孔家坡8號漢墓等。

一、邗江胡場5號漢墓告地書

【解題】

1979年3月下旬,江蘇省邗江縣西湖公社社員在揚州市西郊約七公里胡場大隊整修水溝時,在不到200米的一段水溝中,先後發現漢墓四座。揚州市博物館會同邗江縣文化館,共同進行了清理。1980年4月中旬,該地群眾在整修水溝時又挖到木槨墓一座,編為胡場5號漢墓。墓中出土兩塊木牘,寬約3.5釐米、長23釐米,共隸書61字,前一塊42字,後一塊19字。《原報告》(頁17)稱之為文告牘,但許多學者指出應是告地書(策),即喪葬文書。雖然告地書(策)本身不屬於法律文獻,但因為文中男子王奉世是受刑而死,因此歸入涉法史料。

【釋文】

卌七年十二月丙子朔辛卯,廣陵宮司空長前、丞□敢告土主[1]:廣陵石里男子王奉世有獄事[2],事已,復故郡鄉1里[3]。遣自致,移栺(詣)穴[4]。卌八年,獄計承書從事,如律令[5]。2

【校注】

[1]卌(四十)七年十二月丙子朔辛卯:《原報告》(頁 19)指出是宣帝本始三年(公元前 71 年)十二月十六日。黄盛璋先生(1996:54)則認為是十九日。廣陵宫:廣陵王劉胥之王宫。司空:掌管刑徒。劉昭瑞先生(2002:441)認為:木牘中的廣陵宫司空等也應是虚擬的陰界官名,不過,與江陵鳳凰山 168 號墓所出木牘文中的"江陵丞敢告地下丞"一語比較來看,"地下丞"應是指江陵一地的地下丞,那麽,廣陵宫司空也同時應是人間實有的官名。而魯西奇先生(2008:63)則認為:這裡的宫司空當是虚擬的地下主吏,而非陽世實有之官。

前:從《原報告》(頁 17)釋。黄盛璋先生(1996:54)認為應釋為"能"。田天先生(2012:296):釋"能"顯與字形不符,細究字形,此字右部也與"前"稍異,如何隸定仍有斟酌的餘地。

所缺之字,[日]西林昭一先生(2000:185)釋"眥",田天先生(2012:296)從之。梁勇先生(2011:57)補為"呰",可參。

土主:黄盛璋先生(1998:157):"告地主"即告地下主。《中國簡牘集成》第 19 冊(頁 1866):主管當地土地的地府官吏或鬼神。

[2]獄事:獄訟之事。《中國簡牘集成》第 19 冊(頁 1866):"有獄事",有牢獄之事,指死者曾因罪入獄。"事已",牢獄之事已經結束,指死者已自牢獄獲釋放。

[3]已:結束。復:返回。黄盛璋先生(1996:54),胡平生、李天虹先生(2004:471)均將"復"歸上讀,胡平生、李天虹先生(2004:472)還指出:墓主可能是廣陵侯國的一名官吏,不知何故吃了官司,死後入葬,才宣佈"復除"。如果歸上讀,"復"即"解除"之義。此從下斷讀。

[4]致:送。移:王冰先生(2000:39)認為借作"迻",徙之義。栺(詣):黄盛璋先生(1998:157):詣地即到地府登報戶籍。《中國簡牘集成》第 19 冊(頁 1866):通"詣",往,到。陳松長先生(2008:25)認為通"枳",藩蔽。"栺穴"也許就是指有荊棘屏蔽的墓穴。如果這種理解不

太離譜的話,那麼“移栺穴”也許就是搬移其荊棘屏蔽、荒廢已久的墓穴之義。

穴:黃盛璋先生(1996:54)認為應釋“地”。趙寧先生(2014:192):字從广,但究竟如何釋讀,還有待考查。

[5]計:漢代的一種文書官吏。《中國簡牘集成》第 19 冊(頁 1866):“獄”下一字整理者釋為“計”,疑非是。據同類文書文例,此處似應作“獄丞”、“獄史”等。趙寧先生(2014:193):從字形上看釋“計”無誤。

承:從《原報告》(頁 17)釋。黃盛璋先生(1996:54)認為應釋“倅”或“辟”。王冰先生(2000:40)則釋作“辟”。西林昭一先生(2000:187)作“辟”,田天先生(2012:296)從之。趙寧先生(2014:193):“再下一字,非‘承’字,黃盛璋按摹本釋為‘倅’或‘辟’,仔細觀察圖版,發現摹本摹寫有誤,因此,釋“倅”或“辟”也是不可靠。”

如:黃盛璋先生(1996:54)認為應釋“臨”,參照之義,誤。

【譯文】

四十七年十二月丙子朔辛卯(宣帝本始三年十二月十六日),廣陵宮司空長前、丞□移書土地神:廣陵石里男子王奉世有獄訟之事,現在他已經死去,返回故鄉安葬。此移書由王奉世本人帶入墓穴作為證明。四十八年,負責獄計的官吏接到文書後,按律令辦理。

【相關問題研究】

劉昭瑞先生(2002)、陳松長先生(2008)均認為此牘是法律文書。陳松長先生(2008:24—25)指出:那很顯然,這件文書還是與“王奉世”的“獄事”有關。既然是由“獄計”來經辦的話,那這位有“獄事”的“王奉世”應該並沒死亡,所以在性質上跟孔家坡和高臺漢墓出土的“告地策”是有本質區別的。所以,這塊木牘與其說是“告地策”,還不如說是“刑獄木牘”更可靠。[德]傅敏怡先生(2010:46)亦認為:胡場 5 號墓明顯沒有列舉任何隨葬物品,只是指出了一個法律案例,也許是為在“移詣穴”的一個訴訟備案。

【參考文獻】

1. 揚州博物館、邗江縣圖書館:《江蘇邗江胡場五號漢墓》(簡稱《原報告》),《文物》1981 年第 11 期頁 12—20。

2. 黄盛璋:《邗江胡場漢墓所謂“文告牘”與告地策謎再揭》,《文博》1996 年第 5 期頁 54—59。

3. 黄盛璋:《地下書與告地策·遣策新論證》,《徐中舒先生百年誕辰紀念文集》,巴蜀書社,1998 年,頁 155—162。

4. [日]西林昭一主編:《江蘇連雲港·揚州新出土簡牘選》,每日新聞社,(財)每日書道會,2000 年。

5. 王冰:《揚州胡場漢墓群隨葬品所反映的幾個問題》,《東南文化》2000 年第 5 期頁 35—41。

6. 劉昭瑞:《記兩件出土的刑獄木牘》,《古文字研究》第二十四輯,中華書局,2002 年,頁 440—443。

7. 胡平生、李天虹:《長江流域出土簡牘研究》,湖北教育出版社,2004 年。

8. 魯西奇:《漢代買地券的實質、淵源與意義》,《中國史研究》2006 年第 1 期頁 47—68。

9. 陳松長:《告地策的行文格式與相關問題》,《湖南大學學報》2008 年第 3 期頁 21—25。

10. 傅敏怡著,李婧嶸譯:《論馬王堆 3 號漢墓“告地書”》,《湖南大學學報》2010 年第 4 期頁 42—47。

11. 梁勇:《江蘇邗江胡場五號漢墓木牘、銅印及相關問題再考》,《東南文化》2011 年第 2 期頁 55—59。

12. 田天:《江蘇邗江胡場五號漢墓木牘的再認識》,李學勤主編《出土文獻》第三輯,中西書局,2012 年,頁 291—304。

13. 趙寧:《散見漢晉簡牘的蒐集與整理》,吉林大學碩士學位論文,2014 年,頁 189—193。

【圖版】

圖 1　(引自《文物》1981 年第 11 期頁 18 圖一六、一七)

二、謝家橋 1 號漢墓告地書

【解題】

2007 年 11 月,荆州博物館在位於湖北省荆州市沙市區關沮鄉清河村六組謝家橋 1 號漢墓出土 3 塊竹牘,其中竹牘 1 長 23.65 釐米、寬 2.8～2.85 釐米、厚 0.35 釐米,其餘兩枚略小。2009 年荆州博物館編著《荆州重要考古發現》公佈了 3 枚竹牘照片。

【釋文】

五年十一月癸卯朔庚午[1],西鄉辰敢言之:郎中【五】大夫昌自言,母大女子恚死,以衣器、葬具及從者子、婦、偏下妻、奴婢、馬牛、物、人一牒=(牒,牒)百九十七枚[2]。昌家復毋(無)有所與[3],有詔令,謁告地下丞以從事。敢言之。(牘 1)

十一月庚午,江陵丞虒移地下丞,可令吏以從事[4]。丿臧手。(牘 2)

▁郎中五大夫昌母、家屬當復毋(無)有所與[5]。(牘 3)

【校注】

[1]此日為呂后五年十一月二十八日,即公元前 184 年 12 月 26 日。

[2]郎中:王貴元先生(2010:58):"主葬郎中"的省語,主持葬禮之人。張文翰先生(2012:68)指出:從上可知,謝家橋 1 號漢墓告地策中的"郎中五大夫昌",可能表示的是昌擔任的職官為郎中,爵級為五大夫。

劉國勝先生(2009)指出:"子、婦、偏下妻",似是指墓主的子、女及家内偏妻、下妻。偏妻、下妻,已見於張家山漢簡《二年律令》簡 42、176、361、368 等,指家内正妻之外的妻室。"奴婢、馬牛",以往出土《告地書》多有提及,應指家用奴婢、車輛及馬牛,在實際隨葬中一般以俑人及車、馬、牛明器代替。

牒:胡平生先生(2009,2012:267)指出:所謂"人一牒",即"每一個人寫一枚簡"。……而對於其他"衣器、葬具"及"馬、牛、物"等,則實際意義是說"每一個種類的物品寫一枚牒"。王貴元先生(2010:58):可理解為"編",指記錄隨葬物、人的遣策。

[3]劉國勝先生(2009)指出:牘 1 交代的另一個重要情況就是"昌家復毋(無)有所與",這是西鄉辰對昌家享受免除徭賦負擔的證明。

[4]王貴元先生(2010:58):虒移,即遞移,義謂傳遞。虒即遞字,傳遞。張文翰先生(2012:69):虒,江陵丞的名字。

[5]家屬:昌之家内。劉國勝先生(2009)指出:牘 3 似可看作是《告

地書》正文(即牘 1、牘 2)的附件,其作用並不僅是徙移人員名籍的登報,同時更是徙移人員免除徭賦負擔的證件。

【譯文】

西漢呂后五年十一月二十八日,西鄉辰向江陵縣丞呈報:郎中五大夫昌為死去的母親恚申請遷徙地下,將其衣服器物、葬具以及墓主的子、女及家內正妻之外的妻室以及家用奴婢、車輛及馬牛,每人、每件物品寫一枚簡,共一百九十七枚。免除昌家的徭役負擔,請求地下丞按詔令辦事。(牘 1)

呂后五年十一月庚午這一天,江陵縣丞批準申請並移交地下丞,讓陰間小吏來辦理此事。經手人臧。(牘 2)

郎中五大夫昌的母親家屬應當免除徭役負擔。(牘 3)

【參考文獻】

1. 楊開勇:《謝家橋 1 號漢墓》,《荊州重要考古發現》,文物出版社,2009 年,頁 191。

2. 劉國勝:《謝家橋一號漢墓〈告地書〉牘的初步考察》,《江漢考古》2009 年第 3 期頁 120—122。

3. 胡平生:《謝家橋漢簡〈告地書〉釋解》,簡帛網 2009 年 4 月 15 日(http://www.bsm.org.cn/show_article.php? id=1025);又見《荊州新出簡牘釋解》,《湖南省博物館館刊》第六輯,嶽麓書社,2009 年,頁 281—287;亦見《胡平生簡牘文物論稿》,中西書局,2012 年,頁 264—273。

4. 荊州博物館:《湖北荊州謝家橋一號漢墓發掘簡報》,《文物》2009 年第 4 期頁 26—42。

5. 曾劍華:《謝家橋一號漢墓簡牘概述》,《長江大學學報》2010 年第 2 期頁 9—11。

6. 王貴元:《謝家橋一號漢墓〈告地策〉字詞考釋》,《古漢語研究》2010 年第 4 期頁 57—59。

7.【日】西林昭一:《簡牘名跡選 12—湖北·江蘇·甘肅·湖南篇》,株式會社二玄社,2012 年,頁 18—21。

8. 張文瀚:《謝家橋一號漢墓告地策補釋》,《中原文物》2012 年第 6 期頁 66－69。

【圖版】

圖 2 （牘 1 引自《文物》2009 年第 4 期頁 36 圖二三）

三、江陵高臺 18 號漢墓告地書

【解題】

牘 M18－35:乙,長 23.2 釐米、寬 4.5 釐米、厚 0.4 釐米,中部右側殘缺一小塊,4 行 63 字。M18－35:丙,長 23、寬 3.7,厚 0.4 釐米。最初釋文見湖北省荊州地區博物館:《江陵高臺18號墓發掘簡報》(以下稱《簡報》,《文物》1993年第8期頁12—20)。另可見湖北省荊州博物館:《荊州高臺秦漢墓—宜黃高速荊州段田野考古報告之一》頁222(以下稱《報告》,科學出版社,2000年)。

【釋文】

七年十月丙子朔庚子[1],中鄉起敢言之[2]:新安大女燕,自言與大奴甲、乙,大婢妨徙安都[3],謁告安都,受名數[4],書到爲報。敢言之。十月庚子江陵龍氏丞敬移安都丞。/亭手[5]。/(M18—35:乙正面)

産手。/(M18—35:乙背面)

新安戶人大女燕,關内侯寡[6]

大奴甲

大奴乙

大婢妨[7]　　家優不筭(算)不顧〈徭〉[8]。(M18—35:丙正面)

【校注】

[1]七年十月丙子朔庚子:漢文帝前元七年(前173年)。

[2]中鄉起:中鄉,燕的戶籍所在地,江陵縣鄉名。《簡報》(頁19):此牘當為江陵中鄉龍氏名起的丞為死者燕寫給"安都丞"的文書。劉樂賢先生(2007:95)指出:顯然,"中鄉起"是中鄉有秩起或中鄉嗇夫起的省略。

新安:《簡報》(頁19)稱是漢縣,故城在今河南澠池縣東。安都故城在直隸高陽縣10公里。劉國勝先生(2002:445)則指出:牘文中的"安都"不是地上實有地名,而是地下冥府的一種稱名。"新安"不是縣名,應是里名,牘文所記"中鄉"是"新安"里所屬之鄉。墓主"大女燕"的戶籍應就在當時的江陵縣中鄉新安里。趙海龍先生(2014:23)認為是縣名。此從劉說。

自言:于麗微先生(2014:29):自己提出申請説明。

徙:遷徙戶籍。

[4]名數:《簡報》(頁 19)釋"小數"。黃盛璋先生(1994:42)指出其誤,應為名數,指戶籍。

[5]敬:《簡報》(頁 19)作"敢",《報告》(頁 224)改釋作"敬"。邢義田先生(2005)認為"敬"應是江陵丞龍氏的名①。

手:書寫、簽名。

[6]戶人:張俊民先生(2001:289):戶主。

關內侯寡:賈麗英先生(2012:74)指出:"告地書中提到的身份並不會是墓主在現實生活中的身份,它只是死者本人或在世的人對死者地下生活的希冀。"

[7]黃盛璋先生(1994:42)指出:第三牘,與第二牘正面相合疊放,而在其下,二牘相合應表為同一文,而為其後附之件,即作為登報戶籍之具體材料移告地下者。《報告》(頁 227)指出:牘丙第一行為"新安戶人大女燕,關內侯寡",寫明了墓主生前所具有的戶籍是新安戶籍,即大女燕是新安人氏。"關內侯寡",表明大女的身份是某關內侯的寡妻。……牘丙的第二、三、四行分別寫著"大奴甲、大奴乙、大婢妨",這是此"名數"上所登記的燕的奴婢,登記奴婢的目的與登記車輛等財產一樣,是為了繳納算賦,家中若畜有奴婢,在名數上是要必須登記清楚的。

[8]《簡報》(頁 19):"家憂"即家無男丁,則更是說明燕為寡女。黃盛璋先生(1994:42):"優"即優倡、俳優之"優"。黃盛璋先生(1998:156):"家優"即家奴、婢,與戶主同作為家口登報。《報告》(頁 227):"優"字在這裏的主要意思是"優復",即大女燕家享受優復的待遇。……所謂優復是依據法律規定或者國君的詔令,免除其應納的租賦和應服的徭役。西漢時期,凡鰥寡孤獨者均可享受優復的待遇,對於高齡老者,政府還派人進行慰問,賜以糧帛。根據牘文之意,大女燕似乎因其為"寡"而取得優復。

①邢義田:《湖南龍山里耶 J1(8)157 和 J1(9)1—12 號秦牘的文書構成、筆跡和原檔存放形式(連載二)》,簡帛網 2005 年 11 月 14 日(http://www.bsm.org.cn/show_article.php? id=78)。又見《簡帛》第一輯,上海古籍出版社,2006 年,頁 275—296。

顧:《報告》(頁 228)作"顥(縣)"。黄盛璋先生(1998:156):"不算"是不納算賦。胡平生、李天虹先生(2004:373):"顧"字應當是從言繇聲"䚻"字之訛,讀為徭役之"徭"。"不算"是免交算賦,"不徭"是免除徭役。

【譯文】

漢文帝前元七年(前 173)十月二十五日,江陵中鄉長官起替死者(墓主人)關内侯姬妾燕上報:新安里大女燕連同大奴甲、乙以及大婢妨自願遷往安都。起請江陵丞將此事告知安都(地下冥府),接受大女燕的户籍,登録在冊。

十月庚子這一天,江陵縣丞龍氏向地下冥府恭送地發送遷徙文書。

(以下為"亭"、"產"的簽名)

新安户主大女燕是關内侯寡婦,有大奴甲、乙與大婢妨。免交算賦,免除徭役。

【參考文獻】

1. 黄盛璋:《江陵高臺漢墓新出"告地策"、遣策與相關制度發覆》,《江漢考古》1994 年第 2 期頁 41—44,26。

2. 黄盛璋:《地下書與告地策 · 遣策新論證》,《徐中舒先生百年誕辰紀念文集》,巴蜀書社,1998 年,頁 155—162。

3. 張俊民:《江陵高臺 18 號墓木牘釋文淺析》,《簡帛研究二〇〇一》(上冊),廣西師範大學出版社,2001 年,頁 288—291。

4. 劉國勝:《高臺漢牘"安都"别解》,《古文字研究》第二十四輯,中華書局,2002 年,頁 444—448。

5. 胡平生、李天虹:《長江流域出土簡牘研究》,湖北教育出版社,2004 年。

6. 張金光:《秦制研究》,上海古籍出版社,2004 年。

7. 劉樂賢:《里耶秦簡和孔家坡漢簡中的職官省稱》,《文物》2007 年第 9 期頁 93—96。

8. 郗文倩:《漢代告地書及其文體淵源述論》,《南都學刊》2011 年第 3 期頁 1—5。

9. 賈麗英:《告地書中“關内侯寡”“五大夫”身份論考》,《魯東大學學報》2012 年第 2 期頁 69—75。

10. 賈麗英:《秦漢家庭法研究:以出土簡牘為中心》,中國社會科學出版社,2015 年。

11. 于麗微:《高臺、關沮、胥浦漢墓簡牘集釋與文字編》,吉林大學碩士學位論文,2014 年。

12. 趙海龍:《湖北江陵高臺 18 號漢墓的再認識》,《牡丹江大學學報》2014 年第 7 期頁 22—24。

【圖版】

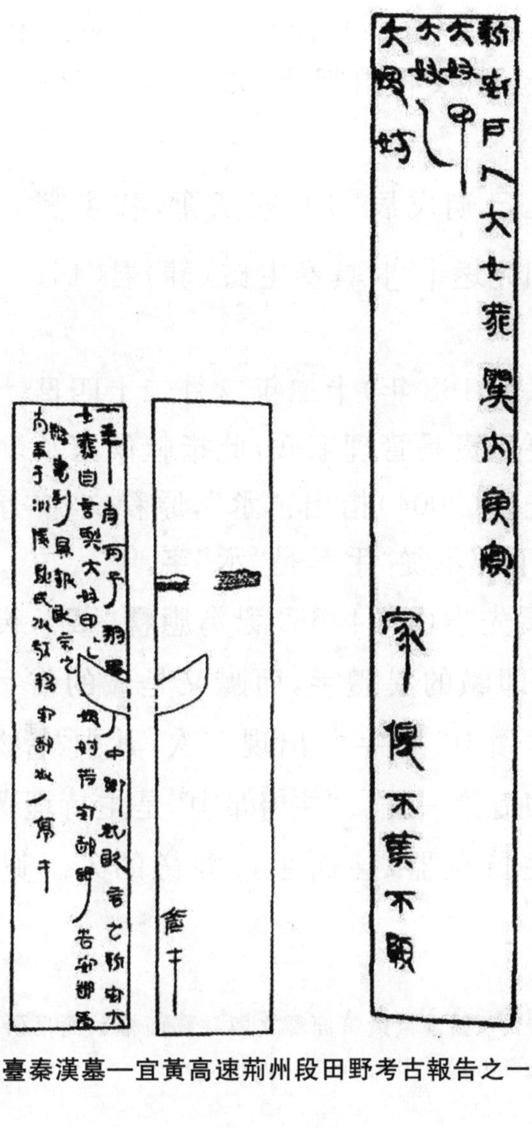

圖 3 (摹本,引自《荊州高臺秦漢墓—宜黃高速荊州段田野考古報告之一》頁 223 圖一六三:2、3、4)

四、馬王堆3號漢墓告地書

【解題】

此牘是紀年木牘,長27.5釐米、寬3.5釐米。湖南省博物館、中國科學院考古研究所《長沙馬王堆二、三號漢墓發掘簡報》公佈了此牘的釋文與圖版(《文物》1974年第7期頁39—48、63),另見湖南省博物館、湖南省文物考古研究所《長沙馬王堆二、三號漢墓第一卷田野考古發掘報告》頁43、彩版一七(文物出版社,2004年)。

【釋文】

十二年二月乙巳朔戊辰[1],家丞奮,移主⿱臧貝(葬)郎中[2],移⿱臧貝(葬)物一編。書到光送[3],具奏主⿱臧貝(葬)君[4]。

【校注】

[1]指漢文帝(前168年)十二年二月二十四日。

[2]家丞:主要職責是管理家政,此指軑侯家丞。丞:《簡報》(頁43)作"承"。何有祖先生(2004)指出:"丞",原釋文作"承",讀作"丞"。按:從圖版來看,此字下部不從"手",是"丞"字。①

⿱臧貝(葬):陳松長先生(1994:68)認為應釋"藏",後來他(1997:63)又指出:筆者認為,⿱臧貝即贓的異體字,而贓又是藏的俗字,意即藏匿。馬王堆三號漢墓紀年木牘中"⿱臧貝"字共出現三次,其中"⿱臧貝物一編"即指要藏於棺室中的隨葬器物遣策一編。"主⿱臧貝郎中"是主持埋藏隨葬器物的郎官,"主⿱臧貝君"則應是主持藏器,甚而主持葬儀的人。賀強先生(2006:39)從之。

---

①何有祖:《馬王堆二、三號漢墓遣策簡釋文與註釋商榷》,簡帛研究網2004年12月19日(http://www.jianbo.org/admin3/list.asp? id=1283)。

［3］以前釋“先選（撰）”，挑選遣送。而陳松長先生（1994:68）釋為“先質”，質，驗對。李家浩先生（1994:90）指出 1975 年聽他人説李學勤先生釋此二字作“光逘”，讀作“壙垙”。壙，墓穴；垙，塚中穴。伊強先生（2005:4）、賀強先生（2006:39）均從之。

［4］主葬君：俞偉超先生（1975:13）在 1975 年 7 月“鳳凰山一六八號漢墓座談紀要”中指出：馬王堆三號墓告地下官吏文中的“主藏郎中”和“主藏君”，便是假設主管死者的兩級地下官吏，其“主藏君”當指最高的官吏。林劍鳴先生（1984:88）亦指出：“主⿱臧貝君”、“主⿱臧貝郎中”也並非實有其官，而是當時人們想象中的、在陰間管理物品的官吏。陳松長先生（1997:63）則認為：由此，我們可以斷定馬王堆三號漢墓紀年木牘上所記的“主藏郎中”、“主藏君”，並不是杜撰的地下官吏，而應是由漢天子或長沙國王派遣來主持葬儀的郎中令和持節使君。汪桂海先生（2008:243）：主藏郎中應是地下專門負責軑侯家產的小吏。傅敏怡先生（2010:44）指出：“主藏君”，很有可能指的就是長沙地方王室或長安中央朝廷派出的一個“視葬”代表。此從俞説。

【譯文】

漢文帝十二年（前 168 年）二月二十四日，死者（軑侯）的家丞奮移書地府負責的藏郎中，附送物品清單一編。此書到墓穴之後，上報主藏君。

【參考文獻】

1.《關於鳳凰山一六八號漢墓座談紀要》，《文物》1975 年第 9 期頁 9—28。

2. 林劍鳴：《簡牘概述》，陝西人民出版社，1984 年。

3. 陳松長：《馬王堆三號漢墓木牘散論》，《文物》1994 年第 6 期頁 64—70。

4. 陳松長：《馬王堆三號漢墓紀年木牘性質的再認識》，《文物》1997 年第 1 期頁 62—64，61。

5. 李家浩：《毋尊、縱及其他》，《文物》1996 年第 7 期頁 89—90、74。

6. 伊強:《談〈長沙馬王堆二三號漢墓〉遣策釋文和註釋中存在的問題》,北京大學碩士學位論文,2005 年。

7. 賀強:《馬王堆漢墓遣策整理研究》,西南大學碩士學位論文,2006 年。

8. 汪桂海:《漢代簡牘中的告地策資料》,《簡帛研究二〇〇六》,廣西師範大學出版社,2008 年,頁 242－248。

9. 傅敏怡著,李婧嶸譯:《論馬王堆 3 號漢墓"告地書"》,《湖南大學學報》2010 年第 4 期頁 42－47。

【圖版】

圖 4 (引自《文物》1974 年第 7 期圖版拾貳:11)

五、江陵毛家園1號墓告地書

【解題】

1986年湖北省博物館發掘江陵毛家園1號漢墓時出土木牘,長22.1釐米、寬4.2釐米。

【釋文】

十二年八月壬寅朔己未[1],建鄉疇敢告地下主:泗(?)陽關内侯寡大女精死[2],自言以家屬、馬牛徙。今牒書所與徙者七十三牒移[3]。此家復不事[4]。可令吏受數以從事[5],它如律令。敢告主。

【校注】

[1]十二年八月:漢文帝前元十二年(公元前168年)。

[2]泗(?)陽:"泗"字待考。

[3]牒書所與徙者七十三牒:劉國勝先生(2008):"所"下一字,《年鑒》釋為"具",《書寫》釋文採用但存疑,我們疑當釋為"與"。《漢書·淮南衡山濟北王傳》:"於是盡誅所與謀者。""所與徙者"是指和墓主大女精一同徙於地下者,即包括上文所説"家屬"、"馬牛"在内的所有送葬諸器。"徙者"之下,《書寫》釋文作"囗牒"。我們認為"牒"之上當作"七十三"。"七十"為合文,"三"字尚可辨識。"七十三牒",是指遣冊用以登記送葬物品的七十三支簡。牒書:《年鑒》:"竹簡計74枚,内容為遣策,木牘1件,自名'牒書',……""牒書"若視作名詞,則似當指與《告地書》牘一同隨葬的74枚竹簡成編的遣冊,不太可能是指《告地書》牘。不

過,我們以為,此處“牒書”大概是條書於簡牒的意思。《漢書·薛宣朱博傳》“乃手自牒書,條其奸臧”,顔師古注:“牒書謂書於簡牒也。”

[4]此家復不事:“此家”,指關内侯寡大女精家。復不事:是免除徭賦負擔的意思。

[5]可令吏受數以從事:劉國勝先生(2008)指出:“吏”,《書寫》釋為“史”。史、吏一字分化,字形接近。原文上部筆畫漫泐,字是作“史”還是“吏”不好確定。結合文例考慮,當以釋“吏”為妥。“受數”,兩字原文較模糊,《書寫》釋文作“口路(?)”。細審,當是“受數”二字。“受數”,又見於隨州孔家坡八號漢墓出土《告地書》牘,是指接受名數,包括精及其家屬、馬牛。

【譯文】

前漢建元十二年八月,建鄉疇上告地下主:泗陽關内侯寡大女精去世,家屬、馬與牛一起遷往地下。用以登記送葬物品有七十三支簡。内侯寡大女精家免除徭賦負擔。命令官吏接受名數,其它按照律令行事。

【參考文獻】

1. 楊定愛:《江陵縣毛家園1號西漢墓》,中國考古學會編:《中國考古學年鑒1987》,文物出版社,1988年,頁204。

2. 湖北省博物館:《書寫歷史:戰國秦漢簡牘》,文物出版社,2007年,頁75。

3. 劉國勝:《江陵毛家灣一號漢墓〈告地書〉牘補議》,簡帛網2008年10月27日(http://www.bsm.org.cn/show_article.php?id=890)。

【圖版】

圖5　(引自《書寫歷史:戰國秦漢簡牘》頁75)

六、鳳凰山168號漢墓告地書

【解題】

1975年3月,湖北省紀南城文物保護與考古發掘工作領導小組,舉辦亦工亦農文物考古訓練班。1975年3月至6月,訓練班的學員和湖北、湖南、北京、長江流域規劃辦公室文物考古隊的文物考古工作者,在鳳凰山

168 號西漢墓發現竹牘一枚,長 23.2 釐米、寬 4.1—4.4 釐米、厚 0.3 釐米。

【釋文】

十三年五月庚辰[1],江陵丞敢告地下丞:市陽五大夫隧(遂)自言[2]與大奴良等廿八人、大婢益等十八人、軺車二乘、牛車一兩、騶馬四匹、駠馬二匹、騎馬四匹[3],可令吏以從事[4],敢告主。

【校注】

[1]十三年五月庚辰:指漢文帝前元十三年(公元前 167 年)五月十三日。

[2]地下丞:地下陰間管理死者的小吏。市陽:市陽里。

[3]軺車:駕馬的輕便小車。騶馬:大庭修先生(1992:247):疾馳之馬。駠馬:赤色黑毛尾馬。

[4]令吏以從事:要地下官吏按照律令辦事。

【譯文】

(漢文帝前元)十三年五月十三日這一天,江陵縣丞請地下丞轉告地下陰間官吏:居住在江陵縣(西鄉)市陽里的五大夫遂過世了,他帶領成年奴婢良等廿八人、大婢益等十八人以及軺車二乘、牛車一輛、騶馬四匹、駠馬二匹、騎馬四匹等前來陰間報到,請地下的官吏按照律令辦事。

【參考文獻】

1. 紀南城鳳凰山一六八號漢墓發掘整理組:《湖北江陵鳳凰山一六八號漢墓發掘簡報》,《文物》1975 年第 9 期頁 1—7,22。

2. 大庭修:《漢簡研究》,同朋舍,1992 年。

3. 湖北省文物考古研究所:《江陵鳳凰山一六八號漢墓》,《考古學報》1993 年第 4 期頁 455—512。

4. 湖北省文物考古研究所:《江陵鳳凰山西漢簡牘》,中華書局,2012 年。

5. 章水根:《江陵鳳凰山漢墓簡牘集釋》,吉林大學碩士學位論文,2013 年。

【圖版】

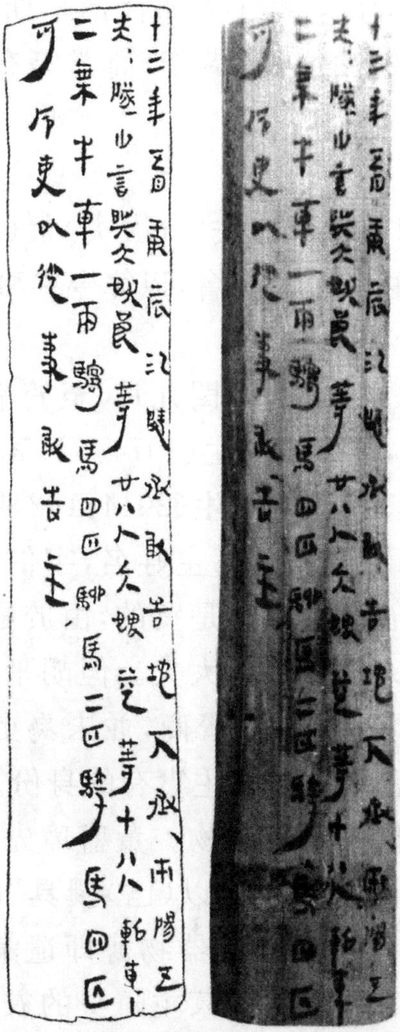

圖 6 （引自《江陵鳳凰山西漢墓簡牘》頁 181）

七、湖北江陵鳳凰山 10 號漢墓告地書

【解題】

1973 年 9 月中旬至 11 月中旬，長江流域規劃辦公室考古隊舉辦了第二期文物考古工作人員訓練班。參加該班的上海、江蘇、浙江、安徽、

江西、河南、湖北等七省市學員八十餘人,在湖北江陵楚故都紀南城内進行田野考古發掘的實習,發掘了九座西漢早期的土坑木槨墓,發現了一批記載西漢早期的賦税、徭役、借貸、商業等有關經濟方面的竹簡和木牘。

【釋文】

四年後九月辛亥[1],平里五夫=(大夫)倀(張)偃敢告地下主[2]:偃衣器物,所以葬具器物[3],可令會,以律令從事[4]。(1背)

【校注】

[1]指漢景帝四年(前153年)閏九月,至於辛亥具體指哪一天,《簡報》(頁51)説二十一日,裘錫圭先生(1974:54)認為是初八,黄盛璋先生(1974:71)認為是初六。章水根先生(2014:142)則認為是初八日。

[2]《報告》(頁145):張偃為墓主姓名,字伯。五大夫:黄盛璋先生(1974:71)認為死者之五大夫肯定是買的,由於爵至五大夫就可免除一人的終身徭役,所以此人買爵至五大夫。但胡平生、李天虹先生(2004:33—334)指出死者身為地主而又營商,並未為吏。而我們則懷疑那只是騙騙"地下主"的爵號,並不是墓主實有的身份。

[3]此指墓主人張偃的隨葬器物。黄盛璋先生(1993:20)指出:"偃衣器物"即正面遣策所開列者,"所以(已)撰具"謂已經撰寫好,告地下主的目的,就是向地下官府報偃衣器物簿即遣策。劉國勝先生(2009:120)指出:"衣器、葬具",大概是指墓主隨身的衣物、器物及葬具。鳳凰山十號漢墓《告地書》牘文"偃衣器物、所以葬(?)具口移(?)",亦提到類似的物品。

[4]會:規定日期交予。胡平生、李天虹先生(2004:333)斷上,"令會"。章水根先生(2014:149)歸下讀,人名。

【譯文】

漢景帝四年九月,平里五大夫張偃上告地下主:張偃的衣服器物可在規定的日期交予。按照律令行事。

【參考文獻】

1. 裘錫圭:《湖北江陵鳳凰山十號漢墓出土簡牘考釋》,《文物》1974

年第 7 期頁 49—63。

2. 黄盛璋:《江陵鳳凰山漢墓簡牘及其在歷史地理研究上的價值》,《文物》1974 年第 6 期頁 66—77。

3. 劉國勝:《謝家橋一號漢墓〈告地書〉牘的初步考察》,《江漢考古》2009 年第 3 期頁 120—122。

4. 陳淑珍、田河:《江陵鳳凰山十號漢墓六號牘校釋》,《絲綢之路》2014 年第 12 期頁 48—49。

【圖版】

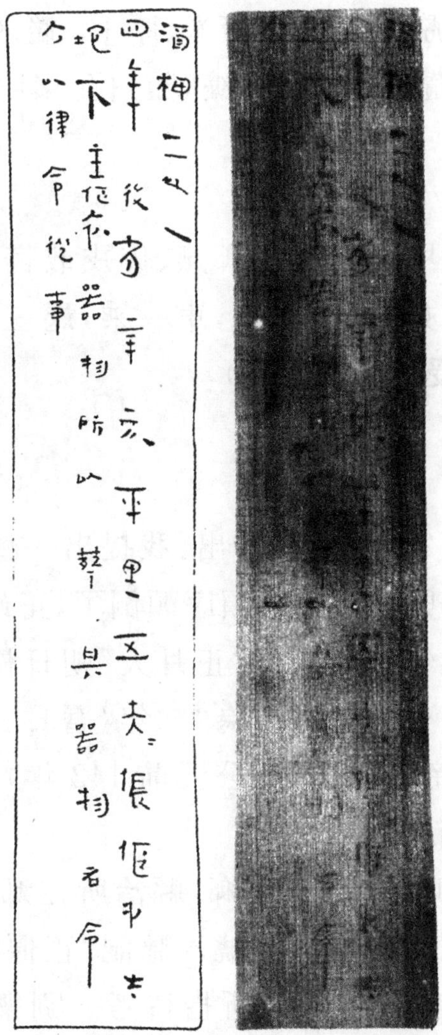

圖 7 (引自《江陵鳳凰山西漢墓簡牘》頁 91)

八、孔家坡8號漢墓告地書

【解題】

1998年10月,湖北隨州孔家坡磚瓦廠取土時發現古墓葬,隨州考古工作隊隨即對其展開搶救性發掘,其中在8號漢墓發現竹簡與木牘。木牘長方形,長23.4釐米、寬4.7釐米、厚1.5釐米。最終整理報告見湖北文物考古研究所、隨州市考古隊編《隨州孔家坡漢墓簡牘》(以下簡稱《整理報告》)。

【釋文】

二年正月壬子朔甲辰[1],都鄉燕、佐戎敢言之[2]:庫嗇夫辟與奴宜馬、取、宜之、益衆,婢益夫、來衆,車一乘,馬三匹[3]。正月壬子,桃侯國丞萬移地下丞,受數[4](正面)

毋報。定手[5]。(背面)

【校注】

[1]武家璧先生(2009:122)指出:我提出一種可能:即《告地書》的抄寫者可能將朔干支與日干支的順序顛倒了,正確的寫法應該是"二年正月甲辰朔壬子",與《曆日》中的"正月大"朔日格在甲辰簡相合,壬子為正月初九日。於是整個曆譜當為"二年《曆日》"。查張培瑜《三千五百年曆日天象》漢景帝後元二年(公元前142年)正月甲辰朔,故《告地書》"二年"當為漢景帝後元二年。

《整理報告》(頁197)指出:都鄉,縣治所在鄉。燕佐,疑為鄉屬官。湖北江陵鳳凰山十號墓出土的四號木牘記"正偃付西鄉偃佐纏吏奉","偃佐"與"燕佐"似為一名,具體所指待考。劉樂賢先生(2007:95)指出:準此,孔家坡《告地書》的"都鄉燕佐戎"也應理解為都鄉的有秩或嗇夫燕、鄉佐戎,燕和戎都是人名。也就是說,牘文是將有秩或嗇夫的稱為省略掉了。

[3]庫嗇夫:《整理報告》(頁 197):似指管理縣邑庫的官吏。墓中出土侍從木俑六個,與《告地書》所記奴婢數相符。

來:《整理報告》(頁 197)作“末”。單育辰先生(2010)指出:婢“來衆”的“來”作“”,整理者誤釋爲“末”。按,“來衆”之起名正可以與奴名“益衆”、婢名“益夫”相比。又,這些奴婢的名字過於整齊劃一,頗疑本是子虛烏有之人。王強先生(2014:177)從之。

車一乘,馬三匹:《整理報告》(頁 197)指出:墓中出土傘蓋一副,示意隨葬一乘車。墓中出土木馬三匹。

[4]《整理報告》(頁 197)指出:簡文“桃侯國”很可能是墓主人庫嗇夫辟的原籍。

[5]報:回復。定手:《整理報告》(頁 197)指出:“定”,人名。簡文“定手”是承辦文件官員的簽署。

【譯文】

漢景帝後元二年正月初九,都鄉有秩燕、鄉佐戎上告:庫嗇夫辟與奴宜馬、取、宜之、益眾,婢益夫、來眾,一乘車,三匹馬。正月初九,桃侯國丞萬移書地下丞,接受名數。

不用上報。定簽署文件。

【參考文獻】

1. 湖北文物考古研究所、隨州市考古隊編:《隨州孔家坡漢墓簡牘》,文物出版社,2006 年。

2. 劉樂賢:《里耶秦簡和孔家坡漢簡中的職官省稱》,《文物》2007 年第 9 期頁 93—96。

3. 武家璧:《隨州孔家坡漢簡〈曆日〉及其年代》,《江漢考古》2009 年第 1 期頁 120—126。

4. 單育辰:《佔畢隨錄之十二》,簡帛網 2010 年 3 月 15 日(http://www.bsm.org.cn/show_article.php? id=1232)。

5. 王強:《孔家坡漢墓簡牘校釋》,吉林大學碩士學位論文,

2014 年。

【圖版】

背　　　　正

圖 8　(引自《隨州孔家坡漢墓簡牘》頁 125)

九、安陽西高穴村漢墓告地書(狀)

【解題】

2009 年 12 月,河南省安陽縣安豐鄉西高穴村的一處東漢古墓,被河南考古專家潘偉斌等認定為曹操陵墓。此墓盜擾嚴重，有價值的文物所剩無幾，能夠認定墓主的證據並不多，因此此墓被認定為曹操墓後，在社會上引起強烈質疑。真正的墓主到底是誰，有待進一步考證。墓中出土一件告地狀。

【釋文】

墨畫零(靈)狀薦蘋蒻簟一具[1]。

【校注】

[1]零狀：即告地狀。

薦：席。簟：竹席。

【譯文】

墨書告地狀，一具竹席。

【參考文獻】

1. 河南省文物考古研究所、安陽縣文化局：《河南安陽市西高穴曹操高陵》，《考古》2010 年第 8 期頁 35－45。

2. 李劍峰：《安陽西高穴東漢墓文字刻石賞析》，《青少年書法》2010 年第 9 期頁 28－33。

3. 尹國興：《西高穴密碼》，齊魯書社，2013 年。

【圖版】

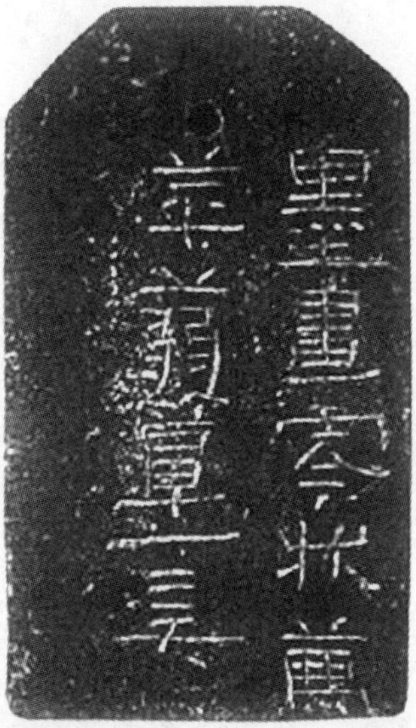

圖 9 (引自《青少年書法》2010 年第 9 期頁 33)

【附録】三件釋文未公佈的告地書

1. 1989 年 8 月至 9 月,江寧湖熟磚瓦廠在生產建設中發現東漢古墓葬,其中 M2 號墓出土永元五年(93)朱建告地策(見吳德厚主編:《江寧歷史文化大觀》,南京出版社,2008 年,頁 42),長 23.1 釐米、寬 6.6 釐米,木質。隸書,5 行 88 字。

2. 2001 年 3 月至 2004 年 1 月,荊州市博物館對位於荊州市沙市區關沮鄉岳橋村四、五組的岳橋古墓群進行發掘清理,在印臺墓地九座西漢墓出土竹、木簡 2300 餘枚,木牘 60 餘方,其中有告地書,記載了墓主的絕對下葬年代(見鄭忠華:《印臺墓地出土大批西漢簡牘》,荊州市博物館編:《荊州重要考古發現》,文物出版社,2008 年,頁 207—208)。但至今材料尚未公佈,告地書的具體内容尚不清楚。

3. 2014 年 9 月至 11 月,湖北省文物考古研究所和隨州市曾都區考古隊聯合組隊對位於湖北省隨州市曾都區周家寨村和孔家坡社區周家寨墓地進行了搶救發掘。其中在八號西漢墓出土木牘 1 枚,内容為《告地書》。木牘《告地書》關於"桃侯國"的記載進一步確認漢初隨州境内曾置有桃侯國的事實。可見羅運兵、史德勇、凡國棟:《湖北隨州周家寨漢墓發現大量漆器和簡牘》,《中國文物報》2015 年 2 月 27 日第 8 版。

讀封泥、璽印文字札記九則[①]

方 勇[②]

(一)

《中國の封泥》編號 231 封泥圖版作如下形[③]:

(正面)

(背面)

(印文)

該書編著者將此封泥印文釋爲"□□左田",即將右面的上下兩個字闕釋。值得説明的是,此封泥原爲陳介祺舊藏,但是在其《封泥考略》

①本文爲 2013 年度教育部人文社會科學研究青年基金項目"秦簡牘醫學文獻的整理與研究"(批準號:13YJC770011);2014 年度國家社科基金重大基金項目"簡牘學大辭典"(批準號:14ZDB027)階段性成果。

②方勇,吉林師範大學文學院 吉林省語言文字應用研究中心 副教授 歷史文獻學博士 吉林 136000。

③東京國立博物館編:《中國の封泥》,日本二玄社,1998 年,第 76 頁。下文封泥皆出此書者不另注。

一書中僅僅揭示了封泥的印文拓本,卻沒有封泥的正面和背面圖版。對於該封泥的印文,吳式芬、陳介祺將其釋爲“趙郡左田”,並認爲“趙郡”即是指邯鄲郡①。趙平安先生《秦西漢印章研究》一書附錄五《秦西漢封泥官印一覽表》中除了指出此封泥又見於《古封泥集成》2059號外,同時還採用了“趙郡左田”的釋文②。而此前出版的《秦封泥集》亦是採用了“趙郡左田”的釋文③。我們認爲這種釋文是有問題的,其中右上角的字形,通過《中國の封泥》一書所揭正面圖版,可見其作形,因其形右側偏旁較爲模糊,我們認爲它可能是“穟”字。睡虎地秦簡《效律》四二簡簡文曰:“官府臧(藏)皮革,數穟風之。有蠹突者,貲官嗇夫一甲。”其中“穟”字作形,睡虎地秦簡整理者隸定爲“穟”,通“煬”,曝曬④。因在秦簡牘文字中“昜”、“易”二形時常訛混,如秦簡中的“昜”、“傷”諸字即是這樣⑤。所以,睡虎地秦簡的字應嚴格隸定爲“穟”形,然後指明其爲“穟”之訛字。此外在嶽麓書院藏秦簡《爲吏治官即黔首》簡七九正第三欄中有“楊(煬)風必謹”的內容,此可證上列睡虎地秦簡中的“穟”通“煬”之意見可從。但嶽麓秦簡整理者在引用上舉睡虎地秦簡的內容時,誤將“穟”寫爲“糯”,不知是何原因⑥。

回頭來看上舉封泥的形,此字可作如字讀,或者通假爲从“昜”得聲之字,但因印文中的右下側字形殘泐變形嚴重,無法卒讀。又“左田”一詞還見於“左田之印”、“郎中左田”、“左田騎將”、“泰上寢左田”等封泥⑦。我們考慮“穟□”可能爲地名或者某機構名,但具體所指待考。

①吳式芬、陳介祺:《封泥考略》,浙江人民美術出版社,2013年,第555頁。

②趙平安:《秦西漢印章研究》,上海古籍出版社,2012年,第368頁。

③周曉陸、路東之編著:《秦封泥集》,三秦出版社,2005年,第255頁。

④睡虎地秦墓竹簡整理小組編:《睡虎地秦墓竹簡》,文物出版社,1990年,圖版第38頁,釋文第73頁。

⑤方勇:《秦簡牘文字編》,福建人民出版社,2012年,第286、245、185頁。

⑥朱漢民、陳松長主編:《嶽麓書院藏秦簡(叁)》,上海辭書出版社,2013年,第144頁。

⑦周曉陸、路東之編著:《秦封泥集》,三秦出版社,2005年,第230頁。

(二)

《中國の封泥》編號 619 封泥作如下形：

(正面)

(背面)

此封泥的印文，整理者釋爲“張□”，即將左面的字形闕釋。其左側字形運用電腦處理完之後作形，我們認爲它是“明”字，雖然此字形中的“月”旁寫得有些美術化，但此形在漢印中是可以找到例證的，如漢印中“戎閒”之“閒”作形①，它所从“月”旁和上揭“明”字之“月”旁完全相同。此外，漢印中有印文爲“李膽”之姓名璽印，其“膽”字作形，所从“肉”旁和上舉“月”旁完全相同②。這又是“肉”、“月”形同互訛的例證。又秦漢文字中“明”常作“眀”形，漢印中“明”字有作、、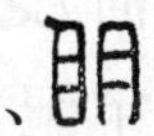等形③，所以上舉封泥當爲人名用璽，其爲“張明”，漢印中亦有“李明”、“魯明”等姓名印。

(三)

《中國の封泥》編號 286 封泥作如下形：

---

①羅福頤：《漢印文字徵》，文物出版社，1978 年，卷十二第 4 頁。

②羅福頤：《漢印文字徵》，文物出版社，1978 年，卷四第 12 頁。

③羅福頤：《漢印文字徵》，文物出版社，1978 年，卷七第 7 頁。

正面

背面

(印文)

以上所錄封泥最早著錄於《封泥考略》,吳式芬、陳介祺將此封泥印文右側上方的字闕釋,並懷疑左側上方的字爲“邑”①;《中國の封泥》編著者將這兩個字形直接闕釋。我們認爲吳式芬、陳介祺所疑之“邑”字的意見應可信。此封泥亦見於《古封泥集成》1590號,趙平安先生《秦西漢印章研究》一書附錄五《秦西漢封泥官印一覽表》中所作釋文即是“□陽邑令”②。此封泥的印文當爲“舞陽邑令”四個字。其實仔細觀察印文就會發現,此印右側上方的字當是“舞”字,和漢印中的(舞陽丞印)、(舞陰之印)③、(異舞且)④等形比較,就會發現我們所釋是沒有問題的。《漢印文字徵》所錄的“舞陽丞印”之“舞陽”和本封印之“舞陽”當屬一地,即指今河南葉縣東南。據研究,因縣城在舞水(今三里河)之北,故名。戰國爲魏舞陽邑。秦置舞陽縣,治今縣西北。《太平寰宇記》:舞陽縣“在舞水之陽,因以名縣”。西漢置定陵縣,治今舞陽縣北北舞渡。南朝宋廢舞陽縣⑤。“舞陽邑令”印文款式與漢印中的“呂成邑丞”、“漢安邑丞”等印同⑥,它應是舞陽這個地方最高行政長官的用印,而“舞陽丞印”即是其副手之印。

①吳式芬、陳介祺:《封泥考略》,浙江人民美術出版社,2013年,第646頁。

②趙平安:《秦西漢印章研究》,上海古籍出版社,2012年,第410頁。

③羅福頤:《漢印文字徵》,文物出版社,1978年,卷五第16頁。

④羅福頤:《漢印文字徵補遺》卷五,文物出版社,1982年,第5頁。

⑤戴均良等主編:《中國古今地名大辭典》,上海辭書出版社,2005年,第3151頁。

⑥羅福頤:《漢印文字徵》,文物出版社,1978年,卷六第20頁。

(四)

《中國の封泥》編號 304 封泥作如下形：

（正面）

（背面）

（印文）

吳式芬、陳介祺將此封泥印文釋爲“鄜丞之印”①;《中國の封泥》一書編著者將右上角的字形闕釋。我們認爲此封泥印文應釋爲“賈丞之印”,其實和秦漢文字中的“賈”字進行比較,就會發現此印文的第一個字應是“賈”字的殘文。“賈”本爲古國名,西周封置,姬姓。《左傳·桓公九年》:“虢仲、芮伯、梁伯、荀侯、賈伯伐曲沃。”楊伯峻先生注曰:“《元和姓纂》三十五馬韻謂周康王封唐叔虞少子公明於此。當在今山西省襄汾縣東。顧棟高《大事表》本《通志》,以今陝西省蒲城縣西南之賈城當之,恐不確。賈亦爲晉所滅,賜狐射姑爲邑。”②我們認爲楊伯峻先生的意見可從。此“賈”地當是承襲了先秦周代的地名而來。

(五)

《中國の封泥》編號 534 封泥作如下形：

①吳式芬、陳介祺:《封泥考略》,浙江人民美術出版社,2013 年,第 665 頁。

②楊伯峻:《春秋左傳注》,中華書局,1981 年,第 126 頁。

(正面)　　(背面)　　(印文)

此封泥拓文早在《封泥考略》中就已被披露，吳式芬、陳介祺二氏釋其爲“□䶞”①，即將這方封泥印文左側的“齒”字與右側字形的“昔”字形釋成一個字。《中國の封泥》一書編著者釋此封泥文爲“□齒”。我們認爲此方封泥的印面釋文當是“鵲齒”，只是此“鵲”字的右側的鳥旁有些殘泐，以致難釋。此封泥當爲人名用印，且“鵲”、“齒”二字在印文佈局上左右對稱，顯得十分合理。《說文解字》曰：“誰，篆文舄，从隹昔。”段注曰：“誰隸變从鳥。”可見，“鵲”即“誰”及“舄”之異體。據研究，“鵲”姓屬於罕見姓氏，《新編千家姓》收載。《姓氏考略》亦收，其據《魏書》注云：“三城胡酋之姓。”《中國姓氏大全》則云：“原爲歷史上的少數民族姓氏，現代仍有。”②又《漢印文字徵》收錄有“陳齒之印”、“呂齒之印”、“臣齒”、“趙齒”、“王齒”、“鮮于齒”、“陽威齒”、“宋齒之印”等印文③，可證“鵲齒”爲人名用璽應可信。

(六)

《中國の封泥》編號 577 的封泥作如下形：

① 吳式芬、陳介祺：《封泥考略》，浙江人民美術出版社，2013 年，第 1030 頁。

② 竇學田：《中華古今姓氏大辭典》，警官教育出版社，1997 年，第 502 頁。

③ 羅福頤：《漢印文字徵》，文物出版社，1978 年，卷二第 19 頁。

（正面）

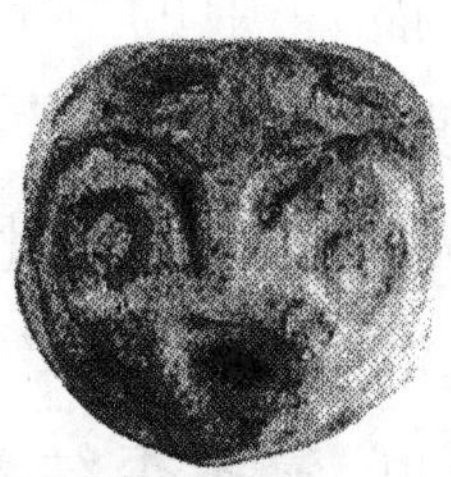

（背面）

該書編著者將此封泥文闕釋。我們認爲此封泥的印面右側字形殘泐較爲嚴重，有可能是“張”字。印面左側的字形則可能是“界”字，我們將其摹作形，和漢印中的諸多“界”字的、、等字形進行比較，便可發現此字當是“界”字。此外秦印中的“疥”作形①，所從“介”形與所從“介”形相同。“張界”當爲人名用璽。

（七）

《秦封泥彙考》1491 號收錄了如下一方封泥②：

該書作者傅嘉儀先生釋其爲“新□”，即印面上一個字形被釋爲“新”，下面的字形闕釋。我們認爲此封泥印文應是“靳癰”，因爲其中被釋爲“新”的字和秦璽印“靳窮”、“靳未”③及漢代璽印“靳殷”、“靳利”、

①許雄志主編：《秦印文字彙編》，河南美術出版社，2001 年，第 148 頁。

②傅嘉儀編著：《秦封泥彙考》，上海書店，2007 年，第 242 頁。

③許雄志主編：《秦印文字彙編》，河南美術出版社，2001 年，第 52 頁。

“蘄豊”、“蘄倚”、“蘄福”①中的“蘄”字相比較,即可看出它當是“蘄”字。“蘄”下面的字形和漢印中“魏癰”②、秦印中“馮癰”、“李癰”等姓名璽印的“癰”字形進行比對,即可看出此字即是“癰”字。《釋名》:“癕,壅也。氣壅否結裹而潰也。”“癕”即“癰”字也。畢沅《疏證》云:“顔師古注《急就章》云:‘癰之言壅也,氣壅否結裹腫而潰也。’似本此文。此‘裹’字疑爲‘裹’字之誤,又脱‘腫’字。”余雲岫先生認爲:“《釋名》此文以膿瘍之潰者爲癕,則即《周禮》之‘潰瘍’矣。然《周禮》鄭注、賈疏,未潰已潰,通謂之癕,不必專指已潰,蓋即今之膿瘍(Abscess)也。膿瘍之稍久者,其周圍必生成薄膜以包裹之,今名之曰膿瘍膜(Abscess－membran)。然則此文之‘裹’字,正與膿瘍膜之事實相合。不必從《急就篇》顔注而改‘裹’爲‘裹’也。古多‘癰疽’並稱。……據此,則癰疽皆膿瘍,而浮淺者爲癰,深厚者爲疽也。”③據研究,古人往往有根據得病人的具體病名進行命名的習慣,如熱病、痔瘡、腸胃病、腋臭、痤瘡等類疾病④。而上揭璽印中這麼多以“癰”這種膿瘍疾病進行命名的實例更能證明古人這一命名習慣。此外,田煒先生在分析戰國時期人們好用疾病名為人名的原因時認為:“古人以疾病名爲人名的原因是複雜的,總結起來大概有以下幾種因素:一、大部分的疾病人名當如何琳儀、焦智勤、劉釗等先生所言,是古人驅病心理的體現,以某病爲名即欲驅某病之意。戰國到秦漢時代‘去疾’、‘疾已’等人名與疾病人名並存,可謂殊途同歸。通過對比我們還發現,秦漢雖仍有以疾病名爲人名之例,但已遠不如戰國時常見,可以窺見民俗文化嬗變的情況。二、如‘童頁’,‘羊鼻’、‘青肩’等一類人名,則應該是以體貌特徵爲人名。這一類人名在傳世文獻中往往可以找到類似的例子相印證。此外,如孫臏因受臏刑而以‘臏’爲名,也可以歸入這一類。三、陳偉武先生曾經根據文獻材料指出,戰國、秦漢

①羅福頤:《漢印文字徵》,文物出版社,1978年,卷三第14頁。

②羅福頤:《漢印文字徵》,文物出版社,1978年,卷七第20頁。

③余雲岫:《古代疾病名候疏義》,學苑出版社,2012年,第251—252頁。

④劉釗:《古文字中的人名資料》,《古文字考釋叢稿》,嶽麓書社,2005年,第365、366頁。

時期國家對殘疾人有一些優待政策,同時還有奇人有奇相的説法,可能也是戰國、秦漢時人不避惡名的重要原因。”[①]我們認爲他的歸納是十分有道理的。

(八)

《秦印文字彙編》“克”字欄下收錄了形。其印文爲“王克”[②]。其實此形不應釋爲“克”,它應是“劾”。秦簡中“克”形在紅外版本的天水放馬灘秦簡《日書》乙三二八、三〇〇簡中分别作、形[③];在2009年版本的圖版中分别作、形[④]。又馬王堆簡帛中的“克”字形通常作、和、兩類[⑤]。通過比較可見,將形直接釋爲“克”字是不妥的。此外,龍崗秦簡二〇三簡中有“剋”字作(摹)形。又龍崗秦簡第二九二簡有“克”字殘體作形[⑥],如果此殘形真爲“克”字,結合上舉的“剋”字形,可以將其摹作形(但也不排除此爲“剋”

①田煒:《古璽探研》,華東師範大學出版社,2010年,第185頁。

②許雄志主編:《秦印文字彙編》,河南美術出版社,2001年,第132頁。

③孫占宇編著:《天水放馬灘秦簡集釋》,甘肅文化出版社,2013年,第54頁。

④甘肅省文物考古研究所編:《天水放馬灘秦簡》,中華書局,2009年,第49、46頁。

⑤陳松長編著:《馬王堆簡帛文字編》,文物出版社,2001年,第287頁。

⑥中國文物研究所、湖北省文物考古研究所:《龍崗秦簡》,中華書局,2001年,圖版第57、60頁。

字的可能)。

以上諸形可證,應爲"勊",上舉龍崗秦簡中的"剋"形當是"勊"字的訛變字形。《説文》曰:"勊,尤極也。"段注:"勮大徐作極,小徐作勮,今正。勊又勮之尤者也。剋者,以力制勝之謂,故其事爲尤勞。許書勊與克義不同。克者,肩也。肩者,任也。以春秋所書言之,如'辛已雨,不克葬。戊午,日下昃,乃克葬。'如'晉人納捷菑於邾,弗克納。'此克之義也。如'鄭伯克段於鄢'。《傳》曰'得儁曰克',此勊之義也。勊之字譌而从刀作剋,猶勮之譌而从刀也。經典有克無剋,百家之書克、剋不分,而勊乃廢矣。"

(九)

《秦印文字彙編》"苡"字欄下有、形印文。我們認爲其應爲"蓰"字,其所從的"徙"字在秦簡中作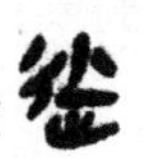、、、、、、等形①,通過比較可見,上舉兩例秦璽應是"蓰"字,印文爲"趙蓰"、"臣蓰",爲人名用字。《集韻·紙韻》:"蓰,物數也,五倍曰蓰。"《孟子·滕文公上》:"夫物之不齊,物之情也;或相倍蓰,或相什伯,或相千萬。子比而同之,是亂天下也。"趙岐注:"蓰,五倍也。"又《玉篇·艸部》:"蓰,草。"

附記:小文蒙陳劍先生、陳偉老師、張新俊先生指正,在此表示誠摯謝意!

①方勇:《秦簡牘文字編》,福建人民出版社,2012年,第41—42頁。

新見唐《竇師幹墓誌》錄文校正①

趙家棟②

摘　要：《錄釋》對新見唐《竇師幹墓誌》錄文存在因不識碑刻俗字，不明文獻典故而導致的錄文標點錯誤。“慶環”、“峻拯”、“髻卝”、“務德”、“臘行”、“摻蕁”當分別據拓本錄正為“榮達”、“峻極”、“髻丱”、“務寡”、“覼行”、“操等”；“譎□”、“相□”、“頻□”、“□帳”闕文處當據拓本補錄為“讒忒”、“相猗”、“頻戢”、“繐帳”，本文同時對校正的俗字及其記錄的語詞作出適當的解釋。

《文博》2012年第3期刊載了陝西西安碑林博物館張婷先生《新見唐〈竇師幹墓誌〉錄釋》（以下簡稱《錄釋》）一文[1]，該文據墓誌拓本作了錄文，並探討了誌主竇師幹的族姓及該碑文的史料價值，讀來頗有收穫。但在研讀時也發現張文錄文中存在一些誤讀、誤錄、漏錄現象以及斷句標點錯誤，今不揣淺陋，根據張文所附圖版，試作校正如下：

1.功高者其慶環，德大者業昌。

按：《錄釋》錄文作“慶環”不詞，與下句“業昌”也不屬對，原拓字形作“”，今據字形輪廓，上字下部構件為“木”，上部構件輪廓與“𤇾”相似，下字當從“辶”，“辶”上構件與“幸”形似，當錄文為“榮達”，與“業昌”

①本文係國家社科基金重大項目：“漢語史語料庫建設與研究”（項目號：10&ZD117）成果之一。

②趙家棟，南京師範大學文學院　副教授　文學博士　江蘇南京　210097。

相對為文。“榮達”指位高顯達,《亢倉子·賢道》:“窮厄則以命自寬,榮達則以道自正。”

2.**藉峻拯之基,承波瀾之潔;髫丱則風神動眾,紈綺則光彩照人。**

按:“峻拯”之“拯”,原拓字形作“”,乃是“極(極)”字,《禮記·中庸》:“發育萬物,峻極於天。”鄭玄注:“峻,高也。”孔穎達疏:“言聖人之道高大,與山相似,上極於天。”後以“峻極”謂極高,晉葛洪《抱樸子·知止》:“嵩岱不托地,則不能竦峻極,概雲霄。”唐·劉知幾《史通·敍事》:“譬夫遊滄海者徒驚其浩曠;登太山者但嗟其峻極。”又“髫丱”之“丱”為“礦”之古文,《說文·石部》:“丱,古文礦。”宋王觀國《學林·丱》:“則丱者古文礦字也……蓋丱礦乃一字一義也。”“髫丱”不詞,其實“丱”原拓作“”,乃是“丱”字俗寫,“丱”為古時兒童束髮成兩角的樣子,《詩·齊風·甫田》:“婉兮孌兮,總角丱兮。”朱熹集傳:“丱,兩角貌。”唐·韓愈《崔十六少府攝伊陽以詩及書見投》詩:“捧書隨諸兄,累累兩角丱。”“髫丱”指幼年,《梁書·武帝紀上》:“挺虐於髫翦之年,植險於髫丱之日。”唐·劉餗《〈隋唐嘉話〉序》:“余自髫丱之年,便多聞往說;不足備之大典,故繫之小說之末。”

3.**尋丁內憂,毀脊逾禮。**

按:“脊”字,原拓字形作“”,當為“瘠”,“毀瘠”亦作“毀眥”、“毀胔”,意謂因居喪過哀而極度瘦弱。《荀子·禮論》:“故量食而食之,量要而帶之,相高以毀瘠,是奸人之道也,非禮義之文也,非孝子之情也,將以有為者也。”《後漢書·東海恭王強傳》:“(孝王臻)及弟蒸鄉侯儉並有篤行,母卒,皆吐血毀眥。”《後漢書·彭城靖王恭傳》:“和(劉和)性至孝,太夫人薨,行喪陵次,毀胔過禮。”

4.**職閑務德,從容所好。**

按:“務德”之“德”,原拓字形作“”,乃是“寡”字俗體,《干祿字書》:“寘、寡、寡,上俗、中通、下正。”敦煌文獻也習見此俗寫字形。P.3561蔣善進臨摹《千字文》:“孤陋寡聞。”其中“寡”字原卷作“寘”;S.133《春秋左

傳杜注》:"魏絳曰:'子教寡人和諸戎狄,以正諸華。'"其中"寡"字原卷作"賓"[2]p136。"務寡"意指事務少,晉·謝靈運《謝康樂集》卷4《辨宗論》:"余枕疾務寡,頗多暇日,聊申繇來之意,庶定求宗之悟。"志文中的"務寡"正與"職閑"相承接。

5.**屏悦目之綺麗,羅罷娛耳之絲竹。**

按:據拓本,"綺"下一字作"",據字形輪廓判定為"羅(羅)"字。《釋錄》錄文衍"麗"字,"羅"字當屬上讀。"綺羅"泛指華貴的絲織品或絲綢衣服,漢·徐幹《情詩》:"綺羅失常色,金翠暗無精。"唐·秦韜玉《貧女》詩:"蓬門未識綺羅香,擬託良媒益由傷。"

6.**讁□創其咆哮,乞活連其鼎沸。**

按:"讁□",原拓作"",當錄文作"讒忒",《釋錄》錄文誤。"讒忒"意謂邪惡奸佞,《魏書·侯淵列傳》:"斛斯椿奸佞為心,讒忒自口,取譬蒼蠅,交亂四國,投於豺虎,天實棄之。""讒忒"又作"讒慝","忒"與"慝"通,《詩·墉風·柏舟》:"髧彼兩髦,實維我特,之死矢靡慝。"馬瑞辰通釋:"慝,當為忒之同音假借。"《國語·周語下》:"若視聽不和……於是乎有狂悖之言,有眩惑之明,有轉易之名,有過慝之度。"王引之《經義述聞·國語上》:"此慝字當讀為忒。忒,差也。《漢書·王嘉傳》引忒作慝,董仲舒《雨雹對》曰:'以此推移,無有差慝。'是差忒字古通作慝也。"《左傳·成公七年》:"爾以讒慝貪惏事君,而多殺不辜。"《管子·五輔》:"五經既布,然後逐奸民,詰詐偽,屏讒慝,而毋聽淫辭,毋作淫巧。"漢·崔瑗《司隸校尉箴》:"乃回乃邪,實為讒慝。""慝"又通作"式"、"匿"、"貸"、"貳",《詩·小雅·賓之初筵》:"式勿從謂,無俾大怠。"鄭玄箋:"式,讀曰慝。"《集韻·德韻》:"慝,惡也。或作式,通作匿。"漢·焦延壽《易林》五:"離友絕朋,巧言讒匿。"晉·劉寔《崇讓論》:"君子尚能而讓其下,小人力農目事其上,上下有禮,讒匿遠黜,由不爭也。"《大戴禮記·用兵》:"暴慢是親,讒貸處穀,法言法行處辟。"《晉書·溫嶠傳》:"鳳人說敦曰:'嶠於朝廷甚密,而與庾亮深交,未必可信。'敦曰:'太真昨醉，小加聲色，豈得以此便相讒貳。'”

7.**三面相口，七戰連交。**

按：闕文處未有殘泐，拓本字形作“”，當錄文作“掎”，“相掎”即相掎角。掎角意謂分兵牽制或夾擊敵人，語本《左傳·襄公十四年》：“譬如捕鹿，晉人角之，諸戎掎之，與晉掊之。”孔穎達疏：“角之謂執其角也；掎之言戾其足也。”《三國志·吳志·陸遜傳》：“掎角此寇，正在今日。”《舊唐書·德宗紀下》：“宜令諸道各出師徒，掎角齊進。”“掎”又作“犄”，南朝梁·江淹《北伐詔》：“某官某甲等，並率義勇之眾，牙制犄角之機。”唐·杜甫《為華州郭使君進滅殘寇形勢圖狀》：“大軍不可空勤轉輸之粟，諸將宜窮犄角之進。”

8.**臘行復陣，殿後攻前。**

按：“臘行”之“臘”，原拓字形作“”，據字形輪廓特徵乃為“觀(觀)”字，“觀”有“多”義，《爾雅·釋詁》：“觀，多也。”《詩·小雅·採綠》：“其釣維何，維魴及鱮。維魴及鱮，薄言觀者。”鄭玄箋：“觀，多也。”《說文·見部》“觀”字下段玉裁注云：“《小雅·採綠》傳曰：‘觀，多也。’此亦引伸之義。物多而後可觀，故曰‘觀，多也’，猶灌木之為藂木也。”南朝宋·顏延之《秋胡行九章》之五：“蠶月觀時暇，桑野多經過。”唐·元稹《揚子華畫》詩：“子亦觀病身，色空俱寂寞。”“行”指“行陣”，“觀行”與“復陣”相承，變文同義，與下句“殿後攻前”句式相同。

9.**性閑剞謳，心善絲桐。**

按：“剞謳”之“謳”，原拓作“”，據字形輪廓當為“劂”字，“剞劂”為刻鏤的刀具。《楚辭·嚴忌〈哀時命〉》：“握剞劂而不用兮，操規榘而無所施。”洪興祖補注引應劭曰：“剞，曲刀；劂，曲鑿。”《魏書·藝術傳論》：“蔣少遊以剞劂見知，沒其學思，藝成為下，其近是乎？”唐·玄奘《大唐西域記·劫比他國》：“城東二十餘里有大伽藍，經制輪奐，工窮剞劂，聖形尊像，務極莊嚴。”這裹“剞劂”指雕刻技藝，與下句“絲桐”相對。“絲桐”指琴，古人削桐為琴，練絲為弦，故稱。《史記·田敬仲完世家》：“若夫治國家而弭人民，又何為乎絲桐之間？”漢·王粲《七哀詩》：“絲桐感人情，為我發悲音。”

10.**行至始平，以疾馳致禍。……晏平仲之徐馳，知其命也。**

按：兩“馳”字，原拓分別作“”、“”，應録文為“駈”。“駈”為“驅”之俗體，《玉篇·馬部》：“駈，同驅。俗。”《干祿字書》：“駈驅：上通，下正。”墓誌中習見此俗寫，北魏《元爽墓誌》：“長駈之力未窮，短晨之露奄及。”[3]189 唐《劉粲墓誌》：“以駈策恪勤，轉補左直長。”①

11. **維君稟性剛正，摻行修潔。確乎難攏，卓爾不群。尤機警善占，對便弓馬，解音律。**

按：“摻行”之“摻”，原拓字形作“”，乃是“㨹”字，“㨹”是“操”俗寫。《戰國策·燕策三》：“秦王驚，自引而起，袖絕。拔劍，劍長，㨹其室。”鮑彪注：“㨹，把持也，與操同。”羅振鋆輯《碑別字》卷 2：“㨹、摻，操。一宋《爨龍顔碑》，二魏《敬史君碑》。”“礭乎”之“礭”，原拓作“”，《釋録》録文作“礭”是，然“礭”當為“碻(確)之俗寫。《廣雅·釋詁》：“礭，堅也。”王念孫疏證：“礭者，《說文》：‘塙，堅不可拔也。’《繫辭傳》‘確然示人，易矣’馬融注云：‘確，剛貌。《乾》文言‘確乎其不可拔’鄭注云：‘確，堅高之貌。’確、礭並與塙同。”“確乎”意謂堅剛而高貌，《易·乾》：“樂則行之，憂則違之，確乎其不可拔，潛龍也。”陸德明釋文：“鄭云：‘堅高之貌。’《說文》云：‘高至。’”又“攏”字，原拓作“”，“攏”繁體作“攏”，與此字形迥異。其實“”當為“拔”字，“確乎難拔”為化用上引《易·乾》“確乎其不可拔”典。

又“尤機警善占，對便弓馬，解音律”當斷句為“尤機警，善占對，便弓馬，解音律”。“占對”為詞，意謂應對、對答，《後漢書·徐防傳》：“防體貌矜嚴，占對可觀，顯宗異之。”《舊唐書·裴度傳》：“度狀貌不踰中人，而風彩俊爽，占對雄辯，觀聽者為之聳然。”

①原拓藏於臺灣臺北市國立歷史博物館，登録號爲 29677。

12.**俯蹄仰月則弓不虚□,摻翰奔雲則文無加點。**

按:闕文"□",原拓此處不闕,字形作"",乃為"彎(彎)"字。"摻"字原拓作"",乃是"操"之俗寫,詳上第11例說解。"操翰"意謂執筆為文,《新唐書・呂溫傳》:"溫操翰精富,一時流輩推尚。""文不加點"謂作文一氣呵成,無須修改。《初學記》卷17引漢・張衡《文士傳》:"吳郡張純 ,少有令名,嘗謁鎮南將軍朱據,據令賦一物然後坐,純應聲便成,文不加點。"宋・陳善《捫虱新話・文貴精工》:"楊大年每遇作文……以小方紙細書,揮翰如飛,文不加點。"

13.**迺侯將於子侯,方倚相於壺。遂而禍生所忽年未強仕,朝野親賢,莫不嗟痛。**

按:"子侯"為漢霍光子霍嬗之字,《史記・衛將軍驃騎列傳》:"嬗少,字子侯,上愛之,幸其壯而將之。居六歲,元封元年,嬗卒,謚哀侯。"《史記・建元以來侯者年表》:"元封:元年,哀侯嬗薨,無後,國除。"裴駰集解:"徐廣曰:'嬗字子侯,為武帝奉車。登封泰山,暴病死。'"霍嬗壯年而薨,與墓誌主人年未強仕而卒相因。又"遂"字當屬上句讀,壺遂為西漢術士,梁(治今河南商丘南)人,通曉律令,韓安國仕梁時見其賢,推薦入仕,武帝元封七年(前104年後改為太初元年)他與公孫卿同任中大夫,官至詹事,武帝擬任為相,會其病卒。也壯年而卒。又"強仕"亦作"彊仕",為四十歲的代稱,語本《禮記・曲禮上》:"四十曰強,而仕。"《後漢書・胡廣傳》:"甘奇顯用,年乖彊仕,終賈揚聲,亦在弱冠。"故此句正確句讀為:迺侯將於子侯,方倚相於壺遂,而禍生所忽,年未強仕。朝野親賢,莫不嗟痛。

14.**軒勉百世,蟬連萬祀。**

按:"軒勉"之"勉",原拓作"",據字形當錄文作"冤","冤"又是"冕"之俗寫,北魏《元頊墓誌》:"晨遊赤墀,暮謁青瑣,冕旒延屬,表色動容。"其中"冕"字原拓作"";北魏《元颺墓誌》"首冠纓冕",其中"冕"字,原拓作"冕"。敦煌寫卷S.4642《發願文範本等》:"可謂軒冕龜龍,文章杞梓。"其中"冕"字原卷字形作"冕"[2]p274。《可洪音義》卷 26《大慈恩寺法師傳》卷 8:"冠冕,上音官,下音免。"又《可洪音義》卷 26《集沙門不應拜俗等事》卷 4:"玄冕,音免,冠也。"羅振鋆輯《碑別字》卷 3:"冕,冕。魏《司馬升墓誌銘》。""軒冕"本指古時大夫以上官員的車乘和冕服,《管子·立政》:"生則有軒冕、服位、穀祿、田宅之分,死則有棺槨、絞衾、壙壟之度。"晉·陶潛《感士不遇賦》:"既軒冕之非榮,豈縕袍之為恥。"引申則借指官位爵祿,《莊子·繕性》:"古之所謂得志者,非軒冕之謂也,謂其無以益其樂而已矣。"《管子·輕重甲》:"故軒冕立於朝,爵祿不隨,臣不為忠。"《後漢書·崔駰傳》:"臨雍泮以恢儒,疏軒冕以崇賢。"唐·崔塗《過陶征君隱居》詩:"田園三畝綠,軒冕一銖輕。"

15.**摻蕁松筠,志遇冰雪。**

按:"摻蕁"二字,原拓字形作"",當錄文為"搡等","搡"是"操"之俗寫,已詳上。"等"為"等"之俗寫,《敦煌俗字典》"等"字下收有"等"、"等"、"等"等形[2]p80。《宋元以來俗字譜·竹部》"等"字下收有:等(《列女傳》)、等(《取經詩話》)、等(《通俗小說》)、等(《古今雜劇》)、等(《三國志平話》)、等(《太平樂府》)、等等(《嬌紅記》)、等(《白袍記》)、等(《東牕記》)、等(《目連記》)、等(《金瓶梅》)、等(《嶺南逸事》)[4]。明焦竑《俗書刊誤》卷 2:"等,俗作等,非。"[5]又"志遇冰雪"之"遇"字,原拓作"",乃是"逾"字。

16.**屢奮干戈,頻□梟鏡。**

按:"屢奮"之"奮",原拓字形作"",乃是"當(當)"字,闕文"□"處,原拓字形作"",乃為"戡"字。"戡"為"平定"義,《書·西伯戡黎》:"西伯既戡黎,祖伊恐。"《新唐書·郭子儀傳》:"昔回紇涉萬里,戡大憝,助復二京。""梟獍"亦作"梟鏡",舊說梟為惡鳥,生而食母;獍為惡獸,生而食父,比喻忘恩負義之徒或狠毒的人。北魏·楊衒之《洛陽伽藍記·永寧寺》:"若兆者蜂目豺聲,行窮梟獍,阻兵安忍,賊害君親。"范祥雍校釋:"《漢書》25《郊祀志》:'祠黃帝用一梟破鏡。'孟康注:'梟,鳥名,食

母;破鏡,獸名,食父。'破鏡即是獍。此以比喻很戾忘恩之人。"《魏書·恩幸傳·侯剛》:"曾無犬馬識主之誠,方懷梟鏡返噬之志。"

17.絲竹實妙,□□推工。

按:闕文"□□",原拓未殘泐,字形作"",乃為"剞劂",詳見本文第9則校正。又此銘文乃承志文"性閑剞劂,心善絲桐"句而言的。"實"字原拓作"",乃是"寔"字,"寔"與"實"通。又"推"字,原拓作"",介於"推""惟"之間,據句意"推"字與上句"寔"對舉,皆為虛詞,當為"惟"字。徐仁甫《廣釋詞》:"惟,猶是,實也。"[6]p68 文獻中習見"惟(唯)"與"寔(實)"對舉用例,南朝梁·荀濟《贈陰梁州》詩:"懷趙實廉頗,思燕唯樂毅。"南朝齊·謝朓《三日侍華光殿曲水宴代人應詔》詩:"御繁實簡,制動惟默。"北齊·張耀《井賦》"惟斯井之肇作,寔伯益之所營。"

18.鑾蹕天行,殷綱雲布。

按:"殷綱"之"綱",原拓字形作"",當為"納",此處"納"並非"網"的簡體,而是"網(網)"之俗寫。《龍龕手鑒·糸部》:"納,音岡(罔),納罟也。"《敦煌俗字典》"網(網)"字下收有"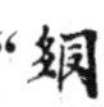"、""、"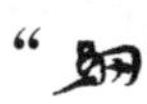"、"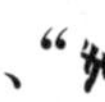"、"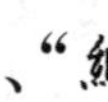"、"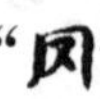"諸俗寫字形[2]p418。"殷網"典出《史記·殷本紀》,云:"湯出,見野張網四面,祝曰:'自天下四方,皆入吾網!'湯曰:'嘻,盡之矣!'乃去其三面。祝曰:'欲左,左。欲右,右。不用命,乃入吾網。'諸侯聞之,曰:'湯德至矣,及禽獸。'"後因以"殷網"喻施行仁政,法令從寬。隋·盧思道《遼陽山寺願文》:"唐旌已立,芻輿不遠而至;殷網既開,肖翹鹹遂其所。"《舊唐書·音樂志三》:"大賚下車,禁暴開殷網。"

19.乃從撫軍,長楊狡兔。

按:"狡兔"之"兔",原拓作"",乃為"菟","菟"通"兔",《戰國策·楚策四》:"見菟而顧犬,未為晚也。"《楚辭·天問》:"厥利維何,而顧菟在腹?"洪興祖補注:"菟與兔同。"

20.馭彼晨風,催茲桂樹。

按:"馭"字,原拓作"","馭彼晨風"典出《詩·秦風·晨風》,云:

“歗彼晨風,鬱彼北林。”毛傳:“歗,疾飛貌。晨風,鸇也。”孔穎達疏:“歗者,鳥飛之狀,故為疾貌。”知“馭”為“歗”之音借。又“催樹”之“催”,原拓作“”,乃是“摧”字。

21.空懸□帳。虛斟奠盃,野寒笳切。風生挽哀,松暗雲起。明月來可，悲梁木。長埋夜臺。

按:“空懸□帳”之闕文“□”處,原拓未殘泐,字形作“”,據字形輪廓,當為“繐”,“繐帳”指用細而疏的麻布製成的靈帳,三國魏・曹操《遺令》:“於臺堂上安六尺床,施繐帳。”南朝梁・劉孝標《廣絕交論》:“繐帳猶懸,門罕漬酒之彥;墳未宿草,野絶動輪之賓。”唐・劉禹錫《哭龐京兆》詩:“今朝繐帳哭君處,前日見鋪歌舞筵。”“空懸繐帳”與“虛斟奠盃”相對為文,故“帳”字下應作逗號,“盃”字下應作句號。

又“野寒笳切。風生挽哀,松暗雲起。明月來可，悲梁木。長埋夜臺。”錄文標點皆疏誤。其實“明月”前原拓有“”字,《釋錄》漏錄,又“可”“悲”之間,原拓未有闕文殘泐,“可悲”作一句讀。故此處正確斷句標點為:野寒笳切,風生挽哀。松暗雲起,山明月來。可悲梁木,長埋夜臺。

參考文獻:

[1]張婷.新見唐《竇師幹墓誌》錄釋[J].文博,2012,(3).

[2]黃征.敦煌俗字典[M].上海:上海教育出版社,2005.

[3]北京圖書館金石組編.北京圖書館藏中國歷代石刻拓本彙編(五)[M].鄭州:中州古籍出版社,1989.

[4]劉復 李家瑞.宋元以來俗字譜[M].南京:中央研究院歷史語言研究所出版,1930.

[5](明)焦竑.俗書刊誤[M].臺北:臺灣商務印書館景印文淵閣本,1986.

[6]徐仁甫.廣釋詞[M].成都:四川人民出版社,1981.

古代隸楷書碑刻合文考辨六題①

何　山②

摘　要:古代隸楷書碑刻特别是漢魏六朝石刻文字中仍有少量合文,是隸變後漢字合文的新發展。碑刻文獻整理中存在未識、誤釋合文和誤將單字判作合文等情況,導致材料信息失真,不便科學利用。考辨碑刻合文既要準確把握石刻材料的文獻和文本特徵,又要合理認識碑文表達習慣,全面瞭解文字行款佈局和書刻規律,同時注重拓片版本的選擇,盡量使用原拓、完拓和精拓。古代碑刻存在、、、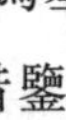、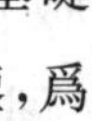和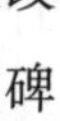六個文字形體,本文綜合考察認爲:前三者非“容或妏”、“館或舘”和“晨”字,而應是“容容”、“官召”、“晨晨”的合文;第四例爲“合同”二字的合文,係石刻地券新的標誌符號;“”爲“又”字異體,並非合文,是書刻者爲表現蠶頭雁尾的隸書風格所使然;“”形似合文,實際代表“六”字,乃因書刻者以初書字爲基礎改刻所致。其考辨原則和方法、校讀實踐可爲碑刻合文辨析、釋讀提供借鑒,爲碑刻文獻整理提供參考。

合文是指糅合兩個或多個單字符號成爲一個構形單位,但仍保留各原單字讀音和記録功能的文字書寫形式。單字符、多音節是其顯著

①本文爲國家社科基金項目“宋遼金元石刻異體字研究及新見字字形譜(15BYY115)”,重慶市社科項目“宋遼金元墓誌複音詞研究”(2012YBWX088),教育部人文社科基金項目“宋遼金元墓誌纂注”(11YJC870007)的研究成果之一。

②何山,西南大學文獻研究所/出土文獻綜合研究中心　博士　助理研究員　重慶北碚400715。

特點,又稱合書。小篆之前的各種古文字系統中皆有合文存現,以甲金文和戰國文字最爲常見。戰國後文字漸趨規範,合文逐漸減少。陳初生先生認爲,秦代除將合文大量用於手寫的竹簡、帛書之中外,刻石、詔版等銘文中已很少使用;漢代除帛書上還使用合文外,其他石刻碑誌上就見不到了。① 小篆之後漢字合文使用的實際情況怎樣,是否真的絕跡,需查考新的碑刻等文獻材料。

我們通過全面調查發現,隸楷書碑刻特别是漢魏六朝石刻文字中仍有少量合文。如東魏武定二年《戎愛洛等造像記》:"武定二年,太歲在甲子,十月廿日,清信士佛弟子戎愛洛妻趙阿睹女慈仁,敬造白玉像一軀。上爲皇帝□,下爲亡父母。"②"□"爲"陛下"之合文,"下"居右下部,只是原"陛"字稍有簡省和變異。後兩句乃造像記文慣用語,因原碑無多餘石面,將"陛下"二字合寫一文,剛好能遵循碑石文字行款佈局,取得整齊美觀的效果。這證明小篆之後漢字合文並未消亡,而是繼續存在。受"漢代合文絕跡論"的影響,碑文整理者常常對碑刻隸楷書"合文"處理失當。有的將合文直接誤釋爲其他單字;有的合文本來可識卻照録原形,存疑待考,成爲閱讀和利用碑刻材料的障礙;有的並非合文,卻人爲誤判作兩個單字,影響材料的真實性。因此合理考辨、準確識認碑刻合文不僅是文字釋讀問題,而且是文獻整理問題。下面擇取□、□、□、□、□和□六個字形材料,結合已有釋録加以考辨,其考辨原則和方法、校讀實踐可爲碑刻合文辨析、釋讀提供借鑒,爲碑刻文獻整理提供參考,同時深化對漢字合文存現規律和發展過程的理解,糾正以前的片面認識。

---

①參陳初生《談談合書、重文、專名符號問題》中的有關論述,載中山大學古文字研究所編《康樂集—曾憲通教授七十壽慶論文集》第27—34頁,中山大學出版社,2006年。雷黎明《論楚簡合文》也認爲戰國以後合文走向消亡,《寧夏大學學報》2009年第6期。

②毛遠明《漢魏六朝碑刻校注》第7冊388頁,(北京)綫裝書局,2008年。如無特别説明,本文所用漢魏六朝碑刻材料均參見該書。

一、釋“⿰容容”

語出北齊河清四年《朱曇思等一百人造塔記》:“飛禽走獸,瞻疑似活,羌弗可得如言矣。魏魏易覩,⿰容容爛難名。遂托銘神宮,冀貽萬葉。”清洪頤煊《平津讀碑記》卷三題跋直稱“⿰容容”字未詳。其餘諸家對該字雖有釋録,但各持己見,莫衷一是。清王昶《金石萃編》卷三十三引錢侗跋云:“容作⿰容容。”《金石文字辨異・冬》①認同錢説,並釋“容爛”爲儀容風采。直接引用他説,未分析確定字際關係的依據,缺乏説服力,釋義也不切合文意。嚴可均《鐵橋金石跋》不贊成錢氏之説,認爲“⿰容容”即“姈”,與“⿰歺女”同,今作“⿱歺女”。②《説文・女部》:“⿰歺女,美也。”徐鍇《説文解字繫傳》云:“⿰歺女,美物也。”《廣韻・翰韻》:“⿱歺女,又作⿰歺女。”雖“⿰歺女”的美物義基本適合碑文文意,但“⿰容容”、“姈”、“⿰歺女”三者之間形義關係的分析較迂曲,不可直接繫聯,難以爲信。調查魏晉南北朝碑刻文字數據庫,我們發現北魏正光五年《元平墓誌》“豁”作⿰谷容,與本造塔記中的“⿰容容”構形相同,而從文意看,若後者釋作“豁”,則於義無取,故“⿰容容”非“豁”字,僅爲“⿰谷容”的同形字。後世釋讀該形體時或繼承前説,或存疑待考,問題始終未得到解決。

細審原拓,我們發現各家識斷“⿰容容”形時忽略了碑石本身所攜帶的關鍵信息,主要是碑碣文獻特徵和碑銘表達規律。碑拓“爛”字筆畫細瘦,書風明顯有別於他字。字的右上部刻一點畫(圖一),如改變拓片對比度,降低碑面石花干擾,則筆跡更爲清晰(圖二)。此爲碑刻特有的文字

①[清]邢澍著、時建國校釋《金石文字辨異校釋》第 26 頁,(蘭州)甘肅人民出版社,2000 年。

②《石刻史料新編》第 1 輯 25 冊第 19313 頁,(臺灣)新文豐出版公司,1982 年。

删除符號①,表示原碑“爛”爲誤刻或不合文意之字,特加標記符號以示删除。故“[容容]爛難名”實爲“[容容]難名”,但三字爲句與原文不協,且文意難通,説明“[容容]”非爲某個單音節字,而是“容容”的合文,與前句“魏魏”照應,文句對仗。就意思而言,“魏魏”通“巍巍”,表達朱曇思等人所造之塔高大雄偉,非常顯眼,很容易讓人看到;“容容”承接其前碑文“斜塵煙際,四翥風生”等文句,描述高塔似在煙雲中淩空飛揚的狀貌,遠觀又似天雲間一道動感的天際綫,其神秘尊貴的勝景難以稱説,與後文讚頌飛禽走獸活靈活現之“弗可得如言矣”句意吻合,協調一致。雙音詞“容容”表飛揚貌傳世文獻亦見用例。《漢書・禮樂志》:“神之行,旌容容。”顔師古注:“容容,飛揚之貌。”由此,整篇碑文文氣自然貫通,文意和諧順暢。

最後再來探討“容容”寫成合文的具體緣由。該碑清乾嘉年間由黄易於山東博興縣搜得,拓片高 45cm,寬 60cm,左邊豎刻三尊龕像,全文共 200 餘字。整個石面安排緊湊,文字排列有序,除右邊第二行首題結束處留有空格外,其他地方幾無空處。所以在應被删除的“爛”字佔位後,爲了不破壞版面的嚴謹佈局,書刻者就將“容容”二字擠壓在一起,以合文形式呈現,從而保持石面工整美觀。釋録碑文時只有根據碑版實際,運用碑刻學、文獻學、語言學等相關學科知識,才能對合文“[容容]”作出正確判斷。

圖一

圖二

圖三

圖四

圖五

圖六

圖七

圖八

圖九

①關於碑刻文字删除符號,詳參毛遠明《碑刻文獻學通論》第 67 頁,(北京)中華書局,2009 年。

二、釋"绾"

《中原文物》2012年第5期刊出宫萬瑜先生《邙洛近年出土馮聿、源模、張懋三方北魏墓誌略考》一文,其中包括北魏永安元年《源模墓誌》拓片及録文,其中一段誌文云:"以永安元年歲次戊申十一月甲寅朔八日辛酉,窆於司徒墓左、北芒南崗之所館。客來士和,既傷修桂没夏,芳蘭天春,埋壁幽壤,納賈荒墳。"司徒指源模祖父惠公源懷。核碑原拓,"天"、"壁"二字誤釋,實應爲"夭"和"璧"。但糾正這兩個誤字,該段誌文後部分文句仍無法讀通,故原釋文還存有文字、句讀方面的問題。洛陽北芒(邙)是歷代墓葬之地,"南崗之所"即指此地,而"館(舘)"指房舍、住所,兩者指稱對象不同,本不應相連。源模長兄源延伯墓誌也已出土,誌文記其與源模葬地在同一處,稱延伯"葬於皇祖惠公舊山之所"。① 此可作爲"所"字後應斷句的旁證。但"館"字不能獨立成句,只能將其斷入下句,這樣又會造成"館客來士……"等文句不知所云。經前述宫萬瑜先生考察,源延伯和源模兩兄弟的墓誌文書體特徵極爲相近,均由其姪書寫,可從。復讀誌銘,《源模墓誌》通篇未言及誌文撰作、書刻之責任者。由此斷定,《中原文物》"館"字亦誤釋,到底爲何字,需細究其原字形。

"館"或作"舘",原拓作绾(上圖三)。細審之,左邊構件並非"食"或"舍",因不論構件還是整字,兩者都沒有如此變異形體,而"召"卻常見。如東漢中平四年《譙敏碑》"炤"作炤;北魏太和五年《塔基石函銘刻》"召"作召;北魏正光五年《元昭墓誌》"詔"作詔等。可見"绾"左邊的"召"爲"召"無疑。根據組成構件的拼合方式和構形特點判斷,"绾"不是某個單

①宫大中《新發現的北魏源延伯墓誌銘》,《中原文史》2011年第2期。

字，而應是“官、召”二字的合文，代表詞語“官召”。則原句可重新校理爲：……窆於司徒墓左、北邙南崗之所。官召客來，士和既傷。修桂沒夏，芳蘭夭春。埋璧幽壤，納賈荒墳。這樣，此段誌文後面部分四字爲句，節奏和諧，文意順暢。源模早亡，無登仕途，只因其曾祖、祖、父及長兄多有軍功，死後才有誌文所謂“於是朝野痛（注：此處當有漏刻字，按誌文通例，當是“嗟痛”之類），逸驥方驅，長路告邇”的狀況，以“官召客來，士和既傷”表達源模英年早逝而親朋傷悼之情，也應出於此因。“官召”一語亦見於其他碑誌文，如北魏建義元年《元誕墓誌》：“帝胄之子，官召不須。名詳海溢，聲徹四宇。”

該墓誌誌石方形，文字雅穆秀逸，排列整齊而緊湊。碑刻文字一般先寫後刻，合文“⿰召官”的產生，應是書刻者一時疏忽而漏寫“官”或“召”字，後雖被及時發現，但又沒有多餘石面補寫，於是將二字合刻一處，佔一個字的位置，這樣既合理安排全部文字，又照顧到全文的行款格式。因此釋讀該字需結合碑文寫刻規律及字形特點仔細考辨，否則就會出錯。

三、釋“⿱合同”

明正德三年《沈宗仁買地券》蓋面鐫刻楷書⿱合同①，其代表何字，需調查相關石刻材料。檢視歷代碑刻，我們發現宋元明清買地券常在券側或券背書刻“合同”二字，且有不同的表現形式。如北宋靖康元年《杜氏買地券》②，鐵質，朱書楷字 16 行，券文右側刻“合同”兩字之半；金大定二十九年《董承祖買地券》③，磚質，磚正面刻地券文，一側朱書“合同”二

①北京圖書館金石組《北京圖書館藏中國歷代石刻拓本彙編》第 53 冊 143 頁，中州古籍出版社，1989 年。

②李端陽、陳明芳《湖北孝感大灣吉北宋墓》，《文物》1989 年 5 期。

③李獻奇《河南嵩縣發現金大定董承祖買地券》，《文物》1997 年 9 期。

字的半分齊縫字;兩種材料均以"合同"字半分形式顯示券契剖分之特徵,表示此券一式兩份,雙方各執一半,以爲憑據。金大定二十九年《邢禹買地券》①,磚質,正面陰刻券文,背面刻"合同分券"四字,且半分騎縫,雙方各執契約憑據的特徵更加明顯。

到明代,爲使券本更具契約效力,每券各刻兩份,並在券文中明言持券雙方。如明洪武二十年《熊道元買地券》②:"券立貳本:壹本奉后土地祇,陰官神主;一本給付墓中亡人熊道元收把……今分券背上書'合同'貳字。"明嘉靖十二年《李明買地券》③:"券立二本:一本奉付后土陰君,一本乞付墓中。今分券背上書'合同'二字。"此類地券兩方組成一盒,陰刻券文,內容相同,上下兩石相合之右側合縫處陰刻"合同"二字。有的還在券文中規定雙方所應遵從的守約原則。如明萬曆二十七年《仙夢松買地券》④:"券立二本:一本奉上后土陰居之神,一本付新塋主兆仙夢松收把,準備付身,永遠照用。今分券背上書'合同'二字,令故氣伏屍,永不侵争。"明嘉靖二十一年《湯公(卿)並恭人王氏劉氏立買地券》⑤:"券立貳本:壹本奉付后土陰君,壹本乞付墓中,令亡顯考驃騎將軍湯卿並恭人王氏、劉氏收把,準備付身,永遠照用。今分券背上,又書'合同'貳字,令故氣袱(伏)屍,永不侵争。"

明清時期,部分券據將"合同"二字合寫一文,體現文書製作新的形式和時代特徵。如上所舉明代《沈宗仁買地券》中的"⿱合同"。再如:清光緒九年《盛府買山券》⑥,陶質,分上蓋及底座兩部分,墨書。蓋內距磚邊3.3釐米處有方形凹框,凹框中間書"⿵冂合"形,與"⿱合同"構形相同,均爲"合

①閆建春、石俊貴《托克托縣發現金代買地合同分券》,《內蒙古文物考古》1998年1期。

②張沛《安康碑石》,三秦出版社,1991年。

③王志斌《河北鹽山出土明代買地券》,《文物春秋》2001年第6期。

④李百勤,《河東出土墓誌錄》,山西人民出版社,1994年。

⑤中國文物研究所、河南省文物考古研究所《新中國出土墓誌》(河南卷貳)上册,文物出版社,2002年。

⑥曹騰騑《廣東出土買地券綜述》,收在廣東省博物館編《廣東省博物館輯刊》,1999年。

同"二字的合文,成爲此類券約新的標誌符號。

四、釋"𣇉"

《考古》1997年第5期《河南洛陽市東漢孝女黄晨、黄芍合葬墓》公佈兩種墓磚拓片,均刻"黄君法行孝女𣇉㚘芍"九字。結語據《説文》將"㚘"定作"伴",可從。又認爲𣇉是"晨"的繁體,指孝女名;"芍"亦爲孝女名。因此文題直接稱孝女黄晨、黄芍。其結論有兩個疑點值得探討:一是碑刻文字中"晨"字未見直接重複整字的繁化方式,其他漢字亦罕見,此處出現的形體"𣇉"當另有所指。據原拓,磚誌文均三行,行三字,且剛好寫滿石面。因此"𣇉"是爲照顧墓磚文字行款整齊而使然,並非單一的"晨"字,而應是"晨晨"的合文。二是作者未將"㚘"字納入人名,那它在銘文中起什麽作用,卻没有分析和説明。遍查石刻人名的呈現方式,兩人以上均依次羅列,中間無文字間隔。同時期的石刻材料如東漢永平九年《鄐君開褒斜道摩崖》:"部掾冶級王弘、史荀茂、張宇、韓岑等典功作。"東漢建初六年《武孟子買地玉券》:"時知券約,趙滿、何非,沽酒各二千。"再審文意,行指安葬,磚銘記載黄法兩個女兒皆夭亡,遂將其入土安葬,並各刻一内容相同的磚銘以紀之。則"㚘"實無陪伴等其他含義,也應爲人名用字。也就是説《考古》所稱孝女之名均應爲兩個字,即孝女爲黄晨晨、黄伴芍二人。《書法叢刊》2000年第3期《洛陽東漢孝女墓磚銘和津門瓦當》仍將"𣇉"釋作"晨",沿誤。只不過黄氏墓磚銘文"晨晨"寫作合文形式,乃是碑石界面限制,而影響文字佈局所致。

五、釋“”

材料見東漢建寧二年《肥致墓碑》:“赫赫休哉,故神君皇。有鴻稱,升遐見紀。”[①]邢義田先生將分析爲父、又二字的合文,他説:“‘皇’字下一字原漏刻一‘父’或‘又’字,爲補救,將‘父’字加一横成‘又’字,或將已刻的‘又’字加兩撇成‘父’字,成了目前‘父’、‘又’合成一字的情形。”[②]黄展岳先生亦贊成此説,但又覺得“故神君皇父,又有鴻稱”頗費解。[③] 據我們調查,自肥致碑出土公佈以來,有近 10 篇各類研究文章附帶刊發該碑拓片,其中所謂“父、又”合文呈現出三種書寫形式:、和(圖四至七,其中圖五是圖四調整分辨率後的版本),[④]而以形最爲多見。是否真的爲合文,爲何有幾種書寫變體,這些問題值得進一步研究。

梳理漢魏六朝碑刻隸楷書“又”字的各種異體,我們發現可歸納爲兩個序列:一是盡可能改變、縮減一筆寫成的轉角折畫。如東漢建寧二年隸書《史晨後碑》作,當依古文字構形轉寫而成;三國魏景元二年《王基斷碑》作;北魏正光四年《席盛墓誌》:“公東征豫土,乂爲行臺郎中、鎮南府司馬。”“乂”即“又”。三個字形形成變化序列:→→乂,折畫逐漸消失是變化之核心,最後“又”字訛變作“乂”。二是變轉角折畫爲穿插筆畫。如東漢建寧二年《史晨前碑》“受”作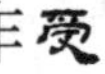,北魏孝昌二年《李頤墓誌》“又”作,“又”上部横筆兩端均寫出頭;北魏延昌元年《元

①《文物》1992 年第 9 期《偃師縣南蔡莊鄉漢肥致墓發掘簡報》公佈該碑拓片及録文。

②邢義田《東漢的方士與求仙風氣——肥致碑讀記》,《大陸雜誌》第 94 卷第 2 期,1997 年。

③黄展嶽《肥致碑及相關問題》,《考古》2012 年第 5 期。

④代表性出處分别爲:《文物》1992 年第 9 期《偃師縣南蔡莊鄉漢肥致墓發掘簡報》;《洛陽新獲墓誌》第 8 頁,(北京)文物出版社,1996 年;《考古》2012 年第 5 期《肥致碑及相關問題》。

詮墓誌》作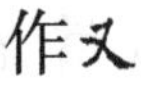，北魏神龜二年《元祐墓誌》作，北魏正光二年《王僧男墓誌》“受”作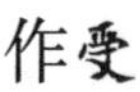，整字或構件“又”右上折角筆畫均出現穿插。由於碑石材質較硬，不易鑿刻轉折筆畫，故寫刻“又”字時改變原字的筆畫和構形，盡量避免折畫。這反映出字形變異與書寫載體和方式密切相關。

聯繫上述分析可得出結論，並非合文，而是與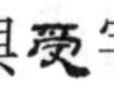字下部構件“又”的寫法如出一轍，上部筆畫左右穿插而出頭，有效避開了折畫，方便刻制。且横筆有波磔，右端似有斷筆，都是爲了表現蠶頭雁尾的隸書風格。因此邢義田先生所謂因漏刻而改成合文的觀點不能成立，屬於誤判。爲“又”，碑文四字爲句，文意大體可通。

衆所周知，碑石易毁，且石沉重，不易搬動，使用不便，因此原石常常被轉化爲紙質拓片，成爲留存和傳承石刻文獻的重要形式。石質載體的文獻特徵也一並通過拓片得以體現。不同版本的拓片品質不同，其文獻特徵也有差異。不同碑拓“又”字呈現不同形體，是翻印原拓而使字形走樣的結果，翻印會改變字形、文獻形制等的原貌。我們在整理碑刻文獻的實踐中發現，有的拓片品相好，完整清晰，爲碑文釋讀提供了有力保障；而有的拓片文字泐蝕，幅面殘缺，則難以保證碑文釋讀質量。所以整理研究碑刻材料時務必重視拓片版本的選擇，盡量使用原拓、完拓和精拓，最好再核對原石，以免產生誤解。

六、釋“”

北宋元豐元年《宋世昌墓誌》①：“後六年夫人鄭氏卒，時熙寧五年六月二十一日也，享年五十。”鄭氏年壽最後一個數字，碑拓在“六”字上

①北京圖書館金石組《北京圖書館藏中國歷代石刻拓本彙編》第39冊97頁，中州古籍出版社，1989年。

多刻一横,造成兩字合文的形式,其形體似"二"又似"六",當是以初書字爲基礎改刻所致。但人的具體壽命不能兩可,必取其一。

核之史乘,鄭氏於史無徵,而誌文也未敘述相關生卒年等時間綫索,故無法推知鄭氏去世時的確切年齡。諦視原刻,書刻者當是先將"十"後之字錯刻成"二"再改爲"六",或先錯刻成"六"再改作"二",從而形成"二"、"六"上下合寫格局。審視原刻文字排列位置,""形位於碑拓第十七行第四個字格,整體偏下,故當屬將"二"改成"六"的情形,則鄭氏年壽應爲五十六歲。""貌似合文,實則只代表"六"字。碑刻文字一經上石就不便塗改,如果剷除重刻又會破壞石面,無法再刻,且影響工整。但錯刻難以避免,怎樣選擇適當的校改方式,考驗著刻工的智慧,也考驗著碑文整理者的辨別力。

值得一提的是,民間流傳有一些合體字,如陝西關中 Biangbiang 面字(圖八)、日進斗金(圖九)等,此屬文字遊戲式的字形拼合,目的在於追求奇譎、新穎的表現形式和視覺效果,與古代碑刻合文迥然不同。漢至清碑刻隸楷書合文雖然數量很少,但它們是碑刻文獻特殊用字現象,也是古文字之後漢字合文的特殊表現,其特殊性是由石刻載體、文獻格式和文獻文字生成方式、過程決定的。因此考究碑刻合文不僅具有文獻學意義,而且爲隸變後漢字合文研究提供了珍貴材料,拓展了研究的内容。碑刻文獻整理中存在未識、誤釋、誤判合文等情況,考辨碑刻合文應以原石或碑拓爲依據,充分利用其中的符號標示、文字書寫、行款佈局等規律進行綜合分析,並結合文字構形特點和文意,這樣才能做出科學判斷,得出正確的結論。

季布罵陣詞之“潘”字補正①

聶志軍　肖一梅②

摘　要:季布罵陣詞之2例“潘”字,其中第一例“九族潘遭違敕罪”之“潘”字通“翻”,副詞,意爲“反而”。前人對於此“潘”字之解釋未有確詁,今始揭其本字。第二例“將表呈時潘帝嗔”之“潘”字通“拌”,意爲捐棄、捨棄,前人雖有校注,但是缺少論證。通過對敦煌寫經《季布罵陣詞文》、《和菩薩戒文》、《太子成道經》不同版本進行考察,特别是對日本龍谷大學圖書館藏《悉達太子修道因緣》中相關文字進行前後比對,新發現一例異文“番”,可確認第二例“潘”字意爲“割捨”,並且“潘”與“判”、“伴”、“泮”、“拼(拚)”爲同詞異字,本字爲“拌”,意爲“捐棄”。

《敦煌變文集·捉季布傳文一卷》有兩例“潘”字,其一爲:“周氏見其言懇切:‘大夫請不下心神。一自結交如管鮑,宿素情深舊拔塵,今受困厄天地窄,更向何邊投莽人?九族潘遭違敕罪,死生相爲莫憂身。”③其二爲:“侯瓔聞説如斯語,據君可以撥星辰。僕便爲君重奏去,將表呈

---

①基金項目:國家社科基金青年項目(14CZJ014)、湖南省高校創新平臺開放基金項目(14K039)、國家社科重大招標項目(10&ZD080)。此研究得到中國古代文學與社會文化研究基地資助。

②聶志軍,湖南科技大學湖南省漢語方言與文化科技融合研究基地　副教授　湖南湘潭411201;肖一梅,湖南科技大學人文學院　研究生。

③王重民等編:《敦煌變文集》,北京:人民文學出版社,1957年,第56—57頁。

時潘帝嗔。”①

第一例“潘”字,馮沅君《季布駡陣詞文補校》:“按:‘潘’疑爲‘拌(拚)’之誤,二字音同。拌訓爲棄,因而它的引申義就同於俗語中‘豁出來’的‘豁’字。‘拌’又通‘判’。所以牛嶠詞説:‘須作一生拌,盡君今日歡。’杜甫詩説:‘縱飲久判人共棄。’本句的意思是:九族都豁上去受違背皇帝命令的罪,也就是説傾家滅族也在所不惜。”②徐震堮《敦煌變文集校記補正》:“‘潘’同‘拚’。”③黄征、張涌泉《敦煌變文校注》:“又馮沅君、徐震堮皆校‘潘’爲‘拚’,可不必。此句謂寧願拚棄身家性命。字亦作‘判’、‘拌’等,殊難考定孰爲本字。伯二八一九王績《元正賦》:‘徑潘三月内,恣意飽相過。’亦用‘潘’字。”④項楚《敦煌變文選注》云:“潘:通作‘判’、‘拚’、‘拌’等,捨棄,豁出去。”⑤啟功遺稿《季布駡陣詞之“潘”字》云:“以語氣論,馮説‘拌’之借字者是。按拌字,字典引《唐韻》以下各書:‘音潘,捐棄也。’《方言》:‘楚人凡揮棄物,謂之拌。’實即今北方話所謂‘豁(平聲)出去。’”⑥

第二例“潘”字,馮沅君《季布駡陣詞文補校》:“按:‘潘’爲‘拌’之誤。”⑦《敦煌變文集》:“馮疑‘潘’是‘拌’之借字。周云:‘潘字似不誤,蓋是助詞,猶言恐怕。上文九族潘遭違敕罪,亦應解爲恐怕。”⑧潘重規《敦煌變文集新書》云:“規案:‘潘’與‘拚’通。……此例甚夥,馮説是。”⑨黄

①王重民等編:《敦煌變文集》,北京:人民文學出版社,1957年,第68頁。

②馮沅君:《季布駡陣詞文補校》,《文史哲》,1951年第3期;馮沅君:《馮沅君古典文學研究論文集》,合肥:安徽教育出版社,2011年,第173頁。

③徐震堮:《〈敦煌變文集〉校記補正》,《華東師大學報》,1958年第1期,第84頁。

④黄征、張涌泉:《敦煌變文校注》,中華書局,1997年,第108頁。

⑤項楚:《敦煌變文選注》(增訂本),中華書局,2006年,第205頁。

⑥啟功:《季布駡陣詞之“潘”字》,《文獻》,2012年第1期,第205頁。

⑦馮沅君:《季布駡陣詞文補校》,《文史哲》,1951年第3期;馮沅君:《馮沅君古典文學研究論文集》,合肥:安徽教育出版社,2011年,第180頁。

⑧王重民等編:《敦煌變文集》,北京:人民文學出版社,1957年,第82頁。

⑨潘重規:《敦煌變文集新書》,臺北:文津出版社有限公司,1994年,第495—496頁。

征、張涌泉《敦煌變文校注》:“按:周說未確,‘潘’與‘拚’、‘拌’、‘判’等皆同詞異字,讀平聲,義即拋捨、豁出去,《太子成道經》(一):‘若能取我眼精,心裏也能潘得。取我懷中戀愛子,千生萬劫實難潘。’二‘潘’字甲卷、庚卷作‘泮’、‘伴’,亦皆同詞。”①

從以上論述來看,馮沅君、潘重規、項楚傾向於“潘”通“拌/判/拚”這一組字,意爲“捨棄、豁出去”。周一良認爲“潘”是助詞,意爲“恐怕”,可惜屬於隨文釋義,並没有依據。黃征、張涌泉否認了周一良的意見,認爲第一例“潘”字雖然字亦作“判”、“拌”等,殊難考定孰爲本字,並且補充了《太子成道經》(一)中“潘”字兩個版本的異文“泮”、“伴”,可惜沒有進一步展開論證。啟功從上下文義分析否定了周一良的意見,認同馮沅君“潘”爲“拌”之借字,雖然沒有給出直接證明,但是提供了宋人《遯齋閑覽》的謎語詩中“任他風水滿江湖”中“拌浪”扣“潘閬”的旁證。②因此,我們面對的主要問題是對“潘”爲“拌”之借字進行論證。

受此啟發,爲了更好地理解《捉季布傳文》中“潘”字意義,我們有必要對與之相關的敦煌寫卷進行考察。敦煌文獻中保存的《季布罵陣詞文》共有十一件,依次爲斯一一五六背、斯二〇五六背、斯五四三九、斯五四四〇、斯五四四一、斯八四五九、伯二七四七、伯二六四八、伯三一九七、伯三三八六、伯三六九七。除伯三六九七首尾完整之外,其他均有缺失,其中伯二六四八、伯二七四七、伯三三八六可以綴合。十一個寫本中,“潘”字僅有一例異文“番”,文字釋錄如下:

僕便爲[君]重奏去,將表呈時番帝嗔。(斯五四四一《捉季布傳文一卷》)③

《敦煌變文集》、《敦煌變文集新書》、《敦煌變文集校注》均未出校此異文。“潘”可以通“番”。唐·慧琳撰《一切經音義·大乘四法經》卷第

①黃征、張涌泉:《敦煌變文校注》,中華書局,1997年,第124頁。

②啟功:《季布罵陣詞之“潘”字》,《文獻》,2012年第1期,第205頁。

③文中所引敦煌寫卷,如未注明出處,皆與國際敦煌項目IDP網站所提供的高清原卷照片核對,下同。

三十四(54/533a):“蟠曲,上婆鏝反。顧野王云:紆回轉也。《廣雅》云:蟠也。鄭注《禮記》:蟠,委曲。《說文》:从虫,番聲。蟠亦曲。番音潘,正作此蟠。經作盤,非此義也。”①唐·慧琳撰《一切經音義·音續高僧傳》卷第九十四(54/900a):“鄱陽,上箔波反。《漢書》雲:豫章郡有鄱陽縣也。古今正字從邑,从番聲。番音潘也。”唐·慧琳撰《一切經音義·音弘明集》卷第九十五(54/903a):“蟠木,上伴寒反。鄭云:委也。顧野王:紆回也。案《山海經》:蟠木,大木也。東北大荒之中,有大壑。壑中有洲。洲上有木,即蟠木也。亦謂之蟠桃。一名度索。《說文》:从蟲,番音潘,度音,唐路反,索音桑各反也。”以上例中“番音潘”可證,前人均未指出《捉季布傳文》此“潘”字異文。

即使確定“潘”與“番”構成異文,《季布罵陣詞》中驗之二字常見意義也並不允洽,更無法幫助我們確定“潘”與“拌/判/拼/泮/伴”這一組字到底誰是本字。項楚《敦煌變文選注》發現了北京推字二十八號(BD08528號)《和菩薩戒文》、北京衣字七十四號(BD08374號)《和菩薩戒文》中“潘”與“拌”構成異文。② 文字釋錄如下:

諸菩薩,莫多慳,多慳積寶縱似山,見有貧窮來乞者,一針一草不能潘,貪心不識知厭足,當來空手入黃泉。(北敦〇八五二八《和菩薩戒文》)③

諸菩薩,莫多慳,多慳積寶縱似山,見有貧窮來乞者,一針一草不能拌,貪心不識知厭足,當來空手入黃泉。(北敦〇八三七四《和菩薩戒文》)④

---

①本文所引佛典均用日本大正新修大藏經本。“/”前後數字分別表示冊數和頁數,a、b、c分別表示上中下欄,下同。

②項楚:《敦煌變文選注》(增訂本),中華書局,2006年,第205頁。

③中國國家圖書館編,任繼愈主編:《中國國家圖書館藏敦煌遺書》第103冊,北京:北京圖書館出版社,2008年,第138頁。

④中國國家圖書館編,任繼愈主編:《中國國家圖書館藏敦煌遺書》第102冊,北京:北京圖書館出版社,2008年,第245頁。

以上例證可證“潘”爲“拌”之借字，捨棄之義，可惜只有 1 例。現知敦煌文獻中保存的菩薩和戒文寫本共有二十件，分別爲斯五四三背、斯一〇七三 B、斯四三〇一、斯四六六二 A、斯五四五七、斯五五五七、斯五八九四、斯五九七七、斯六二一一、斯六六三一背、伯三二四一、伯四五九七、北敦〇八二三〇、北敦〇八五二八、北敦〇七八〇五 1、北敦〇八三七四、北敦〇八〇五九、俄 · X〇〇六〇〇、浙敦一九六、上圖一四〇。除伯四五九七、斯一〇七三 B、斯五八九四、斯六六三一背、北敦〇八二三〇、北敦〇八五二八首尾完整外，其他均有缺失，各件之文字亦有出入，並有同音字相互替代的現象。二十個寫本中，與“潘”字構成異文的有六件，文字依次釋錄如下：

諸菩薩，莫多慳，多[慳]積寶縱似山，見有貧窮來乞者，一針一草不能判，貪心不識知厭足，當來空手入[黃泉]。（斯一〇七三 B《和菩薩戒文一本》）

諸菩薩，莫多慳，多慳積寶縱[似]山，見有貧窮來乞者，一針一草不能判，貪心不識知厭足，當來空手入黃泉。（斯六六三一背《和菩薩戒文》）

諸菩薩，莫多慳，多慳積寶從（縱）[似]山，見有貧窮來乞者，一針一草不能判，貪心不識知厭足，當來空手入黃泉。（伯三二四一《和菩薩戒文》）

諸菩薩，莫多慳，多慳積寶縱似山，見有貧窮來乞者，一針一草不能判，貪心不識知厭足，當來空手入黃泉。（伯四五九七《和菩薩戒文》）

諸菩薩，莫多慳，[多慳]積寶縱似山，見有貧窮來乞者，一針一草不能潘，貪心不息（識）知厭足，當來空手入黃泉。（伯四九六七《和菩薩戒文一本》）

[諸菩薩]，莫多慳，多慳積寶縱似山，見有貧窮來訖（乞）者，一針一草不能潘，貪心不識知厭足，當來空手入黃泉。（北敦〇六二八〇《菩薩

和戒文》)①

爲了更好地證明“潘”爲“拌”之借字,我們可以沿著前人關於“潘”字的論述尋找更多的異文。黄征、張涌泉《敦煌變文校注》補充了《太子成道經》中“潘”字一個例證,文字釋録如下:

若能取我眼精,心裹也能潘得。

取我懷中憐愛子,千生萬劫實難潘。(伯二九九九+伯二九九九背1—3《太子成道經》)

現知敦煌文獻中保存的與此件内容和結構基本相同的寫本尚有七件,分别爲斯五四八背、斯二三五二、斯二六八二、斯四六二六、伯二二九九、伯二九二四、北敦〇六七八〇。除斯二三五二與伯二九九九+伯二九九九 V/1—3 號首尾完整外,其他均有缺失,各件之文字亦有出入,並有同音字相互替代的現象。七個寫本中,斯四六二六、伯二二九九、伯二九二四無上述伯二九九九+伯二九九九背 1—3 中相關文字,其餘四件與伯二九九九+伯二九九九背 1—3 上述文字有對勘價值的,文字依次釋録如下:

若能取我眼精,心令(裹)耶(也)能伴得。

取我懷中憐愛子,千生萬卻(劫)實不難伴。(斯五四八背《太子成道經》)

若能取我眼精,心裹也能潘得。

取我懷中憐愛子,千生萬劫實難潘。(斯二三五二《太子成道經》)

若能取我眼精,心裹也能潘得。

取我懷中憐愛子,千生萬劫招難潘。(斯二六八二《太子成道經》)

若[能]取我眼精,心裹耶(也)能伴得。

①中國國家圖書館編,任繼愈主編:《中國國家圖書館藏敦煌遺書》第 83 册,北京:北京圖書館出版社,2008 年,第 266 頁。

取我懷中憐愛子，千生萬劫實難伴。（北敦〇六七八〇《太子成道經》）①

以上例句中“潘”、“伴”出現在《太子成道經》不同寫本的相應位置上，“潘”、“伴”應爲異文。斯二六八二、伯二九九九＋伯二九九九背1－3、北敦〇六七八〇目前均還只有圖版，沒有釋錄。唯一一件有釋錄的爲斯五四八背，其中的兩個“伴”字，《英藏社會歷史文獻釋錄》（第三卷）校改作“辦”，但是並沒有按照該書體例在注釋中說明“伴”是“辦”之借字。② 可見，該書對於“伴”的本字的確定，還是採取比較謹慎的態度。在確定本字之前，我們可以先看日本龍谷大學圖書館藏《悉達太子修道因緣》中的相關文字：

若能取我眼精，心裹也應潘得。

取我懷中憐愛之子，萬劫千生實難割捨。（日本龍谷大學圖書館藏《悉達太子修道因緣》）③

佛教與中國俗文化相結合以後，產生了多種多樣的藝術樣式。體現在敦煌俗文化學領域中便是產生了敦煌佛教變文，就是佛經與文學的變異方式。佛教教法博大精深，有的哲理非常難懂，所以傳教通常採用講經與說法兩種方式，而在敦煌佛教俗文化學作品中，對應的就有講經文和說因緣兩種。日本龍谷大學圖書館藏敦煌本《悉達太子修道因緣》便是說因緣的這種變文文體，其對應的講經文是《太子成道經》。④ 從上述文字可以看出，日本龍谷大學圖書館藏《悉達太子修道因緣》對

①中國國家圖書館編，任繼愈主編：《國家圖書館藏敦煌遺書》第93冊，北京：北京圖書館出版社，2008年，第203頁。

②郝春文：《英藏敦煌社會歷史文獻釋錄》（第三卷），北京：社會科學文獻出版社，2003年，第194頁。

③周紹良：《〈悉達太子修道因緣〉校注並跋》，敦煌文物研究所編：《1983年全國敦煌學術討論會文集》（文史・遺書編下），甘肅人民出版社，1987年，第8頁；周紹良主編：《敦煌文學作品選》，北京：中華書局，1987年，第121頁。

④高國藩：《敦煌本〈悉達太子修道因緣〉與世俗化—兼與星雲大師〈釋迦牟尼佛傳〉比較》，《西夏研究》，2011年第2期，第16－17頁。

《太子成道經》中的若干文字進行了改寫。"割捨"出現在其他寫本"潘"字位置上,雖然是兩個字,但是兩相對照,在其他文字幾乎相同的情況下,我們可以認定"割捨"仍然與"潘"構成異文。因此,"潘"的詞義應爲"割捨",與前人的推斷不謀而合。"潘"、"伴"二字都無此義,本字確爲"拌"。"拌",《漢語大詞典》收錄有"捨棄,豁出"義項,今音 pān,但是《廣韻》收有兩個反切:一爲普官切,平聲桓韻,滂母;一爲蒲旱切,上聲緩韻,並母。"潘",《廣韻》:普官切,平聲桓韻,滂母。"伴",《廣韻》:蒲旱切,上聲緩韻,並母。因此,"潘"、"伴"和"拌"讀音相同,可以作爲"拌"的借字。趙家棟(2012)證明"判生"、"潘生"、"播生"乃爲同詞異形,爲"拼命、不顧惜生命"之義,"判"、"潘"、"播"皆爲借字,其本字當爲"拌"。① 趙文相關書證均引自傳世文獻,其實敦煌寫經中也不乏三者相通之例。例如:

如有判命相隨,火急即須投募。(斯三二八《伍子胥變文》)

子胥曰:"臣聞一人判死,百人不敵;百若齊心,横行天下。"(斯三二八《伍子胥變文》)

丈夫出寒(塞)命能判,大衆胡狼事實難,辭君擬前(剪)凶(匈)奴賊,自坐千金明月鞍。(北敦一四六六六《李陵變文(擬)》)②

上例"判命"中"判"字,《敦煌變文校注》云:判,原錄校作"拼"。徐校:"'拌'字唐人皆作'判',不煩改。劉堅謂'判'爲'拌'之誤,未確。《吳越春秋勾踐伐吳外傳》:'一夫判死兮而當百夫。'亦用'判'字。參看《詩詞曲語辭匯釋》卷五。"③可見,敦煌寫經中"判"與"拌"可通,"拌"爲本字。上例"判死"中"判"字,《敦煌變文集》、《敦煌變文校注》、《英藏敦煌社會歷史文獻釋錄》(第二卷)均沒有校注。《李陵變文》中"判"字,敦煌變文校注》云:判,原錄校作"拌"。按:"判"、"拌"、"拼"等皆同詞異

①趙家棟:《敦煌碑銘讚語詞釋證》,《敦煌研究》,2012 年第 4 期,第 80 頁。

②中國國家圖書館編,任繼愈主編:《國家圖書館藏敦煌遺書》第 131 册,北京:北京圖書館出版社,2010 年,第 264 頁。

③黄征、張涌泉:《敦煌變文校注》,中華書局,1997 年,第 49 頁。

字，不煩校改。“判”讀平聲。①

“伴”，《廣韻》：蒲旱切，上聲緩韻，並母。從音韻上看，“伴”與“拌”也可相通。簫齊·釋曇景譯《摩訶摩耶經卷上》：南無盧迦三藐迦陀那三藐波羅底拌那奈。(12/008C)句中“拌”字，大正藏宋本作“伴”，可資證明。

此外，敦煌寫經中還有 2 例“潘”字與“拌”字相通，釋錄如下：

贖香錢減兩三文，買笑銀潘七八挺，菩薩慈悲與藥醫，恰如父母憂憐病。(斯四五七一《維摩詰經講經文》)

時餉之間潘卻命，由(猶)怕孩兒有損殤。(臺北國立中央圖書館藏《盂蘭盆經講經文》)②

斯四五七一例句中“潘”，《敦煌變文校注》云：“潘，當讀作‘拌’。《方言》卷一〇：楚人凡揮棄物，謂之拌。字又作‘拚’。《廣韻·桓韻》：‘拌，棄也。俗作拚。’”③《盂蘭盆經講經文》中“潘”字，《敦煌變文集新書》云：“‘潘’字，敦煌變文往往與‘拼’通用。……此謂拼卻性命，猶怕嬰兒不能平安生產。”④《敦煌變文校注》云：“潘，同‘拼’，不顧惜意。”⑤斯四五七一中，“潘”與上句“減”對仗，意爲“捨棄”，文義允洽。《盂蘭盆經講經文》中“潘”字，其實也爲“拌”之借字，意爲“捐棄”，不必要再認爲同“拼”，隨文釋義爲“不顧惜意”。

通過以上對敦煌寫經中與“潘”字相關的例句進行分析，我們現在可以確認一般情況下“潘”與“判”、“伴”、“泮”、“拼(拚)”、“番”爲同詞異字，本字爲“拌”，意爲“捐棄”。但是，敦煌變文《捉季布傳》“九族潘遭違敕罪”中的“潘”字，前文“遭”爲“遭受”義，“潘”如果看作“拌”之借字，理解爲“捐棄”之義，二者連用，文義不通。我們認爲，此處“潘”通“翻”，副

①黃征、張涌泉：《敦煌變文校注》，中華書局，1997 年，第 148 頁。

②石門圖書公司編：《敦煌卷子》，臺北：石門圖書公司，1976 年。

③黃征、張涌泉：《敦煌變文校注》，中華書局，1997 年，第 791 頁。

④潘重規：《敦煌變文集新書》，臺北：文津出版社有限公司，1994 年，第 495—496 頁。

⑤黃征、張涌泉：《敦煌變文校注》，中華書局，1997 年，第 1010 頁。

詞,意爲“反而”。北周·庾信《臥疾窮愁》詩:“有菊翻無酒,無弦則有琴。”隋·江總《并州羊腸阪》詩:“本畏車輪折,翻嗟馬骨傷。”《王梵志詩》:“逆子定省翻成孝,懶婦晨夕事姑嫜。”“潘”與“翻”讀音相近,《一切經音義》:“泔汁:音甘,《說文》:泔,潘也。謂米汁也。潘音翻。淅米汁也。江北名泔,江南名潘也。”(05/704a)例中“潘音翻”,採用直音注音法,可證二者讀音相通。此外,佛經中也可見“潘”與“翻”相通之例,如法救撰,吳·維祇難等譯《法句經》卷下:“駛流澍於海,潘水漾疾滿,故爲智者說,可趣服甘露。”(02/569a)姚秦·竺佛念譯《出曜經》卷第十四:“駛流澍於海,翻水羨疾滿,故爲智道說,可趣服甘露。”(02/684c)例中“潘”與“翻”構成異文,可證二者可以相通。

總之,季布罵陣詞之兩例“潘”字,其中第一例“九族潘遭違敕罪”之“潘”字通“翻”,副詞,意爲“反而”。前人對於此“潘”字之解釋未有確詁,今始揭其本字。第二例“將表呈時潘帝嗔”之“潘”字通“拌”,意爲捐棄、捨棄,前人雖有校注,但是缺少論證。通過對敦煌寫經《季布罵陣詞文》、《和菩薩戒文》、《太子成道經》不同版本進行考察,特別是對日本龍谷大學圖書館藏《悉達太子修道因緣》中相關文字進行前後比對,新發現一例異文“番”,可確認第二例“潘”字意爲“割捨”,並且“潘”與“判”、“伴”、“泮”、“拚(拵)”爲同詞異字,本字爲“拌”,意爲“捐棄”。

敦煌變文中“其”的特殊用法及其來源[①]

馬梅玉　趙陽陽[②]

摘　要：敦煌變文中“其”有一種特殊用法，即用作動詞後綴。這一用法的“其”是在“V＋其＋N/NP”格式中產生的，是指示代詞指別功能消失後，進一步語法化的結果。

對於漢語中的“其”，我們常常談到的是它的人稱代詞、指示代詞、語氣副詞等用法，但在敦煌變文中“其”有一種特殊用法，如：

(1)盧綰奏曰：“前後送書，萬無一回，願其陛下，造其戰書，臣當敢送。”(《漢將王陵變》)

(2)未審國相之家，兒女有其多少？(《降魔變文》)

(3)白莊比入寺中，望其大收資財。(《廬山遠公話》)

這種用法的“其”，曾有學者論及：袁賓認爲這種用法的“其”是動詞後綴，“一般附於單音節動詞之後，有調諧音節的作用”[③]；江藍生、曹廣順稱這種用法的“其”爲“語助詞”，並認爲“一般附在單音節動詞後面，

①本文寫作得到陝西省社科項目（項目號：2014J15）、中央高校基本科研業務費專項資金（項目號：SK2014007）資助。

②馬梅玉，西安交通大學人文學院　講師　西安　710049；趙陽陽，西北大學文學院　副教授　西安　710127。

③袁賓：《近代漢語概論》，上海教育出版社，1992年，頁161。

沒有實義"[①];吳福祥認爲這種用法的"其"是"不負載任何語義一語用信息的虚語素"[②]。這幾位學者道出了"其"的性質和功能,卻未對其來源和成因進行探討。本文擬在前輩研究的基礎上,試對動詞後綴"其"的形成過程進行討論。由以上三例可見,動詞後綴"其"是在"V+其+N/NP"格式中產生的,本文即著重探討"V+其+N/NP"格式中"其"的功能流變。因爲動詞後綴"其"源於指示代詞"其",所以需要首先討論指示代詞"其"的指别性消失的問題。

一、指示代詞"其"指别性的消失

上古漢語中,指示代詞"其"往往用於名詞性成分前,一般表兼指,既可用於表遠指,也可用於表近指,還可用以表泛指,如:

(4)盧令令,其人美且仁。(《詩經·齊風·盧令》)

(5)其歲,新垣平事覺。(《史記·文帝本紀》)

(6)僕誠已著此書,藏之名山,傳之其人。(司馬遷《報任安書》)

例(4)中"其"表遠指,例(5)中"其"表近指,例(6)中"其"表泛指。指示代詞的基本功能有二:一是單獨用來指稱話語中的某個確定的對象,二是用在名詞前充當限定成分。上古漢語中,指示詞"其"多用在名詞前充當限定成分,且"其+名詞"多回指上文中出現的人或事,如例(4)、(5)。關於例(6)中"其",王力、郭錫良認爲是特指代詞[③],董秀芳則進一步認爲這種用法的"其"是定指標記,可對譯爲英文的定冠詞"the"[④]。我們贊同這種看法,像例(6)中這種用法的"其",可看作是指

①江藍生、曹廣順:《唐五代語言詞典》,上海教育出版社,1997年,頁292。

②吳福祥:《敦煌變文十二種語法研究》,河南大學出版社,2004年,頁13。

③王力:《漢語史稿》,中華書局,1980年,頁278;郭錫良《漢語第三人稱代詞的起源和發展》,《漢語史論集》,商務印書館,1997年,頁5。

④董秀芳:《詞彙化:漢語雙音詞的衍生和發展》,四川民族出版社,2011年,頁227。

示代詞"其"經語法化而產生的用法。"(指示代詞)其+名詞"多回指上文中出現的人或事,而例(6)中"其+人"所指對象在上文中並未出現,而是説話雙方共用知識中存在的對象,該對象可通過概念關聯而確定。

關於如何確定一個指示詞已經虚化爲冠詞,Himmelmann(1996)通過跨語言的考察,提出以下尺度:

第一,指示詞不可用於唯一的所指物件,如:* this/that sun; * this/that queen,但是冠詞可以。

第二,指示詞不能用於由於概念(frame-based)而確定的對象,例如,如果上文中出現了 tree,在下文中如果指稱這棵樹的枝幹時,不能用 this/that branch,而要用 the branch。①

方梅通過對北京話中"這"和"那"語法化的研究提出了漢語中確認一個指示詞依然是指示詞還是已經虚化爲冠詞的尺度。她認爲,指示詞在如下四種情況下把一個指稱屬性不十分確定的名詞身份確定化,這種指示詞在用法上已經與定冠詞相同,從功能上看已經虚化爲冠詞。這幾種情況是:

(1)"指示詞+專名"構成通指性成分;(2)在通指名詞前,整個名詞性短語指某一類對象,而不是語境中或言談現場中具體的個體;(3)衹用在光桿名詞或相當於光桿名詞的"的"字式以及黏合式偏正結構的前面,不用再數量名結構或含有描寫性定語的組合式偏正結構之前;(4)在非回指名詞前,名詞的所指是由於概念關聯而確定的對象,而不是上文中已經出現的確定的對象②。

陳玉潔提出了判斷語言中的指示詞是否語法化爲冠詞的標準:

(1)句法上的强制性;(2)語義泛化;(3)語用功能弱化和改變;(4)語音弱化③。

①轉引自方梅《指示詞"這"和"那"在北京話中的語法化》,《中國語文》,2002 年第 4 期。

②方梅:《指示詞"這"和"那"在北京話中的語法化》,《中國語文》,2002 年第 4 期。

③陳玉潔:《漢語指示詞的類型學研究》,北京:中國社會科學出版社,2010 年,第 132-134 頁。

並説“判斷一個語言中指示詞是否語法化爲冠詞,指示功能的弱化和距離語義特徵的消失是非常重要的參考標準,但也衹能作爲輔佐標準。最主要的標準,是看語言中 NP 的有定、無定特徵是否出現了强制性的標記形式”。通過以上諸位學者的研究,指示代詞語法化爲定冠詞後,至少有這樣兩個表現:第一,句法上具有强制性;第二,出現新的表現形式或語音弱化,前者如英語中的 the,後者如北京話中的“這”。當然,指示代詞的冠詞化是一個連續統,我們衹能説哪種功能成分具備多少冠詞特徵,而不能説哪種語言中的冠詞是標準冠詞,也不能説具備所有冠詞特徵的成分才能稱作一個冠詞。因爲冠詞也是一個原型範疇,也有典型和非典型的區别。以此來看例(6)中“其”,可看出“其”的作用是將指稱不十分明確的名詞“人”的身份確定化,是定指標記。

上古漢語中,“其”還可以用在表類别的名詞前,這些名詞並不特指上下文中某個實體,所以這時“其”已經失去了指示詞的典型語義特徵:對比性和强調性。試比較下列一組句子:

(7) a 客曰:“人有鬻矛與楯者,譽其楯之堅,物莫能陷也,俄而又譽其矛曰:‘吾矛之利,物無不陷也。’人應之曰:‘以子之矛陷子之楯何如?’其人弗能應也。”(《韓非子·難勢》)

b 子墨子言:古者民始生,未有刑政之時,蓋其語,人異義。是以一人則一義,二人則二義,十人則十義。其人兹衆,其所謂義者亦兹衆。(《墨子·尚同上》)

例(7)中,a 句中“其人”義爲“那個人”,回指前文提到的“鬻矛與楯者”,“其”爲指示代詞;b 句中的“其人”即“人”,並不特指上下文中提到的某個人,“其”已經喪失指别義。之所以會産生這種差異,是因爲這兩例中“人”的指稱屬性不同:a 句中“人”是單指的,所以還具有一定程度的指别屬性;而 b 句中“人”是類指的,從理論上講,“人”用作類指,指人,只有一種,没有必要加以區别。從這個角度看,b 句中“其”的作用在於表示類别,具有冠詞性,將“其”看做定冠詞是可以的。

隨着“其”使用頻率的增加,作定冠詞使用的“其”還可以用於重出通名前，如：

(8)其光明中有自然百千葉蓮花，大如車輪，其蓮花出億百千光明，皆普徹照。(竺法護《佛説德光太子經》)

(9)爾時寶藏如來即入三昧，其三昧名電燈。(曇無讖《悲華經》)

從句法功能上看，“其＋重出通名”多作主語，是由漢語的句法語義原則決定的。一般説來，漢語主語位置上的名詞往往是已知信息，賓語位置上的名詞往往是未知信息。“其＋重出通名”指稱的是上文出現的已知信息，“其”的功能是標記這種定指性，因而“其＋重出通名”常常位於主語位置。另外，“其”還可以用於專有名詞前，這大致是由其用於類指名詞或重出通名前擴展而來，如：

(10)其車匿聞太子如是敕語言已，亦識太子深心知意。(闍那崛多《佛本行集經》)

(11)爾時菩薩坐草鋪已，其阿羅邏締心觀察菩薩之身。(同上)

(12)作是語已，其優陀羅白菩薩言，……(同上)

專有名詞是世界上獨一無二的人或事物等，本身具有定指性，已經不需要加上定指詞，因此用在專有名詞前的“其”不僅喪失了指别功能，還失去了定指功能，其虚化程度要高於重出通名前的“其”。我們認爲，在專有名詞前添加“其”，可以起到强調作用，以突出後面專有名詞的獨一無二性。此外，從篇章角度來看，“其”後面的專有名詞，往往不是首次出現的人物，“其”除了具備强調作用外，還具有篇章照應功能。如例(10)中，上文多次提及“車匿”，後文再次提及時，前面加“其”，可以使這個言談物件保持連續性，是“具有强化話語組織的連貫性功能的語詞”①。這種用法中的“其”是話語連接標記詞。

①吴福祥：《敦煌變文十二種語法研究》，河南大學出版社，2004年，頁13。

二、“V＋其＋N”中“其”用法的流變

指示代詞“其”失去指別性，進而語法化爲定指標記，這一表現不僅體現在處於主語位置的“其”，還體現在賓語的位置上的“其”。如：

(13)復有蛇來，吞食蝦蟆，孔雀飛來，啄食其蛇。(《賢愚經》)

(14)歌利王[時]，割截身體，節節支解。屍毗王時，割股救其鳩鴿。(《太子成道經》)

(15)楚王喚其魏陵曰：“勞卿遠路，冒涉風霜。”(《伍子胥變文》)

例(13)中“其”用於重出通名前，用以將“蛇”身份確定化；例(15)中“鳩鴿”並不特指哪個鳩鴿，而是用以表示類別，“其”用於這樣的類指名詞前僅在於表示類別；例(15)中“其”用於專有名詞前。

從對“其＋N/NP”考察來看，當其用作主語時，一般不會發生再語法化。但當其用作賓語時會發生再次語法化，但該語法化需要一定條件。當“其”後名詞爲單音節形式，並且“其”前動詞爲雙音節形式時，由於韻律的原因，“其”和後面單音節名詞關係較緊密，一般不會發生語法化，如例(13)；當“其”後名詞爲專有名詞時，“其”一般具有強化話語組織連貫性的功能，也不會發生再語法化，如例(15)；當“其”後名詞爲雙音節形式，而“其”前動詞爲單音節形式時，“其”就容易發生再次語法化，試比較：

(16)a 寶燈王時，剜身千龕，供養十方諸佛，身上燃燈千盞。薩埵王子時，捨身千遍，悉濟其餓虎。(《太子成道經》)

b 和尚道：精勤行道，忍苦捍勞，救濟衆生，堅持戒學，乃獲此身。(《八相變》)

c 月光王時，一一樹下，施頭千遍，求其智慧。(《太子成道經》)

例(16)a 句中“餓虎”是類指名詞，“其”的作用在於標記這種類指性，但在漢語中，這種標記不具有強制性，如 b 句中“衆生”也是類指名

詞，即不用類指標記“其”標記，因此“其”在語義上是羨餘形式。再看 c 句，這句中“其”就容易被重新分析爲動詞後綴，可將 a、c 兩句進行比較，a 句中“其”前爲雙音節動詞，而 c 句中“其”前爲單音節動詞，這兩句中的“其”是均爲羨餘形式。中古以後漢語辭彙逐漸複音化，以雙音節爲主，因此對於 c 句中“其”，人們在認知上容易將“其”與前面的單音節動詞看成一個語言單位。如果說 c 句中尚可看作是定冠詞的話，那麼以下用例中“其”則不具有定冠詞的性質與功能：

(17)其世尊見於香蓋，便知耶輸母子被父王推入火坑，遭其此難。(《悉達太子修道因緣》)

(18)灌嬰謂王陵曰：“請大夫說其此計！”(《漢將王陵變》)

例(17)、(18)中名詞“難”、“計”前均有指示詞“此”，用以修飾限制後面的名詞，使這些具有不確定性的名詞身份確定化，而“其”在此語境中則失去了定指功能，與“難”、“計”等之間的句法關係消失，“其”變成了一個“不負載任何語義一語用信息的虛語素”，因“其”前的動詞是單音節形式，近代漢語中詞彙以雙音節爲主，“其”與前面單音節供詞剛好湊成一個音步，“其”就被重新分析爲前面動詞的詞綴，成爲單音節動詞的後附成分。看下例：

(19)王陵謂灌嬰曰：“下手斫營之時，左將丁腰，右將雍氏，各領馬軍百騎，把卻官道，水切(楔)不通。陵當有其一計，必合過得！”(《漢將王陵變》)

例(19)名詞“計”前有數詞“一”，“一計”在此語境中具有不確定性，“其”與後面名詞的句法語義關係消失，完全成爲前面單音節動詞的後附成分，幫助單音節動詞實現雙音化。

通過上述分析，可以看出“V＋其＋ N/NP”格式中“其”的發展經歷了以下幾個歷史階段，這幾個階段構成了“其”演變的語法化鏈條。詳情如下：

其(指示代詞)[先秦]>其(定指詞)［先秦］>其(詞綴)[唐五代]

《俄藏敦煌文獻》綴合錯誤舉例①

趙鑫曄②

摘　要:《俄藏敦煌文獻》在出版時將不少同卷的寫本進行了歸並及綴合，但其中還存在一些問題。本文將其中的一些錯誤拈出,分成同卷寫本僅歸並未綴合、綴合不徹底、綴合的位置不準確、非同卷歸並及綴合、同卷收集及綴合未詳盡以及歸並後圖版雜亂排列等六類加以説明。

《俄藏敦煌文獻》(下簡稱"《俄藏》")主要收録了俄羅斯科學院東方學研究所聖彼得堡分所收藏的敦煌文獻,由上海古籍出版社於 1992—2001 年間出版。由於俄藏敦煌文獻多為碎片,其中頗有脱自同一寫卷者,故《俄藏》在圖版編排時吸收了前人時賢及編者的綴合成果,將一些同卷的殘片加以歸並及綴合,為我們解讀和利用俄藏敦煌文獻提供了不少便利。近日筆者在翻閲《俄藏》時,發現其中的綴合還存在一定的問題,故不揣譾陋,拈出其中一些例子,並分成六類説明,以求教於方家。

---

①本文爲教育部人文社科研究項目"俄藏敦煌文獻敘録"(項目號:10YJC870050)的階段性成果。

②趙鑫曄,西南大學漢語言文獻研究所/出土文獻綜合研究中心　副研究員　重慶北碚 400715。

一、同卷寫本僅歸併未綴合

此類問題即僅將同卷的寫本歸在一起，但是沒有根據内容做適當的綴合。

1.Дx00232＋Дx00233＋Дx00321＋Дx00387 阿毘曇毘婆沙論卷第四十六智揵度八道品第一（第6冊146－147頁）

按：此四卷由《俄藏》進行歸併，分為三個圖版刊出，但未綴接。茲以圖版順序為序號進行綴接，綴合圖如下①。綴後首尾上下皆殘，共42行。起於"成就"，訖於"……滅者是無常滅"之右半。隸楷，烏絲欄，原行抄19字。其内容在《大正藏》中的位置為：CBETA，T28，no.1546，p.353，a25－ c14。

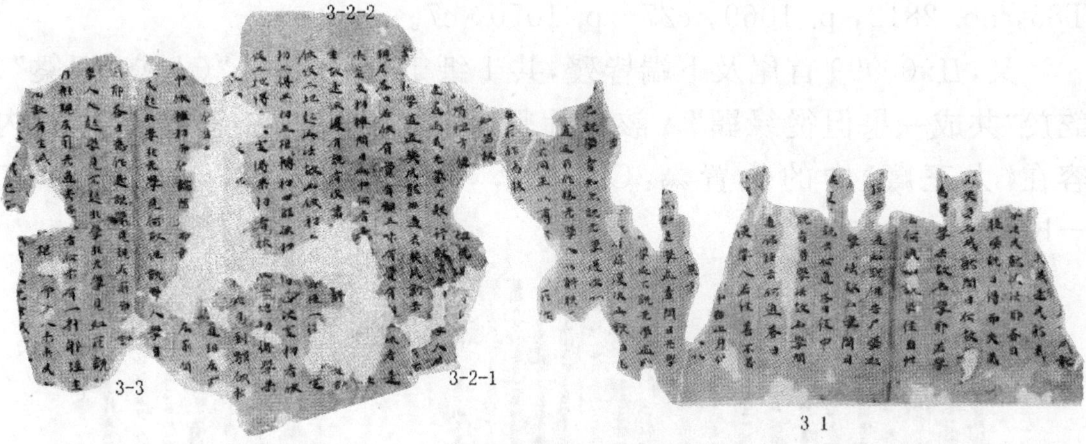

2. Дx00365＋Дx01851 妙法蓮華經卷第五安樂行品第十四（第6冊257頁）

按：此二卷由《俄藏》進行歸併，但未綴接，其實 Дx01851 可直接接

①《俄藏》在歸併及綴合寫卷後，除少數寫卷以外，對原始編號基本不予標示，故對這類寫卷進行描述時，只能以圖版編號為序。綴合圖版中的"3－1"之類的標示，即《俄藏》的原圖版編號，而"3－2－1"之類的標示，則是筆者在原圖版編號上再進一步做的編號，即指"3－2"圖版中的第一個殘片，因為有的圖版中並不僅是一個殘片。

於 Дx00365 之左,圖版如下。綴後首尾上下皆殘,共 19 行。起於“長不親近□”,訖於“退不轉如”。楷書,烏絲欄,原行抄 17 字。其内容在《大正藏》中的位置為:CBETA, T09, no. 262, p. 37, a22－b13。

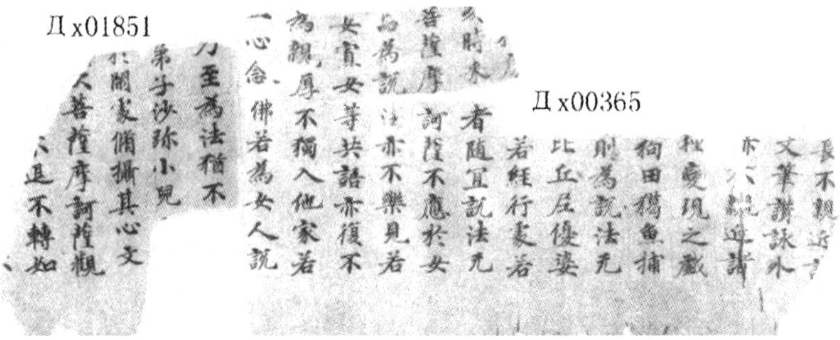

3. Дx00395＋Дx00698＋Дx00723＋Дx00999 大乘百法明門論開宗義決(第 6 册 268－269 頁)

按:此四卷由《俄藏》進行歸併,其中 Дx00395、Дx00698 和 Дx00723 三卷可以綴合,圖如下。綴後共 35 行,起於“作等者”,訖於“後斷”。行書,無界欄。其内容在《大正藏》中的位置為:CBETA, T85, no. 2812, p. 1069, c27－p. 1070, c7。

又,Дx00999 首尾及下端皆殘,共 1 紙 15 行。起於“(上殘)涅槃”,訖於“共成一果但從緣顯”。該殘片暫時無法與以上三殘片綴合,其内容在《大正藏》中的位置為:CBETA, T85, no. 2812, p. 1069, a25－b19。

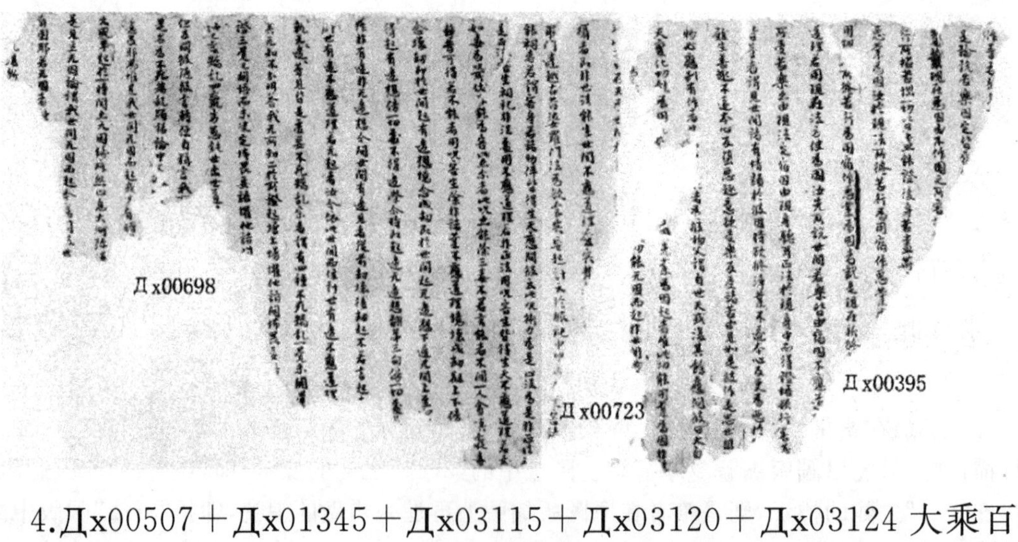

4.Дx00507＋Дx01345＋Дx03115＋Дx03120＋Дx03124 大乘百法

明門論開宗義決(第 6 册 327—328 頁)

按:此五卷由《俄藏》進行歸併,分為五個圖版刊出,但未進行綴接,且原定名為"唯識論釋",未確。圖版 5—2 至 5—5 可以綴合,其中 5—5、5—3 和 5—2 可以完全綴接,5—4 與 5—5、5—3 之間相差 2—3 字,綴合圖如下。綴後首尾上下皆殘,共 19 行。起於"七八總有三識",訖於"果故三者"。行書,無界欄。其內容在《大正藏》中的位置為:CBETA, T85, no. 2812, p. 1075, b16—c22。

又,5—1 首尾及下端皆殘,共 23 行。起於"未決定怖畏妄語……",訖於"事不應道理"。該殘片暫時無法與其他殘片綴合,其內容在《大正藏》中的位置為:CBETA, T85, no. 2812, p. 1070, b19 — p. 1071, a11。

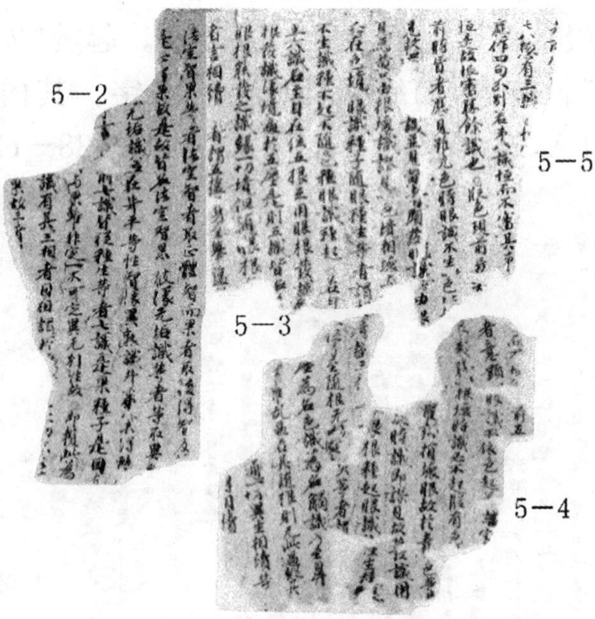

二、綴合不徹底

該類問題即將同卷的寫本歸併後,僅綴合了其中的一部分,還有一部分則仍待綴。

1.Дx00180＋Дx01180＋Дx02597＋Дx02980 大通方廣經卷中(尾題)(第 6 册 120—122 頁)

題記:伏惟經戒大業七年(611 年)八月八日,正信仏弟子寡婦女趙仰,為亡女寫《大通方廣經》一卷,共翟恩子二卷合成一部。又願亡者不逕地獄餓鬼等苦,復願寫經功德施無邊法界眾生,同沾斯福,成無上道。

按:此四卷由《俄藏》進行歸並。但《俄藏》僅標為"Дx00180＋Дx02597＋Дx02980",後又在 Дx01180 號下標"見 Дx00180"[1],再據孟列夫《俄藏敦煌漢文寫卷敘錄》(下簡稱"《孟錄》")中對 Дx01180 的記載[2],可知《俄藏》此條下,確實漏標了 Дx01180,且已將 Дx00180 與 Дx01180 作了綴合,當補正。

《俄藏》對此四卷的綴接並不徹底,Дx02597 與 Дx02980 還可以再綴合,圖如下。綴後首尾上下皆殘,共 27 行。起於"安隱處於後惡",訖於"發莊嚴修善"。楷書,烏絲欄,原行抄 17 字。其內容在《大正藏》中的位置為:CBETA, T85, no. 2871, p. 1347, b28—c26。

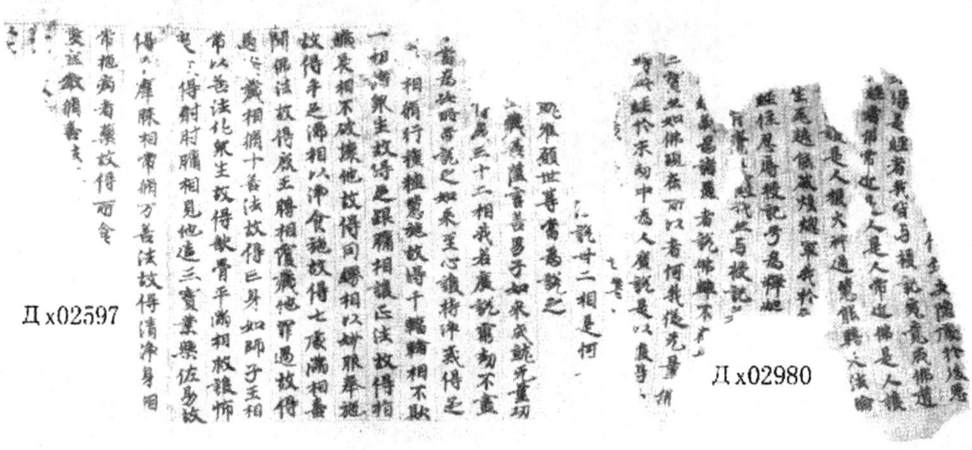

又,Дx00180＋Дx01180 首殘尾全,共 3 紙 43 行。起於"敬示現功德莊嚴",訖於題記"……同沾斯福成無上道"。第 38 行為尾題《大通方廣經卷中》,第 39—43 行為題記。其內容在《大正藏》中的位置為:CBETA, T85, no. 2871, p. 1348, c4—p. 1349, a11。

---

①《俄藏》第 7 冊第 360 頁。

②孟列夫主編,《俄藏敦煌漢文寫卷敘錄》(上冊),上海古籍出版社,1999 年,第 423 頁。

2.Дx00261+Дx00262+Дx00417+Дx00418+Дx00421+Дx01545 俱舍論頌疏論本卷第二(第6冊158—159頁)

按:此六卷由《俄藏》進行歸併及綴接,綴後共有三個殘片,分為三個圖版列出。三殘片皆為楷書,烏絲欄,正文大字,注文雙行小字。

《俄藏》的綴合並不徹底,殘片三1—12行可接於殘片二7—14行之上,每行中間缺2—4字,綴合圖如下。綴後首尾上下皆殘,共17行。起於"多宗",訖於"者謂除前相從"。其內容在《大正藏》中的位置為:CBETA, T41, no. 1823, p. 829, c22—p. 830, a27。

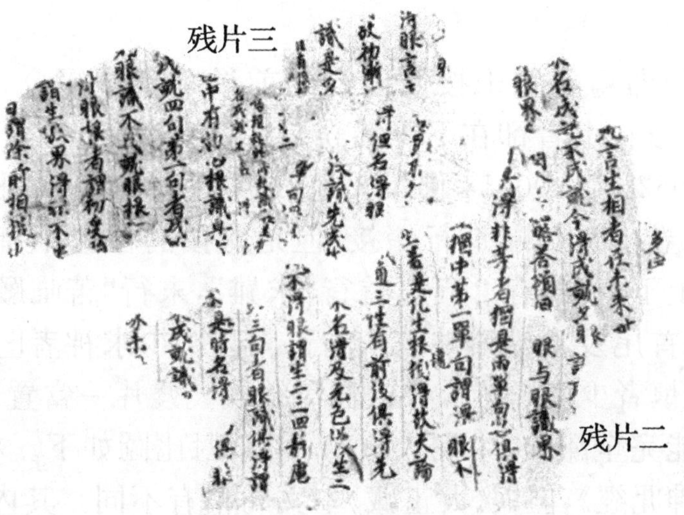

殘片一首尾上下皆殘,共13行。起於"總成九界名無執",訖於"言一分也十"。其內容在《大正藏》中的位置為:CBETA, T41, no. 1823, p. 828, c4—29。

3.Дx00772+Дx05926 金剛般若波羅蜜經(第7冊98頁)

按:此二卷由《俄藏》進行綴接,但仍有一小殘片未綴到位。該殘片首行"三藐",末行"以故",當綴於開端部分,"以故"接於"作是念何"之下,如圖所示。綴後首尾上下皆殘,共2紙36行。起於"三藐",訖於"奉行"。楷書,烏絲欄,行抄17字。其內容在《大正藏》中的位置為: CBETA, T08, no. 235, p. 752, a23—c2。

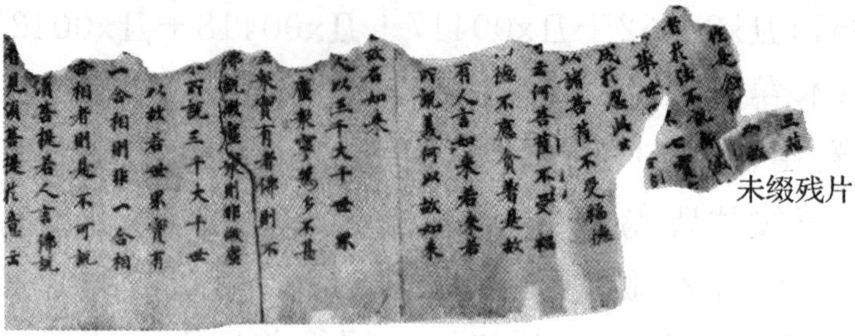

三、綴合的位置不準確

此類問題即寫卷並未按照內容的前後順序作綴合,故而導致該在前者卻在後、該在上者卻在下等錯誤。

1.Дx00052＋Дx00054 佛說天地八陽神咒經(第 6 冊 47 頁)

按:此二卷由《俄藏》進行綴接,但是綴接的位置不確,現分別敘述。殘片一首尾上下皆殘,存 2 行。首行“求難”,末行“苦唯願世尊為諸耶見眾”。殘片二首尾及上端殘缺,存 5 行。起於“少求神者□持戒者少破”,訖於“者多清慎者少濁濫者”。楷書,烏絲欄。殘片一當置於殘片二之左,且兩殘片不能完全綴接,中間大概缺 1 行,對比圖如下。本卷內容為《佛說天地八陽神咒經》,但與《大正藏》本文句稍有不同。其內容在《大正藏》中的位置為:CBETA，T85，no. 2897，p. 1422，b21－29。

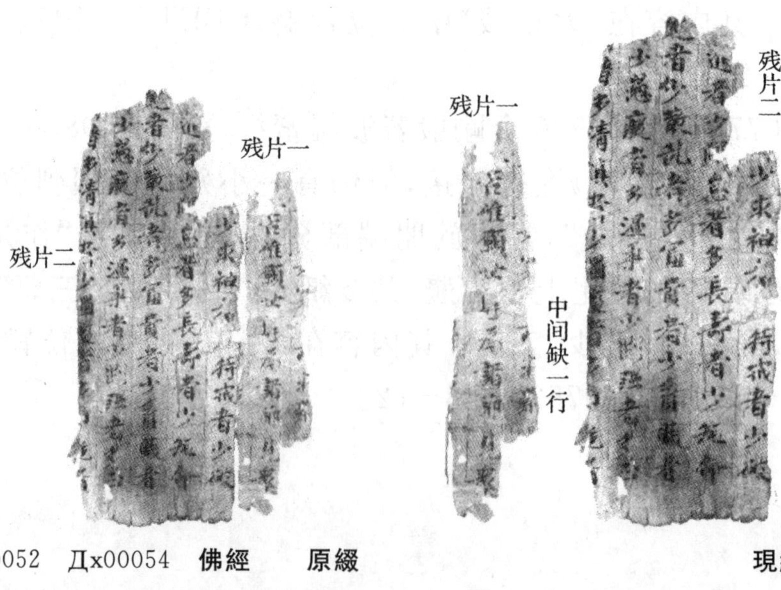

俄 Дx00052　Дx00054　佛經　原綴　　現綴

2.Дx00240＋Дx01622＋Дx01870 太上洞玄靈寶空洞靈章經（第 6 冊 151 頁）

按：此三卷由《俄藏》進行綴接和歸併，但綴合的位置還不甚準確，茲進一步綴合如下圖。Дx01870 與 Дx00240＋Дx01622 之間缺兩行文字，不能完全綴接，Дx00240 第 1、2 行，分別接於 Дx01622 第 14、15 行上端之下。

Дx01870 首尾及下端皆殘，共 1 紙 6 行。起於“無思無色界 眇眇”，訖於殘缺之章名“欒天帝君”。Дx01622 首尾及卷中皆殘，共 15 行。起於“聖集琳宮 金母命清歌”，訖於“玉滿堣”。第 5 行為章名“誓天帝君道經空洞章第廿五”，第 11 行亦為章名“皓庭霄度天帝君道經空洞靈章經第廿五”。Дx00240 首尾上下皆殘，共 4 行。起於“交”之殘文，訖於殘缺之章名“通元洞天帝君道經空洞靈章”。

又，該經的研究有謝世雄《〈太上洞玄靈寶空洞靈章經〉校箋》①，以 P.2399 為底本、此三卷及 S.2915 作為參校本進行了校錄。

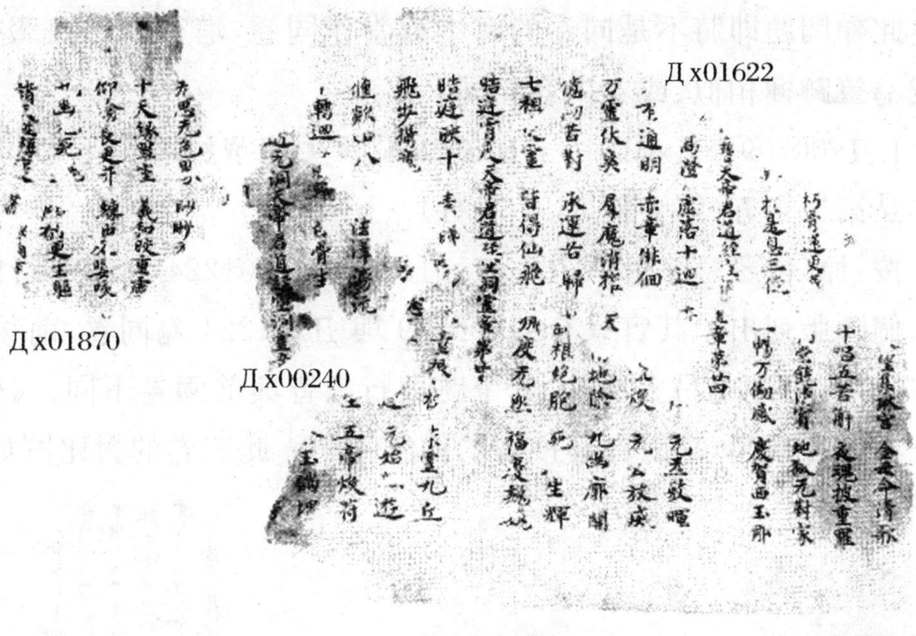

俄 Дx00240　Дx01622　Дx01870 **太上洞靈寶空洞靈章經**　　　　**原綴**

---

①謝世雄《〈太上洞玄靈寶空洞靈章經〉校箋》，（臺灣）政大出版社，2013 年。

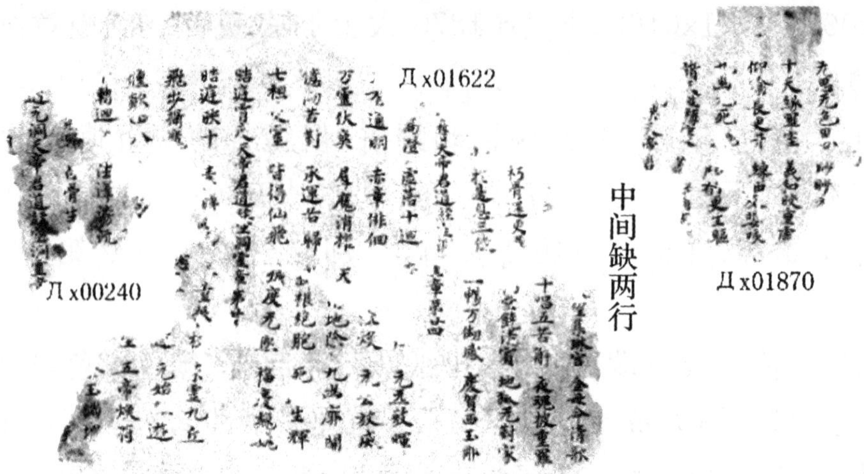

現綴

四、非同卷歸併及綴合

此類問題即將不是同卷的寫本誤當作同卷，進行歸併及綴合，其原因或為筆跡極相似、或為内容相同。

1.Дx00709＋Дx01010＋Дx01224 妙法蓮華經卷第七觀世音菩薩普門品第二十五(第 7 冊 64—65 頁)

按：原《俄藏》將 Дx00709、Дx01010 和 Дx01224 三卷進行歸併，分為八個圖版列出。其實只有 Дx00709 與 Дx01224 為同卷，前後内容相連，Дx01010 則為另人所抄，其筆跡與行款皆與前兩卷不同。《俄藏》將此三卷歸在一起，是因為其抄寫的内容相同。此三卷的對比圖如下。

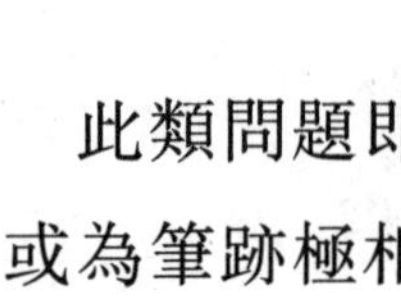
Дx00709

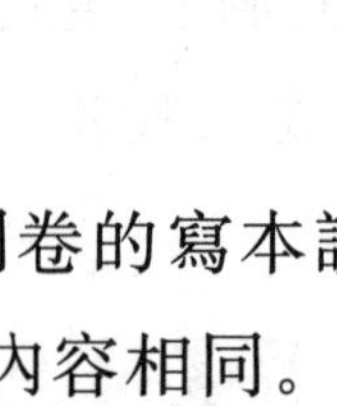
Дx01224

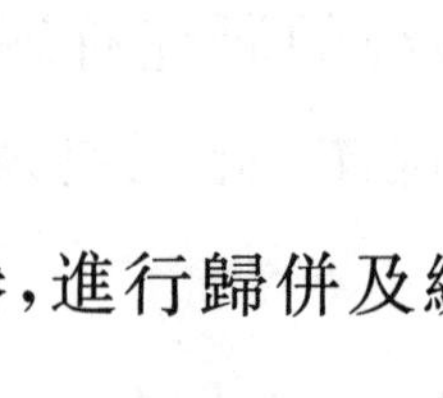
Дx01010

2.Дx00729＋Дx00730 妙法蓮華經五百弟子受記品第八（第八册第75頁）

按：此二卷《孟錄》中已將其綴合①，《俄藏》因之。因未標有原始編號，所以難以辨認兩卷各自起訖。但根據圖版來看，第1－4行的筆跡及行款與後面明顯不同，當非同卷，不知此綴合是原本的修補還是《俄藏》之綴接，今已不可考，錄此存疑。

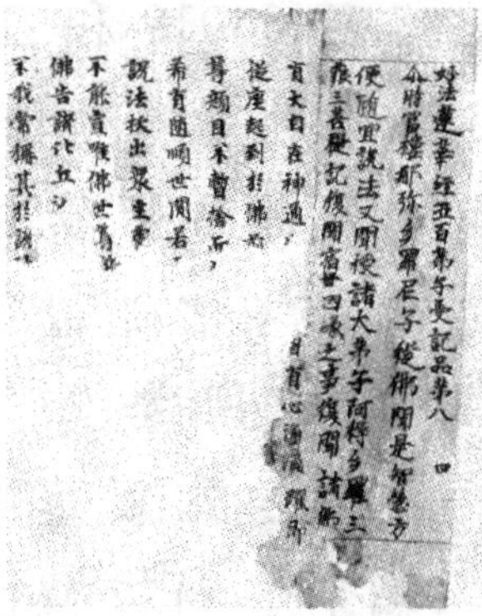

Дx00729＋Дx00730

五、同卷收集及綴合未詳盡

此類問題即在歸併同卷及綴合時，所蒐集的寫卷並未詳盡，還可以再進行補充，此類補充有來自俄藏者，亦有來自其他藏地者。需要説明的是，俄藏敦煌文獻的綴合和同卷收集是一個非常浩大的工程，非一時一人所能為，《俄藏》所作的努力已難能可貴，而筆者所發現的，也僅是在其基礎上略作補充而已。

1.Φ247＋Дx01368＋Дx02752＋Дx02842＋Дx02153＋Дx02197＋Дx06019＋Дx06059 新集文詞九經抄（第4册374－377頁）

按：《俄藏》將Φ247、Дx01368、Дx02153、Дx02197、Дx02752、

①孟列夫主編，《俄藏敦煌漢文寫卷敘錄》（上册），第159頁。

Дx02842、Дx02863、Дx03076 等 8 個殘片歸併，且將 Дx02752 與 Дx02842 做了正確的綴合。但此歸併中有誤，Дx02863 和 Дx03076 與其他寫本並非同卷，且因 Дx02863 和 Дx03076 為《百行章》，而將其統一定名為《百行章》，並不準確，其他六卷實為《新集文詞九經抄》。

據鄭炳林、徐曉麗《俄藏敦煌文獻〈新集文詞九經抄〉寫本綴合與研究》①一文可知，俄藏敦煌文獻中共有 8 個《新集文詞九經抄》殘片，皆來自同一個寫本，除上述 6 個以外，還有 Дx06019 和 Дx06059，茲參考該文進行匯集與整理。

Φ247 首尾皆殘，共 23 行。起於"不讀福智無由生也……"，訖於"……人學成智智"，為鄭阿財校錄本②之第 137－155 條內容。Дx01368 首尾上下皆殘，共 8 行。起於"無遠慮必有近憂禍"，訖於"周公曰知善不"，為第 17－22 條內容。Дx02153 首尾皆殘，起於"善於禮移風易俗……"，訖於"……有經書"，為 124－137 條內容。Дx02197 首尾皆殘，共 13 行。起於"通成則聖……"，訖於"……則有功者怨若罰"，為第 155－164 條內容。Дx02752 首尾上下皆殘，共 15 行，起於"克己復禮"，訖於"滿天下無怨惡 孔子"，為第 73－86 條內容。Дx02842 首尾上下皆殘，共 7 行。起於"風折木……"，訖於"論語云"，為第 66－73 條內容。Дx06019 首尾皆殘，共 10 行。起於"役則人壽薄賦則富"，"富"字右邊有倒乙號，訖於"明黍稷非馨明德惟馨"，為 112－124 條內容。Дx06059 首尾及左上方殘缺，共 21 行。起於"藥若君息亂……"，訖於"孝經云安上治人"，為 105－124 條內容。各卷皆是行書，無界欄，朱筆句讀，每引書之前，則在書名上加朱筆科段符號。

以上各卷中，Дx01368 相對獨立，其內容在最前面；Дx02752 和 Дx02842 已由《俄藏》進行綴接，Дx02752 接 Дx02842 之左，綴後內容

①鄭炳林、徐曉麗《俄藏敦煌文獻〈新集文詞九經抄〉寫本綴合與研究》，《蘭州大學學報》(社會科學版)2002 年第 3 期，第 9－19 頁。

②鄭阿財《敦煌寫本新集文詞九經抄校錄——P.2557 部分》，《敦煌學》，1987 年第 12 輯，第 109－125 頁。

為66－86條，比Дx01368稍後；Φ247、Дx02153、Дx02197、Дx06019、Дx06059等5卷可以綴接，Дx06019接於Дx06059之左上角，Дx02153接於Дx06059＋Дx06019之左，Φ247接於Дx02153之左，Дx02197接於Φ247之左，綴後內容為105－164條，比Дx02752＋Дx02842更後，綴合圖如下。

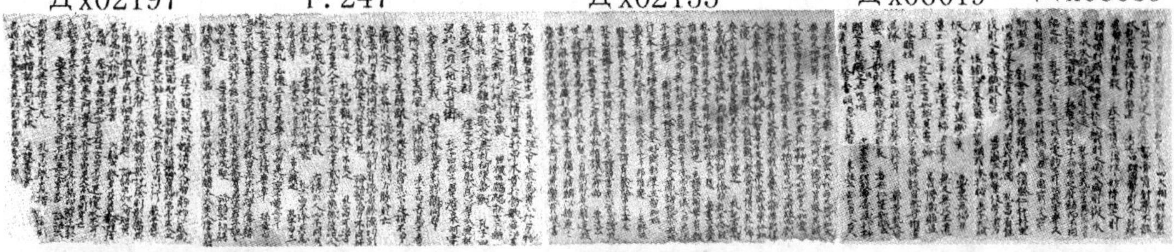

又，《俄藏》在Φ247下標"Дx02153館藏缺"有誤，其後Дx02153又出現在《俄藏》第9冊50頁。《孟錄》中將Дx02153、Дx02752和Дx02197合稱為Дx02153a＋Дx02752a①，下分三個殘片。現據其所錄之起訖句可知，其中第1片即現之Дx02752，第2片即現之Дx02153，第3片即現之Дx02197②。

2.Дx00362＋Дx01252＋Дx01263＋Дx01463＋Дx02945＋Дx11209春秋左氏經傳集解（僖公二十一、二十二年）（第6冊253－254頁）

按：前五卷由《俄藏》進行合並及綴接，綴後共有三個殘片，分爲三個圖版列出。楷書，烏絲欄，經傳用大字，杜氏集解用雙行小字。圖版

①孟列夫主編，《俄藏敦煌漢文寫卷敘錄》（下冊），第450－451頁。

②《孟錄》與《俄藏》在此處編號的不一致造成了一定的麻煩。《俄藏》出版以前的著作，均照《孟錄》的編號，如鄭阿財、王三慶等人的研究，故鄭炳林、徐曉麗《俄藏敦煌文獻〈新集文詞九經抄〉寫本綴合與研究》文中有云："鄭阿財先生關於這部分（指Дx02752及Дx02842）論述與原卷有出入，把這兩片與Дx.2197號都認為是Дx02153a號。"榮新江《〈俄藏敦煌文獻〉第1－5冊評介》（載《敦煌吐魯番研究》第1卷，1996年）中也進行考訂，認為《孟錄》中的Дx02153a(1)即《俄藏》所刊之Дx02752＋Дx02842號，Дx02153a(2)《俄藏》缺，但是可據鄭阿財與王三慶書影印圖版補，Дx02153a(3)即《俄藏》所刊Дx.02197號。榮氏此處有三處失誤：一是《孟錄》中將Дx02153a與Дx.02752a合在一起進行敘述，並非單獨敘述；二是Дx02153a(2)館藏並不缺，即今之Дx02153；三是榮氏與鄭氏一樣，皆認為Дx02752＋Дx02842原為Дx02153a中之一片，亦未確。

一即 Дx01252＋Дx01263＋Дx02945，内容在前，首尾上下皆殘，共 12 行。起於小字杜注“而曰蠻夷昭公廿三年步孫豹”，訖於大字“所謂禍在”。第 1—3 行為僖公二十一年經傳，4—12 行為二十二年經傳。圖版二即 Дx01463，共 11 行，起於“對曰子晉”，訖於“備而禦之”。圖版三即 Дx00362，共 8 行。起於“公將”，訖於“投門官殲焉”。

實際上 Дx01463、Дx00362 還可與 Дx11209 綴接。Дx11209 共 7 行，起於“無備雖衆不可恃”，訖於“登□□”。Дx01463 與 Дx11209 可完全綴接，Дx11209 與 Дx000362 之間缺一行。圖版如下。

3.Дx00235＋Дx00239＋Дx03070＋Дx06634＋Дx11538(2)黃帝明堂經(第 6 册第 148 頁)

按：前三卷由《俄藏》進行歸併，但無法綴接。據王杏林《跋敦煌本〈黃帝明堂經〉》①一文可知，另還有 Дx06634 和 Дx011538(2)亦為同卷，且可綴合，綴后圖版如下。Дx00235、Дx06634、Дx11538(2)和 Дx00239 四卷内容相連，首尾及下端皆殘，共 48 行。起於“穀食”，訖於“在第三椎下兩旁”。Дx03070 首尾上下皆殘，起於“入五分灸三壯”，“噫嘻在肩博内廉”，與前四卷不能直接相連。隸楷，無界欄，行抄 20 字左右。

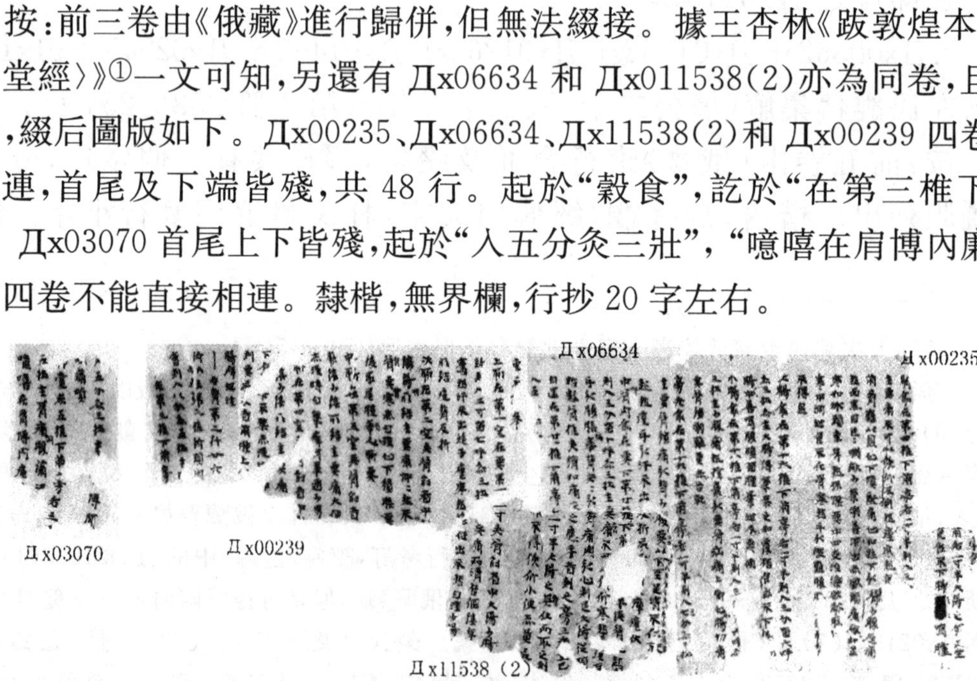

① 王杏林《跋敦煌本〈黃帝明堂經〉》，載《敦煌研究》2012 年第 6 期。

4.Дx00495＋Дx02252＋S.2076 佛說現報當受經(第 6 册第 320 頁)

按:Дx00495 和 Дx02252 由《俄藏》進行綴接。綴後首尾及卷中皆殘,共 23 行。起於"歡憘媒人(下殘)上事時",訖於"……見此女人又得端"。楷書,烏絲欄,行抄 17 字。本卷還可與 S.2076 可以綴接,S.2076 直接綴於第 23 行之左,S.2076 首行"政一人獨行……",剛好可與 Дx00495＋Дx02252 第 23 行綴接。

六、歸併後圖版雜亂排列

此類問題即《俄藏》將同卷歸併以後,未將圖版按照內容的前後順序排列,這樣會導致讀者在利用圖版時,需要再耗費時力將圖版重新排列一過。兹舉一例。

Дx00339 ＋ Дx01006 ＋ Дx01569 ＋ Дx003873 ＋ Дx04834 ＋ Дx04867 金剛般若波羅蜜經(科段本)(第 6 册第 236－239 頁)

按:此六卷由《俄藏》進行歸併,分為 16 個圖版刊出。原為冊頁裝,後散亂,共有 8 個半頁,皆正背面抄寫,每頁抄 7－8 行。楷書,烏絲欄,行抄 13 字左右。圖版 1－8 為一段,共 58 行,其圖版順序無誤。圖版 9－16 為另一段,共 59 行,圖版的順序並未按內容先後排列,其正確的閱讀順序為:15、9、11、12、13、14、10、16。

《出土文獻綜合研究集刊》徵稿啓事及文稿體例要求

本刊是專門刊發出土文獻研究論文的學術刊物,尊重學術自由,鼓勵學術爭鳴,歡迎賜稿。來稿請按如下體例要求:

1. 繁體行文,請一定注意規範使用繁體。正文繁宋(繁體宋體)小四號字,1.5 倍行距。

2. 來稿請提交紙本和電子本各一份;電子本可為郵件形式或磁片形式,請 WORD 形式和 PDF 形式一並提交。

3. 當頁注腳,每頁重新編號,注碼形式為:①②③……。

4. 標題下一行是作者名,作者簡介位於文章第一頁注腳,如:

張顯成,西南大學漢語言文獻研究所 教授 重慶 400715。

5. 正文前列"提要"。字數以二三百字爲宜。

6. 如本文的寫作得到他人或某項科研基金的資助,請於注釋之前注明。如:

本文的寫作得到國家社科項目資助,項目編號:……

7. 期刊類引文出處標注順序:作者、文章名、期刊名、期數。如:

劉曉南:《先秦語氣詞的歷史多義現象》,《古漢語研究》1991 年第 3 期。

8. 集刊類引文出處標注順序:作者、文章名、集刊名、輯數、出版社、出版時間。如:

李鋭:《讀簡散劄》,《簡帛語言文字研究》第三輯,巴蜀書社,2008 年。

9. 專著類引文出處標注順序:作者、專著名、出版社、出版時間、頁碼。如:

張顯成:《簡帛文獻學通論》,中華書局,2004 年,頁 6。

陳松長:《香港中文大學文物館藏簡牘》,香港中文大學文物館,2001 年,頁 2—6。

馬承源主編:《上海博物館藏戰國楚竹書(一)》,上海古籍出版社,2001 年。

太田辰夫著,蔣紹愚、徐昌華譯:《中國語歷史文法》(修訂譯本),北京大學出版社,2003 年,頁 375。

10. 引用古籍,有篇名者注明篇名,無篇名者注明卷名,引用字書注明部名,引用韻書注明韻名,書名和篇名(或部名、韻名)之間用中圓點“·”隔開,如:

《左傳·昭公十八年》

《周禮·秋官·冥氏》

《爾雅·釋詁》

《説文·木部》

《廣韻·東韻》

[宋]張齊賢:《洛陽縉紳舊聞記》卷五,上海人民出版社影印文淵閣《四庫全書》本,1986 年。

《資治通鑒》卷一八五《唐紀一》“貞觀元年”條,北京:中華書局標點本,1956 年。

11. 引用出土文獻出處的標注:

引用甲骨文標文獻名及片號,如:《甲骨文合集》10408 正(或《合集》10408 正)。

引用簡帛標文獻名及簡號或行弟號,如:《居延新簡》EPT1·1·1。《武威漢代醫簡》8—9。

敦煌卷子標卷號,如:P3847(或:伯 3847)。S2659(或斯 2659)。

12. 外文專著和期刊的標注:

T'ung-tsu Ch'ü, *Han Social Structure*, Seattle and London: University of Washington Press.1972, P.121.

Lawrence Stone, "The Revival of Narrative: Reflections on a New old History", *Past and Present*, 85 November 1979.

13. 電子文獻的標注:

張俊民:《居延漢簡冊書復原研究緣起》,簡帛研究網 http://www.jianbo.org/showarticle.asp? articleid=1243, 2006-09-21.

14. 文中若有圖片文字,請一定要清晰,符合出版標準,不能簡單地將圖版上的照片文字複製插入文中,應將所用圖片文字進行處理(或摹寫,或用電腦脫去底色),除拓片文字外,不能有底色。若有文字以外的圖片,也同樣一定要清晰。

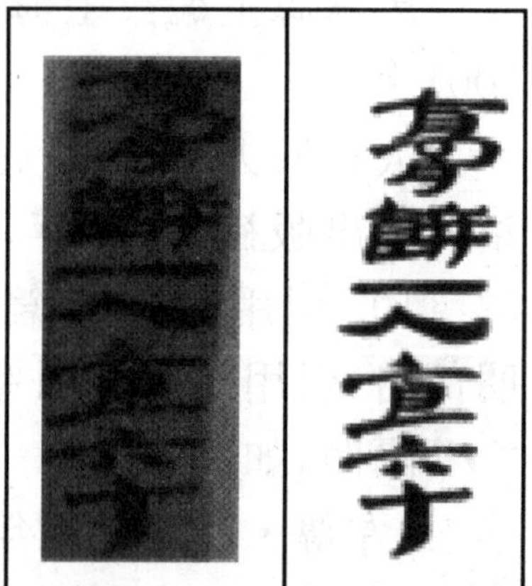

1　2

如右圖左右兩欄的圖片文字,1 欄不清晰,不符合出版要求;2 欄清晰,符合出版要求。

15. 文中出現的古文字形及造字請做成圖片格式(不要使用編碼方式造字)。

16. 文中的圖片、表格如果超過一個,請分別用"圖 1"、"圖 2"……及"表 1"、"表 2"……的形式標明圖片、表格的序號,在圖片、表格後注明資料來源。

17. 來稿請另紙或於稿末注明作者真實姓名、通訊地址、郵政編碼、電子信箱、手機電話,以便聯繫。

18. 來稿請寄:重慶北碚西南大學文獻所《出土文獻綜合研究》編輯部,郵政編碼 400715。E-mail:ctwxzhyj@163.com。

圖書在版編目（CIP）數據

出土文獻綜合研究集刊．第3輯/西南大學出土文獻綜合研究中心，西南大學漢語言文獻研究所主辦．——成都：巴蜀書社，2016.4

ISBN 978-7-5531-0693-9

Ⅰ．①出…　Ⅱ．①西…　②西…　Ⅲ．①出土文物—文獻—研究—中國—叢刊　Ⅳ．①K877.04-55

中國版本圖書館CIP數據核字（2016）第053667號

出土文獻綜合研究集刊（第三輯）
CHUTU WENXIAN ZONGHE YANJIU JIKAN

西南大學出土文獻綜合研究中心
西南大學漢語言文獻研究所
主辦

責任編輯　謝藝波
封面設計　張　科
出　　版　巴蜀書社
　　　　　成都市槐樹街2號　郵編610031
　　　　　總編室電話：（028）86259397
網　　址　www.bsbook.com
發　　行　巴蜀書社
　　　　　發行科電話：（028）86259422　86259423
經　　銷　新華書店
印　　刷　成都蜀通印務有限責任公司
版　　次　2016年4月第1版
印　　次　2016年4月第1次印刷
成品尺寸　185mm×260mm
印　　張　18.75
字　　數　300千字
書　　號　ISBN 978-7-5531-0693-9
定　　價　65.00圓

图书在版编目（CIP）数据